浙江省社科联省级社会科学学术著作出版资金资助出版

当代浙江学术文库
DANGDAI ZHEJIANG XUESHU WENKU

三江法学博士论丛

气候变化国际法问题研究

韩缨 著

STUDIES ON INTERNATIONAL CLIMATE CHANGE LAW

经过国际社会二十多年的努力，气候变化国际法制度已经基本确立。作为国际环境法的重要组成部分，气候变化国际法问题构成了国际法一个相对独立的分支领域。本书基于国际法角度，以制度研究为核心，以气候变化国际法的过去、现在和将来为时间脉络，对现存气候变化国际法制度进行了全面审视和分析，对相关的理论问题和实践问题进行了讨论，并对气候变化国际法的未来发展给出了预测和建议。

浙江大学出版社
ZHEJIANG UNIVERSITY PRESS

图书在版编目（CIP）数据

气候变化国际法问题研究 / 韩缨著. —杭州：浙江
大学出版社，2012.8
ISBN 978-7-308-10314-5

Ⅰ.①气… Ⅱ.①韩… Ⅲ.①气候变化－国际法－研
究 Ⅳ.①D996.9

中国版本图书馆 CIP 数据核字（2012）第 178245 号

气候变化国际法问题研究

韩 缨 著

责任编辑	王元新	
封面设计	林 智	
出版发行	浙江大学出版社	
	（杭州市天目山路 148 号 邮政编码 310007）	
	（网址：http://www.zjupress.com）	
排 版	杭州中大图文设计有限公司	
印 刷	杭州日报报业集团盛元印务有限公司	
开 本	710mm×1000mm 1/16	
印 张	15.25	
字 数	272 千	
版 印 次	2012 年 8 月第 1 版 2012 年 8 月第 1 次印刷	
书 号	ISBN 978-7-308-10314-5	
定 价	43.00 元	

序

　　三江汇聚,海定波宁。浙江大学宁波理工学院自 2001 年在宁波这座极具人文气息的城市建校至今,在短短的 11 年时间里实现了跨越式发展。作为建校之初就已设立的法律系,伴随着学校的整体发展,其在教学、科研、社会服务等诸多方面也取得了丰硕成果,赢得了社会的广泛好评。

　　专业学科的稳步发展,离不开教师们的努力工作和辛勤付出。法律系的教师队伍是一支年轻而富有活力的团队,他们在教学和科研工作上兢兢业业、踏实努力,有多名教师在职期间顺利考取了武汉大学、华东政法大学、南京大学等国内著名大学的法学博士生资格,并陆续毕业。青年教师学历提升不仅对其自身职业素质提高具有重要意义,也为法学学科建设充实了人才力量。

　　"三江法学博士论丛",由浙江大学宁波理工学院法律系青年教师在攻读博士学位期间的博士论文基础上修改整理而成。丛书首批包括韩缨老师的《气候变化国际法问题研究》和董玉鹏老师的《国际航空运输法律适用研究》。这两本著作都属于国际法学科范畴,前者对气候变化这个热点问题从国际法和制度建设角度进行了阐释、分析和评论,后者则重点探讨了国际航空运输在国际私法领域产生的法律适用问题。两位作者的博士论文代表了所研究主题的较高水平,答辩时获得了答辩委员们的一致认可和肯定。

　　"三江法学博士论丛"的出版,是我校法律系青年教师理论研究的阶段性汇报,更是一个新的起点。我衷心期望这个朝气蓬勃、极富发展潜力的教师群体在漫漫治学路上,能够走得更为扎实而精彩!

　　特为序!

中国社会科学院法学研究所研究员
浙江大学宁波理工学院法律系系主任
2012 年 7 月 18 日　于北京

目 录

第一章 导 言

第一节 研究的意义与目标

一、研究意义

2011 年 1 月 20 日,世界气象组织(WMO)总干事迈克尔·雅罗在日内瓦召开的记者会上说,2010 年全球平均气温较 1961 年至 1990 年的平均气温高 0.53 摄氏度,比平均气温最高的 2005 年和其次的 1998 年分别高出 0.01 摄氏度和 0.02 摄氏度,因此 2010 年已确认成为人类有记录以来最热的一年。截至目前,全球平均气温最高的 10 个年份都是在 1998 年以后出现的,而 2010 年全球平均气温数据再次证实,全球变暖趋势已无可争辩。相比当前气候变化谈判面临的巨大障碍,承认气候变暖是一个相对容易接受也是必须接受的现实。从 20 世纪末叶开始,人类对气候变化的关注已经持续了 20 多年,应对气候变化的国际谈判和制度建设、各国立法和政策措施,对世界各国的政治、经济与法律都产生了深远的影响。

减缓全球变暖,应对气候变化,维护当代人和后代人的正当环境权,是追求气候公平的根本目标。有效应对气候变化,无法通过个别国家、个别政府单独的政策和行动就可以实现。气候变化是全球气候的变化,是整个地球的温度、洋流、降水等多种自然因素的合力,应对气候变化需要所有地球上的居民共同努力,才能使得相关措施的实施取得效果。如何让全体人类行动起来,最直接也是最有效的方法就是动员所有主权国家积极参与,通过普遍性的国家和政府之间的合作,达到真正意义上的应对气候变化的国际集体行为。而在这个过程中,国际法的角色十分重要。

《国际法》是调节国家之间关系的法律。国际社会不存在超国家的权威,国家之间的合作交往需要依赖《国际法》给予指引和规范。在气候变化问题上,《国际法》的作用更加重要。气候变化是一个国际环境问题,是人类的共同问题,需要将世界各国联系起来,进行协商和共同行动。联合国提供了各国协商和谈判的平台,《国际法》则提供了各国谈判行为的规范,更重要的是,《国际法》还提供了国际社会建立相关法律制度的理论基础和框架。

通过国际社会 20 多年的努力,气候变化国际法的基本制度已经建立。作为国际环境法的重要组成部分,气候变化国际法也构成了《国际法》一个相对独立的分支领域。回顾气候变化《国际法》的发展历程,对现有的法律制度及实施进行审视和评价,对将来气候变化国际法的发展进行思考和预测,是本书的研究思路,也是本书的现实意义所在。

二、国内外研究状况

气候变化是当前的热门主题,近年来有关气候变化的学术研究成果十分丰富。由于气候变化问题本身具有宽泛性和综合性的特点,所以学术界从不同专业、不同研究领域进行了多角度的分析和研究。单就社会科学研究来看,研究角度主要集中在经济学、国际关系和国际政治、产业政策、法律等部门。

从综合相关的外文文献看,单纯从《国际法》角度对气候变化国际法进行研究的文献并不多。很多研究气候变化法律问题的学术著作,主要结合政策问题进行阐述,将"policy"与"law"作为相关问题联合起来讨论。法律是相对稳定的规范,通过法案的程序繁琐,耗时较长;政策的内容则相对灵活,出台也更容易,并且政策的覆盖面较大,可以涵盖生产、消费、产业结构等多个社会经济层面,比较契合气候变化应对措施的多面性及多样性的特点。目前单纯集中在法律问题的研究成果,主要是从某一个具体的法律问题入手,例如,"国际责任与赔偿",或者是结合某国、某地区的立法和政策进行综述和比较,如欧盟国家的气候变化政策、美国的相关立法等。

国内关于气候变化国际法的研究近年来也十分活跃,论文数量剧增。从国际法角度进行研究的成果,比较集中而典型的是武汉大学杨兴的博士论文《气候变化框架公约研究——国际法与比较法的视角》。该论文较为全面地介绍了 2005 年之前气候变化国际法的发展、演变,并强调了共同但有区别原则在国际气候变化法中的原则性地位。由于近年来气候变化法制的核心内容仍然处于不断的变动当中,各国立法和政策也蓬勃发展,因此该论文的内容与现状有了明显的差距。西南政法大学郭冬梅 2010 年出版的博士论文《应对气候变化法律制度研究》着重从理论角度对中国应对气候变化的法律制度构建进行了探讨。国内其他相关的学术成果一般以论文形式进行讨论,大多数局限于具体问题的分析,如气候公平问题、碳关税问题、碳金融问题等,缺少对气候变化从《国际法》角度进行全面审视和分析的成果。

三、研究目标

在气候变化背景下,研究气候变化国际法的产生、演化与将来的发展,对于该制度自身的发展,以及各国包括中国的国内法律政策制定以及外交应对,都具有积极的意义。本书研究的总体目标是从《国际法》角度,分析和审视现有的气候变化国际法,对该制度的理论问题和实践问题进行讨论,并对该制度的未来发展给出预测和建议。具体来说,预期目标包括:①气候变化的制度演化轨迹;②气候变化国际法的价值取向;③气候变化国际法的核心问题处理;④气候变化国际法在国际法体系内与其他相关问题的联系和协同关系;⑤气候变化国际法在后京都时代的发展预测和建议。

气候变化国际法本身就是一个综合性的交叉学科,制度体系纷繁复杂,诸多领域相关内容相互交错,如国际关系、国际政治、国际谈判、各国政策、利益博弈、经济学理论、区域法的发展等。笔者试图以制度研究为核心,以气候变化国际法的过去、现在和将来作为时间脉络,大致描绘出气候变化国际法的基本面貌,在对制度进行一个完整梳理之后,最后落脚于对气候变化国际法未来发展的预测和建议。

第二节 问题的科学背景——全球变暖与气候变化

2007 年 10 月 12 日,瑞典皇家科学院诺贝尔奖委员会宣布将 2007 年度诺贝尔和平奖授予美国前副总统戈尔与联合国政府间气候变化专家小组(IPCC)。戈尔作为一名坚定的环保主义者,不仅积极推动克林顿政府签署了《京都议定书》,同时投资并参与拍摄了纪录片《难以忽视的真相》,宣扬其坚定的环保观念。而 IPCC 的成就来自于其发布的四份关于气候变化的科学专家报告。诺贝尔和平奖的颁布,将世人的目光再次聚焦到了人类共同面对的一个环境问题——全球变暖与气候变化。

经过近二十年的讨论和宣传,人类对全球变暖等词语十分熟悉,但真正关注这个问题并做出努力的人并不多。在讨论气候变化国际法问题前,我们有必要对以下问题进行解释和说明:什么是全球变暖和气候变化? 它有什么危害? 人类活动是造成这种变化的原因吗? ……这些问题是所有讨论的出发点,我们只有真正了解问题的成因和现状,才能知道应该做什么和怎么做。

一、温室效应与全球变暖

一般人对气候状态的认识主要基于以下几个指标:一段时间内的平均气

温、平均降雨和平均风力。[①]用科学上的定义描述,气候是指气候系统内部大气圈、水圈、生物圈、岩石圈和冰雪圈间的相互联系、相互作用下所达到的一种缓慢变化的准平衡状态。[②]而所谓的气候变化,就是这种准平衡状态由于某些因素发生了较大的改变,破坏了整个地球生态圈的平衡状态,影响了大气、海洋、陆地等所有区域的生态系统的平衡。

温室效应(greenhouse effect)的概念在科学上早已被正式确立,该效应的产生机理如下:太阳辐射到地球的热量,被大气中的温室气体阻挡无法正常释放到外太空,在总量超出地球正常吸热量后,剩余的热量导致地球表面温度升高,大气温度的升高增加了水的蒸发,水蒸气的聚集则进一步加深了温室效应,表现出一个高则愈高的正回馈关系。地表温度的明显升高导致全球变暖,并进一步开始影响大气温度、洋流、降水等系统的平衡,最终引起一系列的气候变化和生态变化。

温室效应是由多种温室气体的吸热能力而产生,温室气体主要指地球大气中包含的水蒸气、二氧化碳等有吸收红外线能力的微量气体。1997 年的《京都议定书》明确针对六种温室气体进行削减,包括:二氧化碳(CO_2)、甲烷(CH_4)、氧化亚氮(N_2O)、氢氟碳化物(HFCs)、全氟碳化物(PFCs)及六氟化硫(SF_6)。后三种气体的温室效应最强,但在大气中含量很少,而二氧化碳在大气中含量较多,就对全球升温的贡献而言,二氧化碳的贡献比例最大,约为 55%。

西方科学家对全球变暖的研究历史悠久。早在 18 世纪,德国天文学家 Herschel 就开始研究太阳黑子对地球气温的影响规律。法国数学家和物理学家 Fourier 对地球储热量和大气的吸热作用的研究被公认为是现代科学对人类气候变化的研究起点。1827 年,Fourier 提出了二氧化碳可能能吸收太阳辐射热能的结论。1896 年,瑞典物理学家 Arrhenius 在专门研究二氧化碳的吸热能力及对地球气温的影响基础上,将 Fourier 的理论定义为"温室效应",并首次提出人类活动释放的二氧化碳对地球表面的气温造成显著影响。[③]

但直到 20 世纪后半叶开始,科学家才开始重视全球变暖的问题,因为大量科学数据表明,地球温度在显著升高。自 1850 年使用气象仪器观测记录以来,全球平均温度升高了 0.6 ± 0.2 摄氏度。我们从图 1-1 可以看到,地球的温度曲线在 20 世纪末突然上扬,构成"曲棍球杆"曲线。据美国航空航天局(NASA)2005 年的统计,在过去的 100 多年里,2005 年是最热的年份,1998 年位列第二,

① Dianne Rahm. Climate Change Policy in the United States. McFarland & Company,Inc. ,Publishers,2009:16.

② 许小峰,王守荣,任国玉等.气候变化应对战略研究.北京:气象出版社 2006:5.

③ Maxwell T Boykoff ed. The politics of Climate Change. Routledge Press,2010.

其余的最热年份依次为 2002 年、2003 年和 2004 年。[1] 20 世纪北半球温度的增幅可能是过去 1000 年中最高的。[2] 2010 年的前 6 个月里出现了一连串的全球高温极值,根据美国国家海洋和大气管理局(NOAA)的数据,2010 年 6 月不仅是有历史记录以来最热的一个 6 月,也连续第 4 个月创造了高温纪录。而 2010 年破历史纪录的月份之多,事实上已经超过了 2005 年作为全球变暖的一个重要衡量标尺,北极海冰的面积在 2010 年前 6 个月的回退幅度也比以往同期任何时候都要多。

Variations of the Earth's surface temperature for:

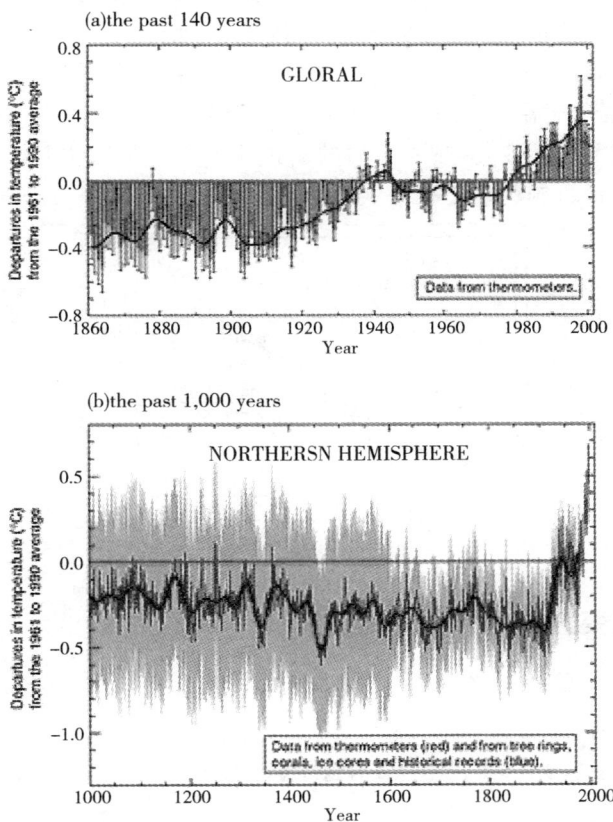

(a)the past 140 years

(b)the past 1,000 years

图 1-1 过去 140 年全球和过去 1000 年北半球地球表面气温变化
(以地球 1961—1990 年全球平均气温为基准)
图表来源:IPCC 2001 年报告《科学基础》。

---

[1] 根据最新数据,2010 年已经成为人类有气温记录以来历史上最热的年份,参见导言第一节。
[2] Robert Henson. The Rough Guide to Climate Change. Rough Guides Ltd. ,2008;3.
秦大河. 气候变化:科学、影响和对策//气候变化与生态环境文集. 北京:气象出版社,2004;14.

这些数字为证明气候变化发生的不断累积的证据上又加了一条。[①]造成全球变暖的原因虽然很多，但大气中的温室气体，尤其是二氧化碳，起到了重要作用。

对冰芯中的空气采样研究证明，在长达 65 万年的漫长时期内，地球二氧化碳浓度一直保持在 180ppm（每百万大气颗粒中含量）和 300ppm 之间。工业革命早期（一般从 1750 年起算）的二氧化碳浓度大约为 280ppm，2005 年的二氧化碳浓度则达到了 379ppm。从图 1-2 著名的基林曲线[②]可以清楚地看到，从 315ppm 到 379ppm，这个增长幅度在刚刚过去的短短 47 年（1958—2005 年）内迅速完成。除了二氧化碳，其他温室气体也表现出同样的变化，甲烷（CH_4）从工业时代前的 715ppb（每十亿大气颗粒中含量）上升至 2005 年的 1774ppb，氧化亚氮（N_2O）则从 270ppb 升到 319ppb。[③]温室气体显著增长被认为是 20 世纪 80 年代以来地球气温上升的主要原因。温室气体在短时间内的快速上升绝对不是一个正常的自然变化，现象背后的真正原因是人类对化石燃料的大量使用以及人类对碳汇机制[④]的破坏。

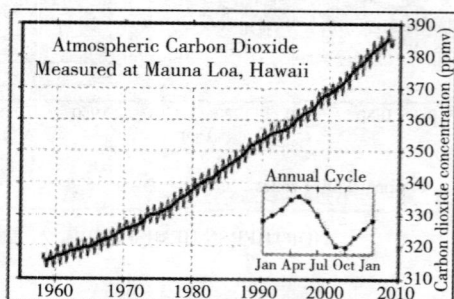

图 1-2 基林曲线

二、全球变暖中的人类活动因素

20 世纪地球的表面平均温度上升了 0.7 摄氏度，1995—2006 年是人类从

---

① 全球迎来史上最热夏天，连续 4 个月创高温纪录. 人民网：http://env.people.com.cn/GB/12316202.html，(2010 年 8 月 6 日访问)。

② 美国科学家基林 1958 年 3 月在夏威夷莫纳罗亚山(The Mauna Loa)的活火山站开展大气二氧化碳观测所得的浓度曲线，是地球和气候变化科学研究的里程碑式图表。

③ Dianne Rahm. Climate Change Policy in the United States. McFarland & Company, Inc., Publishers, 2009:17—18.

④ 碳汇(carbon sink)，是指从空气中清除二氧化碳的过程和机制，包括任何可以从空气中吸收二氧化碳的碳库，主要由生物质、森林、海洋、其他陆地、沿海和海洋生态系统构成。森林是目前最主要的自然碳库，砍伐林木导致的森林面积减少会加剧温室效应。与之相对应的概念是碳源(carbon source)，是指任何可以向空气中释放二氧化碳的自然碳库。需要注意的是，在不同的时间，森林、海洋、土壤既可以是碳汇，也可以是碳源，关键是看吸收和释放碳量的对比量。

1850 年开始记录地球温度以来最炎热的 12 年。IPCC 2007 年报告预测,如果人类仍然按照目前的速度任其发展,以 1980—1999 年的数据为参考系,到 2080—2099 年全球温度将升高 1.1～6.4 摄氏度。我们不能断言这个问题完全是人类活动造成的,但人类难辞其咎。从 18 世纪中叶发端于英国的工业革命在富含煤矿的什罗普(shropshire)地区的炼铁活动开始,人类对碳能源的依赖就开始影响气候环境。根据国际能源组织(IEA)的数据,全球 85％ 的能源来自于化石燃料(fossil fuel)[①]——煤、天然气和石油。[②]据中石油预测,2010—2020 年,世界可再生能源虽然年均增速可达 7％,但在能源消费中的比重仍不到 1％,化石能源在全球一次能源消费中仍将保持主体地位。即便到 2030 年,石油占世界一次能源需求的比重仍为 30％,天然气为 28％。[③] 图 1-3 所示的是 1850—2003 年化石燃料释放二氧化碳数量与地球表面温度变化对应情况。

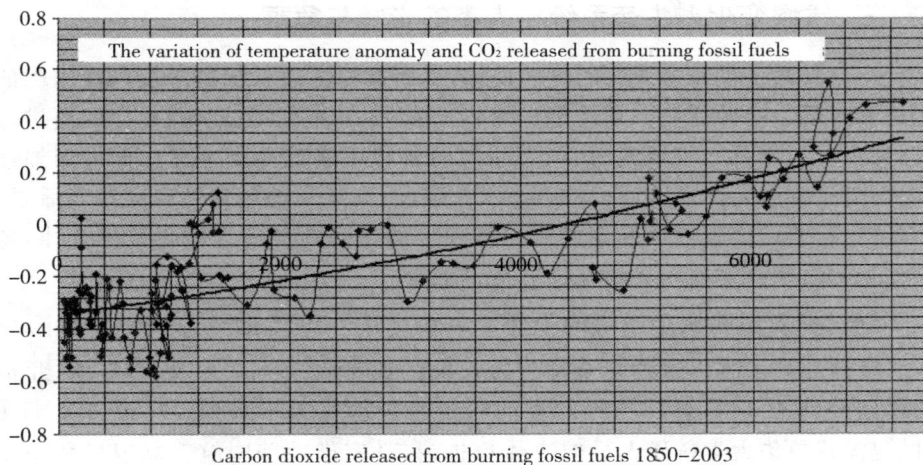

The variation of temperature anomaly and CO₂ released from burning fossil fuels

Carbon dioxide released from burning fossil fuels 1850–2003

图 1-3　1850—2003 年化石燃料释放二氧化碳数量与地球表面温度变化对应

说明:1.平缓上升线代表燃烧化石燃料每年排放的二氧化碳数量(单位:每年百万吨);
　　　2.带点曲折线代表地球气温变化值(单位:摄氏度)。

图表来源:http://www.docbrown.info/page04/global_warming.htm(访问日期:2010 年 8 月 3 日)。

人类对化石能源的严重依赖,导致人为地向大气排放大量二氧化碳的直接

---

① 化石燃料,是指千百万年前埋在地下的生物体遗骸经过漫长的地质年代形成的能源,煤和石油分别由植物化石和动物化石转化而成,天然气是以甲烷为主要成分的混合气体。

② International Energy Agency,World Energy Outlook(2006). 转引自 Friedrich Soltau. Fairness in International Climate Change Law and Policy. Cambridge University Press,2009:6.

③ 中石油:化石能源 2020 年前仍是能源主力. 人民网:http://energy.people.com.cn/GB/11632374.html(访问日期:2010 年 8 月 3 日)。

后果。第二次世界大战结束后,化石能源的碳排放显著上升,1973—2005年,排放量增加了70%。①根据世界银行的数据,大气中的温室气体的80%正是来自于对这些化石能源的燃烧。②根据IPCC 2007年报告的数据,2000—2005年人类化石能源排放的二氧化碳达到每年264亿吨。2006年的数字是290亿吨,2010年为331亿吨,预计到2030年将达到404亿吨。③

一直关注气候变化的美国记者Elizabeth Kolbert在《纽约客》中强调:"所有全球变暖的理论都认为,如果你增加了大气中的温室气体含量,你就会增加地球的平均温度。毋庸置疑,人类活动已经导致大气中的温室气体含量的上升,而同样无可辩驳的是,在过去几十年间,全球平均气温也上升了。"④英国前首相托尼·布莱尔强调说:"专家们的主流观点认为,气候变化或多或少都是人为造成的,如果不采取行动,情况只会变糟糕。"⑤

三、气候变化对生态系统和人类的影响与危害

全球变暖会导致一系列的气候变化,从而影响生态系统的平衡以及人类的生产和生活。这种变化一开始是一种非线性、多层面、点散式、局部性的渐进过程,在变化积累到一定程度后,生态系统内各种因素就会产生互相促进的加速式变化,逐渐就会出现大面积、综合性、高强度、高频率的破坏性和灾难性后果。概括地说,全球变暖导致的气候变化呈现出的是一种加速递增膨胀的规律,越到变化的后期其发展趋势越难以遏制和逆转。

(一)严重影响生态系统的平衡⑥

极地和高山冰川退缩是全球变暖影响的典型表现。过去30多年里,北极的冰已经化去1/3,喜马拉雅山上的冰川面积也在逐年减少。2010年8月6日,美国特拉华大学科研人员向媒体报告,科学家借助美国航天局卫星数据发现,格陵兰岛现存两大冰川之一的彼得曼冰川从主体上脱落,在8月5日分裂

---

① Friedrich Soltau. Fairness in International Climate Change Law and Policy. Cambridge University Press,2009:23.

② Frances Beinecke with Bob Deans. Clean Energy Common Sense. Rowman & Littlefield Publishers,Inc. ,2010:42.

③ Frances Beinecke with Bob Deans. Clean Energy Common Sense. Rowman & Littlefield Publishers,Inc. ,2010:43.

④ Elizabeth Kolbert,The Climate of Man:I. New Yorker,April 25,2005:56. 转引自 Ernesto Zedillo ed.. Global Warming-Looking Beyond Kyoto,Center for the Study of Globalization. Brookings Institution Press,2008:21.

⑤ Economist,December 24,2004. 转引自 Ernesto Zedillo ed.. Global Warming-Looking Beyond Kyoto,Center for the Study of Globalization. Brookings Institution Press,2008:21.

⑥ 许小峰,王守荣,任国玉等. 气候变化应对战略研究. 北京:气象出版社,2006:11.

出一个面积约为 260 平方公里的巨型浮冰岛,这是北极地区近 50 年来最大的一次冰山脱落事件。[①]

全球变暖对海洋系统的影响主要表现为海水热膨胀、全球海平面上升,以及相应的海岸带生态系统和生物资源受到影响。例如,海水酸化会导致珊瑚和贝壳类物种死亡;而海平面上升引起海水侵入河口地区和海岸带地区的地下淡水系统,进而影响耕地生产力,并对淡水供应产生很大影响。

在地球陆地系统方面,气候变化主要对森林和草地系统产生影响。通过温度和水分胁迫、物候变化、日照和光强的变化、有害物种的入侵、改变树木的生理生态特性以及生物地球化学循环等途径对森林系统不同物种产生影响。草原系统方面,气候变化使得草原区出现干旱的几率加大,干旱的持续时间延长;草地土壤侵蚀危害加重,土地肥力降低;草地景观可能出现荒漠化趋势,沙漠面积扩大。

全球变暖也将导致部分地区的降水和蒸发规律发生变化,冰川和冻土面积缩小,高山季节性积雪持续时间减少,造成淡水资源的进一步紧张。IPCC 2007 年的报告认为,就生物物种而言,1.5～2.5 摄氏度的升温,会导致 20%～30% 的物种面临生存风险。

(二)极端气候风险增大,灾难频发

全球变暖会导致极端气候的频率和强度显著增加,如厄尔尼诺、干旱、洪水、热浪、雪崩、风暴、沙尘暴、泥石流、飓风等。2003 年,欧洲热浪夺去了 3 万人的生命。英国政府首席科学顾问说,这是中部欧洲历史上最大的单个气候灾难。2005 年,被称为"百年最大的自然灾害"的卡特琳娜飓风袭击美国新奥尔良,造成巨大损失。2009 年,墨西哥迎来 70 年一遇的干旱,席卷 6.88 万平方千米的耕地。2010 年,俄罗斯经历了开始气象观测 130 年来最炎热的夏天,高温干旱给当地农业带来严重影响,森林火灾频发。2010 年 7 月俄罗斯的气温比往年的平均水平高出约 8 摄氏度,首都莫斯科 7 月 30 日的温度高达 38 摄氏度,创历史新高。高温引发大规模的森林大火后,烟雾弥漫整个莫斯科城市。伴随炎热而来的是因为极端气候或者海平面上升引发的洪水,每年会使数百万人受灾。2010 年夏天,巴基斯坦、中国东北和中部的洪水范围广、损失大。目前世界每年大约要经受 400 多个与气候相关的灾难是过去 20 年平均数的两倍。[②]

---

① 北极 50 年来最大冰山脱落"4 个曼哈顿"掉进海里. 新浪网:http://news. sina. com. cn/w/2010-08-08/060217930846s. shtml(2010 年 8 月 6 日访问)。

② Dianne Rahm. Climate Change Policy in the United States. McFarland & Company, Inc. , Publishers, 2009:27.

(三)对人类经济发展和居住环境的影响

气候变化对于人类的生产和经济发展来说,影响巨大,主要体现在农林牧产业的适应发展。在气候变暖情景下需要科学规划农业资源区划,按照变化的季节规律调整粮食生产和销售;需要减缓和应对气候变化对草原和森林的负面影响,保持该区域的正常生态和经济活动。气候变化会导致全球和区域水循环的格局发生改变,水资源的分布同样影响特定区域的第一产业生产活动。从地理角度考虑,全球漫长的海岸线往往是人口密集、经济贸易相对发达的地带。海平面上升,海水倒灌,陆地面积减少,都会给当地带来人口、资源和环境的多重压力。在亚洲和非洲,位于低洼地带的人口密集的大城市将面临较大风险。而岛屿在海平面上升的威胁下更是脆弱。

(四)对人类健康和生命构成威胁

气候变化对人体健康最直接的影响是极端高温情况下产生热效应,直接导致人体的不适,引发间接疾病,如高血压、心脏病等。此外,一些通过昆虫、食物和水传播的对气温升高较为敏感的传染性疾病的传播范围可能会增加,如疟疾和登革热等。其他因为热浪、干旱、洪水、风暴、火灾导致的死亡或者因为粮食产量下降而引发的营养不良,都会对人类的生命健康构成巨大的威胁。更为严重的是,海平面上升以及对特定区域经济的影响,会产生数量庞大的气候移民和气候难民。气候变化可能会阻碍联合国千禧年发展目标,特别是脱贫、儿童死亡率、艾滋病、疟疾等的应对以及环境可持续目标的实现。[1]世界银行 2009 年 9 月公布的《2010 年世界发展报告》指出,由于地球变暖,雨林分布变化,干旱、水灾、森林火灾等极端事件发生频繁。在人口密集海岸区和海岛国的百万人口由于海平面上升,将失去家园。亚洲、非洲等地区的贫困人口将面临耕种困难、农业生产率下降,以及饥饿率、营养不良和疾病率上升的问题。[2]

四、气候变化科学上的不确定性

1990 年,联合国政府间气候变化专家小组(IPCC)发布了第一份评估报告。但科学界对该报告的质疑声不断,他们认为报告的分析存在以下缺陷:关于水蒸气和气溶胶的负回馈数据不够充分;忽视海洋作为碳汇的作用;忽视二氧化碳增长对树木增长的正效应;夸大人类排放活动对气候的影响程度;不够现实

---

[1] World Bank Group. Managing Climate Risk: Integrating Adaptation into World Bank Group Operations 5(2006). 转引自 Friedrich Soltau. Fairness in International Climate Change Law and Policy, Cambridge University Press,2009:10.

[2] Frances Beinecke with Bob Deans. Clean Energy Common Sense,Rowman & Littlefield Publishers,Inc. ,2010:13.

的模型以及不确定数据的压缩；既得利益立场导致的政治结论而非科学结论；等等。[①] 这些问题并非刻意刁难或者缺乏根据，而是我们对全球变暖的确存在着科学上的不确定性。IPCC 在其发布的第四份报告中预测，21 世纪末的全球温度将比 20 世纪末升高 1.1～6.4 摄氏度，这个跨度巨大的预测数据从侧面反应了科学对于气候变化预测的力不从心。

气候变化问题在科学上的不确定性，原因是多方面的：一方面，气候变化是一个多学科问题，包含了人口学、经济学、社会学、健康学、生物学、技术科学、大气化学、海洋学、气象学、冰川学、农学等多种学科，如果学科间的交叉和联系分析得不够充分，沟通失败，就会使得分析和预测流于片面；另一方面，对气候对人类的影响作出评估仍然存在很大的障碍，目前所有作出的科学预测缺乏统一客观的评价体系，问题原因的复杂性使得获得科学上明确答案成为不可能完成的任务。气候是多种因素综合产生的平衡状态，未来的气温变化、降水以及极端事件的产生都要受到温度、气流、水资源分布、地形和小尺度天气系统的影响和制约，这种复杂的平衡体系无法通过科学模型进行机械套用和计算。同理，预测海平面上升需要考虑海水热膨胀、极地冰川冰原的融化等因素，对未来生态系统的影响需要考虑区域和时间差异，而科学模型是基于经验统计的静态模型，科学规律又有前提条件的拘囿，无法机械地适用到其他地区。[②]

尽管有足够的科学数据和专家意见来证明地球的确是在变暖，国际社会也已经普遍承认全球变暖与气候变化问题的存在和严重性，但是气候科学自身存在的不确定性仍然存在。这种科学上的不确定性，导致总会有人在质疑一些根本性的问题：气候是在变暖么？人类活动真的导致了气候变暖么？人类从现在开始的行动和介入会有效果么？IPCC 的四次报告虽然积极驳斥了对气候变化的反对意见，但从客观上来说，对气候变化的质疑无法完全消灭，这是气候变化问题本身的复杂性和科学研究的有限性决定的。科学上的不确定性，不仅是气候变化科学研究的障碍，也成为气候变化政策反对者的借口和理由，并成为阻碍国际社会气候变化法制框架进一步发展的重要因素之一，这一点将在书中多次论及。

---

① Paul Q. Watchman. Climate Change：A Guide to Carbon Law and Practice. Globe Business Publishing Ltd. ,2008:26.

② 许小峰，王守荣，任国玉等．气候变化应对战略研究．北京：气象出版社，2006:72.

第二章　气候变化国际法的发展与演变

第一节　《气候变化框架公约》述评

一、《气候变化框架公约》的产生

（一）公约产生前 20 年的国际背景

1. 1972—1987 年期间的零散会议

1992 年《气候变化框架公约》的产生离不开国际社会前 20 年积极的活动和频繁的会议。1972 年召开的联合国人类环境会议是国际社会真正关注气候变化及其影响的起点事件。1979 年世界气象组织（WMO）及其合作伙伴在日内瓦共同组织召开了第一次世界气候大会（World Climate Conference，WCC-1），以"世界气候大会——气候与人类"为主题的会议最终推动建立了世界气候计划、世界气候研究计划和获得诺贝尔和平奖的政府间气候变化专门委员会，所有这些努力提高了人们对气候变化的意识和科学认识水平。[①] 1980 年在奥地利菲拉赫（Villach）召开了第一次气候变化科学研讨会。1982 年的《内罗毕宣言》更是明确指出："大气变化（如臭氧层的变化、二氧化碳含量的增加……）进一步严重威胁着人类的环境。"1985 年 WMO、联合国环境规划署（UNEP）以及国际科学委员会在菲拉赫召开了评估二氧化碳及其他温室气体对气候变化的作用和连带影响的国际会议，会议通过的《菲拉赫声明》提出了应对气候变化的四条道路战略，呼吁政治家们合作，必要的时候应当考虑草拟一个国际公约，寻求减缓人为导致的气候变化的政策。总的来说，从 1972 到 1988 年期间，关于气候变化的国际科学合作主要由世界气象组织主持，环境规划署也发挥了一定作用。

---

① 世界气象组织网站：http://www. wmo. int/wcc3/documents/FAQWCC3_PUBLIC_flyer_ZH. pdf（2010 年 10 月 23 日访问）。

2. 1988—1990 年期间的密集会议

1988 年人类发现了南极上空的臭氧洞,加剧了人类解决未列入臭氧层保护体制①的温室气体排放问题并对气候变化采取行动的迫切需要。1988 年,在加拿大多伦多召开了主题为"变化中的大气:对全球安全的意义"大会。来自 48 个国家的 300 多位科学家、政府决策者、联合国等国际组织以及非政府组织代表参加了这次会议。会议明确提出全球应采取共同行动应对气候变化,要求各国政府紧急行动起来,并呼吁建立世界大气基金。

多伦多会议之后,一系列的国际会议相继召开。1988 年,在汉堡召开了"世界气候和发展"大会。1989 年,七国集团在巴黎召开了"绿色高峰"会议。② 1989 年,在荷兰诺德维克(Noordvijk)举行了"大气污染和气候变化的部长级会议",有 67 个国家的环境部长在会上试图达成温室气体减排的多边政府协议,该次会议被认为是国际社会试图达成政府减排协议的第一次努力。在本次会议上,不同国家集团之间的分歧开始显露——在大多数参与国都赞成在 2005 年前将温室气体减排量控制在 1988 年水平的情况下,部分国家明确表示了对减排目标安排的反对,其中包括英国、日本、美国和苏联等几个重要大国。因此,诺德维克会议最后达成的《诺德维克宣言》只是要求发达国家整体上控制温室气体排放量。但宣言中的部分文字后来被直接引用到《气候变化框架公约》中。③

在一系列的国际会议进程中,发展中国家逐渐开始意识到气候变化问题对其的重要影响和意义,为促进发展中国家的互相交流,对象特定的会议也陆续召开。例如,1989 年在印度新德里举行了"全球变暖和气候变化:发展中国家的立场"大会,1989 年在马尔代夫举行了关于"海平面上升的小岛国"大会等。

在联合国层面,1988 年,马耳他政府向联合国提出建议要求应对气候变化问题,联合国大会随后通过"为人类现世和后世保护全球气候"的 43/53 号决议。同时,在美国的推动下,1988 年,35 个国家成立了一个政府间科学机构——政府间气候变化专家小组(IPCC),其职责是为决策者提供有关气候变化减缓及适应的最新科学研究及其政策影响评估。IPCC 在 1990 年的第二次世界气候会议上提交的第一份评估报告虽然对气候变化的科学性结论并未完全肯定,但明确呼吁国际社会对气候变化问题引起重视并采取相应行动。

---

①　即 1985 年的《保护臭氧层维也纳公约》和 1987 年的《关于消耗臭氧层物质的蒙特利尔议定书》。

②　Statement of the World Conference on "The Changing Atmosphere: implications for Global Security"(June 1988). 转引自:杜志华,杜群. 气候变化的国际法发展——从温室效应理论到《联合国气候变化框架公约》. 现代法学,2002(5).

③　Leigh Glover. Postmodern Climate Change. Routledge Press,2006:139-140.

1990 年在日内瓦召开了以"全球气候变化及相应对策"为主题的第二次世界气候大会(WCC-2),很多参与国对在该次会议上达成减排目标和时间表寄予厚望,试图在会议最后两天达成承诺,但遭到美国、苏联、沙特阿拉伯的反对。尽管会议确认了"共同但有区别责任原则应该成为确立各国义务的基础,而发达国家应该领头行动"的结论,[①]但南北国家关于气候变化的巨大分歧在此次会议上逐渐凸显——对于发达国家而言,气候变化主要是科学和环境问题,发展中国家则强调未来任何的气候变化国际体制都将对本国贫困问题和经济发展产生深远的影响,因此气候变化应该是一个包含政治、经济、文化等多层含义的综合性问题。南北国家在问题性质理解上的根本分歧在今后的国际谈判中顽固持续,延续到今日仍未消弭,成为气候变化国际法制度发展的巨大障碍。

(二)"气候变化框架公约政府间谈判委员会"的成立

关于气候变化国际谈判平台的建立,相关组织和代表一开始的建议是成立由世界气象组织和环境规划署主持的谈判委员会,但发展中国家认为过于注重科学的性质会遗漏对经济和发展问题的关注,并且目前的参与机构主要由发达国家代表组成,无法反映发展中国家的立场。发展中国家坚持认为,气候变化问题已经超出了环境问题的范畴,应当放到更具广泛意义的平台上进行谈判。在发展中国家的坚持下,1990 年年末,联合国大会成立了"气候变化框架公约政府间谈判委员会"(1990 年 12 月 21 日第 45/212 号决议),正式启动了以建立气候变化国际体制为目的的国际谈判。气候变化国际谈判开始脱离了世界气象组织和环境规划署的框架,直接归于联合国机制领导。政府间谈判委员会对联合国所有会员国及专门机构开放,其职权是及时"就包含适当承诺的框架公约和任何可能达成一致的有关法律文书"进行谈判,使得该文本能在 1992 年里约热内卢召开的联合国环境与发展会议上开放签署。委员会从 1991 年 2 月到 1992 年中期,共举行了 5 次会议,谈判涉及了 140 多个国家,耗时 17 个月,终于完成了任务,提交了《联合国气候变化框架公约》文本草案。[②]

(三)《联合国气候变化框架公约》的诞生

《联合国气候变化框架公约》(United Nations Framework Convention on Climate Change,UNFCCC,以下简称《框架公约》)于 1992 年 5 月 22 日在联合国纽约总部通过,同年 6 月 4 日在巴西里约热内卢举行的联合国环境与发展大会(亦称为"地球峰会")期间正式开放签署,154 个国家签署了条约。在短短一

---

① Leigh Glover. Postmodern Climate Change. Routledge Press,2006:141.

② 劳伦斯·布瓦松·德·查佐尔内斯.联合国气候变化框架公约.联合国视听图书馆,2009,http://untreaty. un. org/cod/avl/pdf/ha/ccc/ccc_c. pdf(访问日期:2010 年 8 月 5 日)。

年多时间里,《框架公约》就达到了文件所要求的 50 个国家的批准数目,于 1994 年 3 月 21 日正式生效。截至 2011 年 2 月 14 日,《框架公约》共有 194 个成员国,其中包括作为地区组织享有单独成员国身份的欧盟。[①] 我国于 1992 年 6 月 11 日签署该公约,1992 年 11 月 7 日第七届全国人大常委会第二十八次会议批准该公约。

二、《气候变化框架公约》制度述评

(一)结构与目标

《框架公约》由序言、二十六条正文及两个附件组成。正文由定义、目标、原则、承诺、研究和系统观测、教育培训和公众意识、机构设置、资金机制、履行信息要求、争端解决、技术问题等几部分内容构成。

《框架公约》的最终目标是"将大气中温室气体的浓度稳定在防止气候系统受到危险的人为干扰的水平上。这一水平应当在足以使生态系统能够自然地适应气候变化,确保粮食生产免受威胁,并使经济发展能够可持续地进行的时间范围内实现"。这里没有包含具体的量化目标,内容笼统抽象。

(二)基本原则

《框架公约》的目标是减少温室气体排放,减少人为活动对气候系统的危害,减缓气候变化,增强生态系统对气候变化的适应性,确保粮食生产和经济可持续发展。为实现上述目标,《框架公约》第 3 条列举了一系列指导将来进一步谈判和行动的基本原则,要求注重环境保护和经济发展的平衡,并要求发达国家与发展中国家进行成本分担。这些原则包括:①"共同但有区别责任"的原则,要求发达国家应率先采取措施,应对气候变化;②要考虑发展中国家的具体需要和特殊国情;③风险预防原则,即不应当以科学上没有完全确定为理由推迟采取相关措施;④成本效益原则,气候变化的政策和措施应当追求成本效益,确保以尽可能最低的费用获得全球效益;⑤可持续发展原则,政策和措施应当适合每个缔约方的具体情况,并应当结合到国家的发展计划中去;⑥加强国际合作,应对气候变化的措施不能成为国际贸易的壁垒。

(三)缔约方的普遍承诺与区别承诺

《框架公约》的承诺分为共同的普遍的承诺及区别的具体义务。所有缔约国都要承担的共同义务包括:①编制公布本国碳源和碳汇的国家清单;②制定执行减缓气候变化的措施;③在本国各部门促进推广各类减排技术和做法;

---

① 联合国气候变化框架公约.网站:http://unfccc.int/essential_background/convention/status_of_ratification/items/2631.php(访问日期:2011 年 2 月 14 日)。

④可持续管理本国的碳汇和碳库;⑤制订特别地区适应气候变化的综合性计划;⑥对减缓适应措施的社会、经济和环境质量的影响进行评估;⑦加强气候变化科学研究,减少和消除不确定性;⑧促进气候变化相关的信息交流;⑨促进气候变化相关的教育、培训和公众参与;⑩向缔约方会议提交履行信息。

《框架公约》将缔约国分为三类:附件一的工业化国家、附件二的发达国家和非附件一国家(主要指发展中国家)。《框架公约》规定的具体的区别承诺只适用于附件一和附件二所列缔约方。①附件一的工业化国家①承诺制定国家政策和采取相应的措施,限制人为的温室气体排放,保护和增强碳库和碳汇,承诺2000年前单独或联合将温室气体排放控制在1990年的排放水平,以减缓气候变化。②附件二的发达国家②承诺为发展中国家提供资金以支付其履行普遍承诺的全部增加费用及帮助特别易受气候变化不利影响的国家支付适应这些不利影响的费用,该类国家还需促进向其他缔约方特别是发展中国家缔约方转让或使它们有机会得到无害环境的技术,并支持增强发展中国家缔约方的能力。③未列入附件的发展中国家不承担削减义务,保证其经济发展,同时可以接受发达国家的资金、技术援助以进行减缓和适应气候变化的措施和行动。

(四)机构设置

1.《框架公约》缔约方会议(conference of party,COP)

缔约方会议作为《框架公约》的最高权力机构,每年举行一次常规会议,其职责是定期评审相关法律文书的履行情况,并在其职权范围内作出为促进本公约的有效履行所必要的决定。《框架公约》没有规定缔约方大会的投票规则,因此实践中以一致同意获得结果。缔约方大会从1995年在柏林举行第一次会议后,至今(截至2010年12月)已经举办了16次,第17次缔约方大会将在南非举行。具体时间、地点和会议成果概述请见附录:"《气候变化框架公约》历次缔约方大会列表"。

---

① 附件一国家共41个,包含27个经济合作发展组织中的发达国家和14个经济转型国家和地区。经合组织发达国家包括:澳大利亚、奥地利、比利时、加拿大、丹麦、欧洲共同体、芬兰、葡萄牙、法国、德国、希腊、冰岛、爱尔兰、意大利、日本、西班牙、瑞典、瑞士、土耳其、列支敦士登、卢森堡、摩纳哥、荷兰、新西兰、挪威、大不列颠及北爱尔兰联合王国、美利坚合众国。市场经济转型国家包括:白俄罗斯、保加利亚、克罗地亚、捷克共和国、爱沙尼亚、匈牙利、拉脱维亚、立陶宛、波兰、罗马尼亚、俄罗斯联邦、斯洛伐克、斯洛文尼亚、乌克兰。(按照缔约方会议第三届会议第4/CP.3号决定,1998年8月13日生效的修正案修正后名单)

② 附件二国家共24个。澳大利亚、日本、奥地利、卢森堡、比利时、荷兰、加拿大、新西兰、丹麦、挪威、欧洲共同体、葡萄牙、芬兰、西班牙、法国、瑞典、德国、瑞士、希腊、冰岛、大不列颠及北爱尔兰联合王国、爱尔兰、美利坚合众国、意大利。(按照缔约方会议第七届会议第26/CP.7号决定,2002年6月28日生效的修正案修正后名单)

　　具体来说，缔约方会议的职责包括：① 定期审评本公约规定的缔约方义务和机构安排；②促进和便利就各缔约方为应付气候变化及其影响而采取的措施进行信息交流；③协调两个以上缔约方为应付气候变化及其影响而采取的措施；④促进发展和定期改进由缔约方会议议定的用来编制各种温室气体源的排放和各种汇的清除的清单，以及评估为限制这些气体的排放及增进其清除而采取的各种措施的有效性的可比方法；⑤评估各缔约方履行公约的情况和依照公约所采取措施的总体影响，特别是环境、经济和社会影响及其累计影响，以及当前在实现本公约的目标方面取得的进展；⑥审议并通过关于本公约履行情况的定期报告，并确保予以发表；⑦就任何事项作出为履行本公约所必需的建议；⑧动员资金；⑨设立其认为履行公约所必需的附属机构；⑩审评其附属机构提出的报告，并向它们提供指导；⑪议定并通过缔约方会议和任何附属机构的议事规则和财务规则；⑫酌情寻求和利用各主管国际组织和政府间及非政府机构提供的服务、合作和信息；⑬行使实现本公约目标所需的其他职能以及依本公约所赋予的所有其他职能。

　　2.秘书处

　　《框架公约》设立了行政辅助机构——秘书处（secretariat），办公室设在德国的伯恩。秘书处的职能为：①安排缔约方会议及依本公约设立的附属机构的各届会议，并向它们提供所需的服务；②汇编和转递向其提交的报告；③应要求协助各缔约方特别是发展中国家缔约方汇编和转递依本公约规定所需的信息；④编制关于其活动的报告，并提交给缔约方会议；⑤确保与其他有关国际机构的秘书处的必要协调；⑥在缔约方会议的全面指导下订立为有效履行其职能而可能需要的行政和合同安排；⑦行使本公约及其任何议定书所规定的其他秘书处职能和缔约方会议可能决定的其他职能。

　　3.附属科技咨询机构

　　《框架公约》设立"附属科学和技术咨询机构"（subsidiary body for scientific and technological advice，SBSTA），要求其就与公约有关的科学和技术事项，向缔约方会议或其他附属机构提供信息和咨询。附属科技咨询机构具有多学科性，由各国政府代表组成，定期就其工作的一切方面向缔约方会议报告。在缔约方会议指导下，附属科技咨询机构的工作范围为：①就有关气候变化及其影响的最新科学知识提出评估；②就履行公约所采取措施的影响进行科学评估；③确定创新的、有效率的和最新的技术与专有技术，并就促进这类技术的发展和/或转让的途径与方法提供咨询；④就有关气候变化的科学计划、研究与发展的国际合作，以及就支持发展中国家建立自身能力的途径与方法提供咨询；⑤答复缔约方会议及其附属机构可能向其提出的科学、技术和方法问题。

4. 附属履行机构(SBI)

《框架公约》设立附属履行机构(subsidiary body for implementation,SBI)的目的是协助缔约方会议评估和审评本公约的有效履行。该机构向所有缔约方开放,由气候变化问题专家参与的各国政府代表组成,并定期就其工作向缔约方会议报告。在缔约方会议的指导下,该机构应参照有关气候变化的最新科学评估,对各缔约方所采取步骤的总体合计影响作出评估,并协助缔约方会议对缔约方采取的国家政策和措施进行审评。

(五)资金机制

《框架公约》要求确定一个在赠予或转让基础上提供资金,包括用于技术转让的资金的机制。该机制在缔约方会议的指导下行使职能并向其负责,并由缔约方会议决定该机制与本公约有关的政策、计划优先顺序和资格标准。该机制的经营委托一个或多个现有的国际实体负责,并在一个透明的管理制度下公平和均衡地代表所有缔约方。发达国家缔约方还可通过双边、区域性和其他多边渠道提供并由发展中国家缔约方获取与履行本公约有关的资金。缔约方会议和受托管资金实体应确保所资助的应付气候变化的项目符合缔约方会议所制定的政策、计划优先顺序和资格标准的办法;根据这些政策、计划优先顺序和资格标准重新考虑某项供资决定的办法;以可预测和可认定的方式确定履行本公约所必需的和可以得到的资金数额,以及定期审评此一数额所应依据的条件。受托管实体应定期向缔约方会议提供关于其供资业务的报告。

(六)履行与争端解决

《框架公约》没有规定条约的履行机制,只是要求第一次缔约方大会考虑设立一个解决与公约履行有关的问题的多边协商程序。如果缔约方之间出现关于《框架公约》的争端,应该首先进行谈判或其他和平方式解决,如果12个月后仍然没有结果,可以要求成立调解委员会,该委员会由每一当事方委派数目相同成员组成,主席由各当事方委派的成员共同推选。调解委员会作出的裁决是建议性的,缔约方应慎重参考。同时,非地区一体化组织的成员可以单独提交管辖权自愿声明,愿意接受国际法院或者特定仲裁程序的管辖。在争端发生时,就不用订立特别管辖协议。

三、《气候变化框架公约》的意义与不足

(一)作用和意义

1.《框架公约》在国际法体系中开拓了新的调整领域——气候变化问题,并初步建立了气候变化的国际框架。《框架公约》是气候变化国际法的基础和发

展的开篇,起到了类似宪法指引的作用,《京都议定书》则是公约后续直接的产物。①国际社会其后所有有关气候变化问题的国际活动、会议都在《框架公约》所确立的框架下进行,因此《框架公约》是气候变化国际法发展的基石和起点,其里程碑意义显著。

2.《框架公约》重申和深入发展了国际环境法的重要原则。《框架公约》在其正文第三条列举了一系列指导原则,包括共同但有区别责任原则、风险预防原则、可持续发展原则、国际合作原则、成本效益原则等,这些原则既对原来国际环境法基本原则进行了重申和强调,也对这些原则进行了实践和发展,进一步确认和丰富了这些基本原则的内涵,扩大了它们的适用范围。

第一,《框架公约》开创性地将共同但有区别责任原则引入气候变化问题,在该原则指引下对缔约国根据其历史责任和各自的能力及其社会和经济条件进行分类并确定区别义务,区别的义务和共同的责任是对该原则精神最好的体现。在整个环境法领域中,气候变化问题是共同但有区别责任原则体现得最为具体而直观的领域之一。第二,《框架公约》强调了国际环境法中非常重要的风险预防原则,呼吁国际社会不应当以科学上没有完全确定为理由推迟采取应对气候变化的政策和措施,使得风险预防原则在国际气候变化机制中得到进一步体现。第三,《框架公约》为了降低履约成本,提升履约效果,将成本效益和经济效率原则应用到气候变化国际法的制度当中,是具有时效性和实践性的积极举措。第四,《框架公约》特别强调了可持续发展原则。在气候变化问题中,环境和发展的对立尤其明显,可持续发展原则正是对两者矛盾的有机协调,对与气候变化问题的解决具有相当重要的指导意义。

3.《框架公约》作为一个国际框架公约,获得了世界上绝大多数国家的认可。无论其实际操作效果如何,《框架公约》的广泛适用性是国际法在环境领域的一个巨大进步,对于气候变化问题来说也是一个良好的开端。万事开头难,良好的开始就是成功的一半,回头审视,如果没有《框架公约》,后来所有的一切都是无源之水。《框架公约》是气候变化国际法的成功起点,这是毋庸置疑的事实。

(二)问题与不足

1.《框架公约》没有确立有约束力的减排目标和时间表,虽然要求附件一国家将温室气体减排回复到 1990 年的排放量,但这只是一个"自愿目标"。《框架公约》没有规定有约束力的温室气体排放限制,也没有说明哪些气体属于需要

---

① Michael B. Gerrard ed. Global Climate Change and U. S. Law. American Bar Association,2007:31.

管制的温室气体。正如它的名字一样,《框架公约》只是为将来进一步的行动和合作提供框架。在之前的谈判中,欧盟期望能够为附件一国家设置明确的减排目标,但遭到美国等国家的反对。谈判的最终结果是设置一个激励性的目标,即各国以将排放量回复到 1990 年水平为目标在国内采取政策措施,这是一个软承诺,事实上这个承诺既没有被实施也没有最后达到目的。[①]

2.《框架公约》没有确立可操作的资金和技术履约要求。《框架公约》虽然明确了附件二国家需要向发展中国家,尤其是最容易受到气候变化影响的国家提供资金和技术援助,但条约文本只是鼓励式和宣告式措辞,并无明确义务内容,这也是实践中的行动效果不佳的主要原因。

3.《框架公约》的软法问题。《框架公约》的软法性质一直为各界所诟病,但目标和义务的"软性"也具有明显的优势。作为一个重要的国际多边条约,《框架公约》从文本起草到生效,只花费了短短几年时间,并且得到世界上大多数国家的批准,这种宣言式的框架性质是主要原因——既然缔约国没有明确有约束力的义务,加入公约自然是有利而无责任的。公约的软法性质,既是问题,也是优势,没有约束力并非完全是一件坏事,至少其在全球气候变化问题的应对态度上得到了国际社会的一致回应,各国立场的统一为后续的活动打下了坚实的基础。

第二节 《京都议定书》及相关缔约方会议成果

一、《京都议定书》产生之前的谈判

1994 年《框架公约》生效后,1995 年 3 月 28 日到 4 月 7 日,在德国柏林召开了第一次缔约方大会(COP-1)。会议通过了《柏林指令》,认为《框架公约》第 4 条第 2 款所规定的减排目标内容不够充分,针对 2000 年后的温室气体减排需要确立新的承诺内容,而这些承诺要在 1997 年在京都举行的缔约方大会上用议定书或其他法律文件确定下来。会议成立了《柏林指令》的临时工作组来完成此项任务。同时,会议同意新的承诺仍然不适用于发展中国家。会议中,欧盟曾提出一系列具体的政策措施,包括能源标签和碳税机制的引入,但遭到美国和石油输出国组织(OPEC)国家的反对。[②]

---

① Michael B. Gerrard ed. . Global Climate Change and U. S. Law. American Bar Association, 2007:35.

② Friedrich Soltau. Fairness in International Climate Change Law and Policy. Cambridge University Press,2009:62.

　　1995 年 12 月,IPCC 的第二次报告公布,报告明确表示,"平衡的证据指出人类活动对于全球气候有着可辨别的影响"。在 1996 年日内瓦召开的 COP-2 上,谈判方认为 IPCC 的第二次报告证实了《框架公约》附件一国家采取减排限制义务的正当性,为满足在 COP-3 上完成新的法律文本的时间限制,在其后的 16 个月,密集的谈判全面展开。同以往一样,谈判面临的是纷繁复杂的局面以及各种形式的利益和立场分歧。"与对《框架公约》进行磋商时一样,不同国家及国家集团提出了自己的观点。美利坚合众国原则上接受稳定排放量的目标,但对任何排放量的减少表示反对。另外,欧洲国家倾向于最高 15％ 的排放量限制,但除非美利坚合众国作出同样的承诺,否则他们不会表示同意这一目标。发展中国家要求发达国家作出严格的承诺,但本身又态度强硬地不愿做出自己的承诺。发展中国家的要求也不尽相同,比如,一些小岛屿国家、石油输出国和煤炭消费国分别表达了在地理和经济方面的担忧。"①

　　在 COP-2 会议上,比较值得一提的变化是美国对减排承诺态度的转化,当时的克林顿政府同意为发达国家设置减排目标,但要求对目标的履行方式具有"最大的灵活性"。所谓灵活性地履约,即指引入市场机制,而非完全的"命令和管制"(command and control)手段。从此时开始,美国和欧盟关于是否引入市场手段的分歧成为其后谈判的焦点问题。"接下去 5 年时间里,故事情节可以归纳为欧盟一直努力让美国接受减排目标,努力对抗后者提出的减少履约成本、吸引更多国家同意的市场手段履约建议。"②在后续谈判中,美国的意见获得了日本、加拿大、澳大利亚、新西兰等伞形国家③的支持。欧盟的意见主要是征收碳税,并且希望能够以欧盟整体名义承担 8％ 的减排目标,而欧盟内部再按照不同国家情况进行内部分配(如德国和英国承担较多义务,而希腊和西班牙较少)。

　　除了发达国家在履行减排承诺方式问题上的分歧外,谈判另外面临两个次要问题:一是人为温室气体的确定以及森林是否作为碳汇来抵消减排义务;二是最具争议的关于发展中国家的减排问题。发达国家认为,虽然他们是历史上的主要污染者,应该承担减排义务,但在不远的将来,发展中国家的减排量将显著上升,成为与发达国家同样排放规模的角色,如果不考虑其减排义务,将影响整个议定书的实施效果。从部分附件一国家的观点看,这将是议定书的严重缺

①　劳伦斯・布瓦松・德・查佐尔内斯. 联合国气候变化框架公约京都议定书. 联合国视听图书馆, 2009,http://untreaty. un. org/cod/avl/pdf/ha/kpccc/kpccc_c. pdf(访问日期:2010 年 8 月 6 日)。

②　Leigh Glover. Postmodern Climate Change. Routledge Press,2006:147.

③　"伞形国"指欧盟之外的发达国家,包括美国、日本、加拿大、澳大利亚、新西兰、挪威、瑞士 7 国。从地图上看,这些国家的连线很像一把伞。

陷。另外,关于议定书的实施机制和市场化设计为各谈判方接受,但细节问题并未完全陈述,各缔约方同意将细节问题留待后期的缔约方大会解决。

1997年12月在日本京都举行的有1万余人参会的《框架公约》第三次缔约方大会上,《京都议定书》终于获得通过,84个国家代表在文本上签字。无论从目标还是制度设计来看,《京都议定书》都是一个具有里程碑意义的国际环境法律文件。截至2011年2月14日,《京都议定书》共有193个成员国(含欧盟地区性组织成员)。①

二、《京都议定书》的主要内容

《京都议定书》由正文二十八条和两个附件组成。第一条为相关概念定义;第二条为附件一国家设置了为实现可持续发展而规定的其他义务;第三条结合议定书的附件B为附件一国家明确了减排量化目标,并对碳源和碳汇作出了相应的规定;第四条关于共同履行义务的程序;第五条要求缔约国估算碳源和碳汇,建立一个国家体系;第六条为共同履行机制;第七条为信息提交要求;第八条为对履约行为进行审评条款;第九条为对本议定书的审批;第十条为对非附件一缔约国的义务要求;第十一条为资金条款;第十二条为清洁发展机制(CDM)条款;第十三条规定了成员方组成与缔约方大会职责;第十四条规定了秘书处及职责;第十五条规定了附属机构及职责;第十六条关于多边协商程序的修改;第十七条为排放交易条款;第十八条为履约条款;第十九条为争端解决条款;第二十条至第二十八条为议定书的技术条款(修正、保存、签署、生效等),其中第二十二条规定了表决权问题。议定书的附件A列举了议定书针对减排的6种温室气体和排放源,附件B则列明了《框架公约》附件一国家的减排目标。《京都议定书》规定的主要内容有:

1. 附件B缔约国②的总体目标是在2008—2012年将发达国家温室气体排放量在1990年的基础上平均削减5.2%。各国具体减排目标为:欧盟15国削减8%(即所谓的欧盟泡,EU bubble)③;瑞士、摩纳哥、列支敦士登、保加利亚、

---

① 联合国气候变化框架公约. 网站:http://unfccc. int/kyoto_protocol/status_of_ratification/items/2613.php(访问日期:2011年2月14日)。

② 《京都议定书》的附件B国家共38个,与《框架公约》附件一国家相比,没有白俄罗斯、土耳其及欧盟。

③ 经过欧盟内部分配,最终确立的欧盟各国应减排或允许增排目标为:奥地利－13%、比利时－7.5%、德国和丹麦各－21%、意大利－6.5%、卢森堡－28%、荷兰－6%、英国－12.5%;芬兰和法国保持原值;希腊＋25%、爱尔兰＋13%、葡萄牙＋27%、西班牙＋15%、瑞典＋4%。(European Union. The Environment Council,Press Release,Community Strategy on Climate Change-Council Conclusion. Appendix 1,1998.)

爱沙尼亚、罗马尼亚、斯洛文尼亚、斯洛伐克、立陶宛、拉脱维亚、捷克各 8%；美国 7%；加拿大、日本、波兰、匈牙利各 6%；克罗地亚 5%；新西兰、俄罗斯、乌克兰保持原值(0%)。可以增加排放的国家为冰岛 10%、澳大利亚 8%、挪威 1%。为了避免各国经济原因引起的年度波动,《京都议定书》使用了 5 年总体承诺期来完成减排义务。

2. 明确了 6 种温室气体属于议定书的减排对象,即二氧化碳、甲烷、氧化亚氮、氢氟碳化物、全氟化碳和六氟化硫。这 6 种气体并非单独进行调整,而是根据其全球变暖潜能(global warming potential)计算出各自的二氧化碳当量值(根据《框架公约》提供的公式)进行整体评估。

3. 京都灵活履约三机制的设立,即联合履行(第 6 条)、清洁发展机制(第 12 条)及排放交易(第 17 条)。灵活机制运用市场化手段降低缔约国的履约成本,是《京都议定书》具有突破性的重要内容之一。但实施该灵活机制的方法及细节问题,直到 2001 年《马拉喀什协定》才最终确定。(请见第三章关于灵活履约机制的详细评述)

4. 列举了《框架公约》附件一缔约国根据本国情况制定和执行相关政策和措施的义务,包括:①增强本国经济有关部门的能源效率;②保护和增强《蒙特利尔议定书》未予管制的温室气体的汇和库,同时考虑到其依有关的国际环境协议作出的承诺,促进可持续森林管理的做法、造林和再造林;③在考虑到气候变化的情况下促进可持续农业方式;④研究、促进、开发和增加使用新能源和可再生能源、二氧化碳固碳技术和有益于环境的先进的创新技术;⑤逐渐减少或逐步消除所有的温室气体排放部门违背《框架公约》目标的市场缺陷、财政激励、税收和关税免除及补贴,并采用市场手段;⑥鼓励有关部门的适当改革,旨在促进用以限制或减少《蒙特利尔议定书》未予管制的温室气体的排放的政策和措施;⑦采取措施在运输部门限制和/或减少《蒙特利尔议定书》未予管制的温室气体排放;⑧通过废物管理及能源的生产、运输和分配中的回收和利用限制和/或减少甲烷排放;⑨同其他此类缔约方合作,以增强它们依本条通过的政策和措施的个别和合并的有效性。这些缔约方应采取步骤分享它们关于这些政策和措施的经验并交流信息,包括设法改进这些政策和措施的可比性、透明度和有效性。

5. 允许用造林等活动来折抵附件 B 缔约国的减排义务。《议定书》第三条第 3 款规定:自 1990 年以来直接由人引起的土地利用变化和林业活动——限于造林、重新造林和砍伐森林,而产生的温室气体源的排放和汇的清除方面的净变化,作为每个承诺期碳贮存方面可核查的变化来衡量,应用以实现附件一所列每一缔约方依本条规定的承诺。与这些活动相关的温室气体源的排放和汇的清除,应以透明且可核查的方式作出报告,并依相关标准予以审评。

6.对资金援助义务作了进一步的明确。《议定书》第十二条规定,要求发达国家应为发展中国家提供新的和额外的资金,资金义务的实现应考虑到资金流量充足和可以预测的必要性,以及发达国家缔约方间适当分摊负担的重要性。

三、《马拉喀什协定》及《京都议定书》的生效

(一)《京都议定书》通过后的缔约方活动

1.COP-4—COP-6

《京都议定书》通过后,1998 年 11 月在布宜诺斯艾利斯举行的 COP-4 上通过了《布宜诺斯艾利斯行动计划》,为《京都议定书》的实施机制、履约问题及政策措施达成最后意见确立了时间表。其主要问题包括:为发展中国家应对气候变化问题提供资金援助机制;技术发展与转让;对清洁发展机制(CDM)优先的规则;对补充性、最高额、长期集中和公平问题进行讨论的承诺等。在这次会议上,缔约方终于打破了僵持四年的技术转让问题,大会通过了如何解决环境友好技术转让障碍的框架决定。在履约问题上,缔约方一致同意需要一个强有力的综合机制来保障《京都议定书》的有效实施。在资金问题上,那些容易受气候变化影响的国家将得到全球环境基金(GEF)的进一步资金支持,来采取具体的适应政策。[①]

1999 年在波恩举行的 COP-5 上,美国要求发展中国家也加入减排义务阵营,该提议被中国和印度坚决拒绝;欧盟则提出对排放交易和森林碳汇等方式的使用附加限制条件。事实上,COP-4 和 COP-5 的谈判除了通过了《行动计划》,确立了履行议定书的时间表,其他实质成果寥寥。缔约方的分歧越来越明显,越来越对立,最终导致在海牙举行的 COP-6 谈判失败。缔约方的分歧点集中在以下几个问题:①京都机制的细节问题;②碳汇如何计算;③向发展中国家的资金和技术援助;④发展中国家的减排义务承担。导致海牙会议失败的主客观原因很多,除了双方立场过于对立外,缺乏有力量的领导者也是因素之一。不管怎样,海牙会议在会议开始后的第二周后期陷入僵局,无法进行。大会主席 Jan Pronk 宣布会议暂停(suspended)。

2.美国的退出与《波恩协定》

《京都议定书》的产生是一个巨大的成功,但气候变化国际规范问题总是离不开大国国内政策的干扰和影响。在议定书产生之前,1997 年 7 月 25 日,美国

---

① Peter D Cameron. History of Climate Change Law and Policy. Paul Q Watchman, Climate Change. A Guide to Carbon Law and Practice. Globe Business Publishing Ltd. ,2008:32-33.

参议院以 95 票赞成、0 票反对通过了 98 号决议——Byrd Hagels 决议,该决议明确要求,在发展中国家缔约方不同时承诺承担限制或者减少温室气体排放义务或应对气候变化将会严重危害美国经济的情况下,美国不得签署任何与 1992年《联合国气候变化框架公约》有关的议定书或协定。1998 年 11 月 12 日参加谈判的副总统戈尔虽然象征性地在《京都议定书》上签了字,但克林顿政府考虑到参议院当时的态度不可能通过该条约,并没有将议定书提交国会审议。2001年 6 月,新上任的美国总统小布什最终向媒体宣告,《京都议定书》在"基本方法上存在致命缺陷",宣布美国将不会批准《京都议定书》。

美国的决定引致国际社会的普遍失望,但一个月后在德国波恩进行的COP-6 续会仍然取得了实质性进步。美国的负面态度反而坚定了与会者进行谈判的决心,参加会议的 178 个国家在美国正式缺席的情况下,通过了一系列关于《京都议定书》关键条款的协议——《波恩协定》(Bonn Accords)。关于美国之前一直坚持的碳汇折抵义务,《波恩协定》对其表示认可,即允许将 1990 年后的土地使用、土地使用变化和造林活动计入来折抵温室气体减排。另外,关于排放交易,也不再坚持对它的限制,缔约方可以任意购买和出售碳信用,除了一个模糊的限制条件——该交易应当是本国减排措施的"补充性"(supplemental)手段。《波恩协定》最终接受了碳汇折抵义务以及排放交易,换个角度说,美国虽然缺席会议,但在这两个问题上最终用自己的退出占了上风。

(二)《马拉喀什协定》的通过

由于《京都议定书》一旦实施对一国的经济和政策发展影响深远,在议定书的具体实施步骤未落实之前,很多缔约国并不情愿真正采取行动。因此,有关议定书实施的进一步协商尤其重要却又困难无比,最直接的后果就是海牙会议的失败。然而,当最大的温室气体排放国——美国宣布退出谈判后,反而激起了《议定书》支持者的决心,对实施程序的协商在第二年得以成功继续。

2001 年 10 月,缔约方第七届大会(COP-7)在摩纳哥马拉喀什举行。会议继续讨论《波恩协定》之后的剩余未决事项,达成了最后的《马拉喀什协定》。《马拉喀什协定》包含 39 项缔约方会议的决定,为议定书的生效提供了急需的框架和实施规则。[①]该协定的主要突破点有以下几方面:

1. 在资金问题上,由于在会议上发展中国家和正在经历市场经济转型的国家强调了发达国家在气候变化问题上的首先行动责任以及发展中国家能力建设的需要,会议最终同意建立三个基金,即特别气候变化基金、最不发达国家基

---

① 劳伦斯·布瓦松·德·查佐尔内斯.联合国气候变化框架公约京都议定书.联合国视听图书馆,2009,http://untreaty.un.org/cod/avl/pdf/ha/kpccc/kpccc_c.pdf(访问日期:2010 年 8 月 6 日)。

金及适应基金。

2.《马拉喀什协定》对于《京都议定书》的灵活履约三机制作了最后的解释和补充,形成了完整的可实施的制度。

3.《马拉喀什协定》决定设立 20 个委员的遵约委员会。遵约委员会下设两个分支机构:"促进事务组"负责向缔约方提供执行方面的建议和协助;"执行事务组"则确定缔约方是否不遵守其承诺以及是否可能因此对结果造成影响。如果某缔约国未完成第一阶段(2008—2012 年)的减排义务,在第二阶段将被暂时剥夺参加市场机制的资格,并将未完成的差额计入下一阶段的减排义务当中。由于目前第二阶段的承诺安排并未出现,所以该规定无法得到实施。

4. 如果在履行《京都议定书》中出现争端,应适用《框架公约》第十四条,通过传统的谈判手段、调解和提交国际法院或国际仲裁庭解决争端。

5. 关于碳汇问题,《马拉喀什协定》落实了可以成为碳汇的形式,包括森林、作物农地和牧地管理以及复种植等。

(三)欧盟的努力与《京都议定书》的生效

《马拉喀什协定》为《京都议定书》进行了最后的充实和细化,关于气候变化的国际法制度基本建立。但《京都议定书》是否能够生效仍然是一个风险极大的问号。根据《京都议定书》第二十五条第 1 款的规定,议定书的生效条件要同时具备:①不少于 55 个《框架公约》缔约方批准;②所有批准缔约方的合计二氧化碳排放量至少占附件一所列缔约方 1990 年二氧化碳排放总量的 55%(即所谓的"55/55 规则")。在符合条件的附件一所列缔约方交存其批准、接受、核准或加入的文书之日后第九十天起《京都议定书》才正式生效。

为使《京都议定书》尽快生效,欧盟通过一系列的利益博弈,作出了较大的让步。一方面,在灵活履约机制是否附限制问题上向日本和俄罗斯作出了让步;另一方面,在使用森林和农地作为碳汇折抵减排义务的问题上满足了加拿大和澳大利亚的要求。按照《框架公约》附件一国家的排放量,以欧盟(24%)和日本(9%)为主体的已经明确批准《京都议定书》的国家有 31 个,总共的排放量达到了 43.9%。由于美国(36%)和澳大利亚明确表示不会批准议定书。为达到 55%的门槛,俄罗斯(17%)是否批准成了《京都议定书》是否生效的最终条件。[①]促使俄罗斯批准《京都议定书》并不是一件容易的事情,虽然俄罗斯已经通过碳交易问题得到了相当宽松的履约环境,但由于其优势的谈判地位,俄罗斯希望能够从谈判中获得进一步的好处,其最终获得的对价是欧盟支持俄罗斯加入 WTO。2004 年 10 月 22 日,俄罗斯批准《京都议定书》,满足了该文件的生

---

① Leigh Glover. Postmodern Climate Change. Routledge Press,2006:154.

效条件。《京都议定书》于 2005 年 2 月 16 日起正式生效。

四、《京都议定书》的意义和不足

《京都议定书》的最大优点是它具有法律约束力,而它的核心指导思想就是如果不采取多边协定的方式约束缔约国的主权,就无法在对抗气候变化上取得显著进步。[①]《京都议定书》的制度安排有以下特点:①有法律约束力的义务承诺;②要求全体成员方的集体行动达到减排 5.2% 的目标,同时给各缔约国规定了单独的减排目标(欧盟作为国家集团承担一个目标是特例);③市场机制的引入,降低了履约成本;④坚持共同但有区别原则地实行,不对发展中国家设定量化义务。

尽管《京都议定书》的意义重大,内容的突破效应明显,但国际社会仍然对其存在的一些问题提出了批评。

1. 最主要的批评意见认为议定书对减少人为排放及其对全球气候变化的影响的作用具有明显的局限性,原因主要有以下几点:①《京都议定书》的有效时间太短(2008—2012 年),与气候变化问题的长期性完全不成比例;②美国作为温室气体的历史责任者和现时排放大户,拒绝加入《京都议定书》,将影响温室气体控制效果,并且明显影响发达国家向发展中国家提供资金援助和技术转让的积极性。

2. 批评者认为《京都议定书》在众多关键问题上并没有科学地制定政策和目标,缺乏科学性和客观性。以最重要的全球减排目标为例,《京都议定书》所确立的 5.2% 的减排目标并没有科学数据支持,完全是缔约方谈判的结果。目标制定过于随意,对今后的谈判和制度发展带来不良影响。

3.《京都议定书》的减排目标产生了"热气"(hot air)问题。所谓热气,主要是指《京都议定书》为各缔约国确定的排放目标,并非都是需要做出努力才能达到的任务。对很多东欧国家以及正在向市场经济转型的缔约国来说,由于其在 1990 年后经济遭遇到较大的滑坡,分配给他们的减排份额反而会有富余,这就产生了可以出售的"热气"。而其他国家可以通过金钱支付的方式购买"热气"来完成本国的减排目标。这种情况的实质会影响全球温室气体的减排效果。

最后,《京都议定书》要求强制减排的国家过少,会产生"碳泄漏"或"碳转移"的问题,即由于在义务国的含碳产品生产成本过高,会导致产品转移到非义务国进行生产。成员国规避议定书减排义务的行为,最终将会影响全球减少温室气体排放的效果,违背《框架公约》与《京都议定书》的根本宗旨。当一项法律

---

① Peter D Cameron. History of Climate Change Law and Policy, Paul Q Watchman, Climate Change: A Guide to Carbon Law and Practice. Globe Business Publishing Ltd. ,2008:30-31.

可以被轻易规避时,法律的权威性和公正性就受到极大的挑战和威胁,这对后续的制度制定和发展都会带来不利的影响。

但无论存在怎样的问题和不足,如果将《框架公约》比喻成国际社会处理气候变化问题的热身运动的话,那么《京都议定书》可以算是全球应对气候变化踏实走出的第一步。《京都议定书》对于整个气候变化国际法制度的最终确立具有标志性的意义,是国际环境法领域在近20年来的重大成就,值得详细记录和分析。《京都议定书》不仅是大量科学家、政治家、NGO和民众的智慧成果,也是国际社会通过漫长的利益博弈得到的一份宝贵的文明财富。用IPCC在其第四份评估报告中的措辞来描述,《京都议定书》的历史意义"毋庸置疑"。

第三节　后京都(2012年后)机制安排谈判历程

一、2007年巴厘岛大会(COP-13)

(一)巴厘岛会议之前的COP-11和COP-12

2005年在蒙特利尔举行的COP-11上,缔约方开始讨论《京都议定书》承诺期到期后的未来安排问题,会议并没有实质性的结论,但是有三点成果:①大多数缔约方同意在后京都安排中,灵活机制可以继续沿用下去。②会议建议用"双轨制"进行谈判,一是建立针对《框架公约》附件一国家进一步减排承诺的特设工作小组(AWG-KP),二是建立一系列的长期合作对话平台(AWG-LCA),主要意图是将未加入《京都议定书》的美国拉进来,参与谈判。③建立了"最不发达国家基金"和"气候变化特别基金"。而在一年后内罗毕召开的COP-12会议上,成果甚微,谈判无实质性进展。

(二)巴厘岛会议的举行

2007年12月3—15日,《框架公约》第十三次缔约方大会在著名旅游胜地——印度尼西亚的巴厘岛举行。本次会议重点讨论如何启动有关谈判以达成新的协定,在2012年《京都议定书》第一承诺期到期后发挥延续作用。大会包括5个不同领域的会议:《联合国气候变化框架公约》缔约方第十三次会议,《京都议定书》缔约方第三次会议,《框架公约》附属科学技术咨询机构第二十七次会议,《框架公约》附属履行机构第二十七次会议,关于《京都议定书》附件一缔约方进一步承诺的特设工作组第四次会议。此次大会共有来自187个国家和地区、130个非政府组织约1万名代表及2500名记者参加。《联合国气候变化框架公约》秘书处执行秘书德博埃尔在开幕式上发表讲话时表示,本次会议在一定程度上将决定巴厘岛以及全球其他一些对于气候变化影响敏感地区的命运,决定这些地方是否会沦为"失去的天堂"。[①]

在会议开始之前,IPCC 的第四次评估报告陆续公布,报告的分析和结论对巴厘岛会议影响显著。报告认为气候变化是毋庸置疑的,而且地球过去 50 年的气候变化很大可能是人为的。但是很多气候变化对人类的影响是可以通过减缓行动来减少、拖延或者避免。政府有很多政策措施来进行减缓行动。减缓措施的拖延将提高气候变化严重影响的风险。[②]

虽然各方对巴厘岛会议充满期待,潘基文也在当地发表谈话说:"今天我们站在一个十字路口,另一条路通往一个新的综合性气候协议,另一条路则是对我们的地球和我们的后代的背叛。这个选择很清楚。"[③]但是国际关系错综复杂,各国国情和利益千差万别,在一个接近有 200 个缔约方的大会上试图达成一份新的协议,本身就是一个艰难无比的过程。在会议上,欧盟、澳大利亚、南非等国要求发达国家在 2020 年前温室气体的排放量比 1990 年减少 25％～40％,而美国则强烈反对(虽然其拒绝加入《京都议定书》,但其仍积极参与京都后方案的谈判)。日本、加拿大、美国继续强调发展中国家应承诺减排。在欧盟强硬表示可能会抵制美国计划在 2008 年 1 月召开的主要经济体气候变化会议[④]并作出一定妥协后,美国才在大会最后一刻同意通过《巴厘岛路线图》。[⑤]

(三)大会的成果——《巴厘岛路线图》

巴厘岛会议最大的成果就是通过了《巴厘岛路线图》,这是一个 2 年有效期的协议,确立了 2008 年的四次谈判日程,以最终达成一个新的国际文件。巴厘会议的内容并没有在文本内容上有实质性的进展,但是为实质进展提供了时间表和程序上的保证。

《巴厘岛路线图》的主要内容包含以下几点:①依照《气候变化框架公约》的原则,尤其是共同但有区别责任原则,考虑社会、经济等相关因素,与会各方同意长期合作采取共同行动;②大幅度削减全球温室气体排放,为所有发达国家(包括美国)设定具体的减排目标;③发展中国家也应努力控制其温室气体排放

---

① http://zhidao.baidu.com/question/54860181(2010 年 8 月 11 日访问)。

② Peter D Cameron. History of Climate Change Law and Policy,Paul Q. Watchman,Climate Change:A Guide to Carbon Law and Practice. Globe Business Publishing Ltd.,2008:35.

③ Timothy E Wirth,Foreword,Joseph E Aldy,Robert N Stavins. Post-Kyoto International Climate Policy. Cambridge Press,2009.

④ "主要经济体能源安全与气候变化会议"由美国发起,目前为止共举行 4 次,分别于 2007 年 9 月和 2008 年 1 月、4 月和 6 月在美国华盛顿、夏威夷、巴黎、首尔举行。澳大利亚、巴西、英国、中国、法国、德国等 16 个主要经济大国、联合国和欧盟的代表与会。奥巴马上任后,形式有所变化,成为"主要经济体能源与气候变化论坛"。

⑤ 王奉安.解读"巴厘岛路线图".环境保护与循环经济,2008(2).

增长；④在 2009 年年底前，达成接替《京都议定书》的减排新协议；⑤应对气候变化，除了减排是主要努力方向外，对气候变化的适应问题、资金问题和技术转让问题同样重要，即所谓的气候变化四支柱问题；⑥关于透明度问题，要求减排责任的履行需要满足"可测量、可报告、可核实"的评审要求。

在巴厘岛会议上同时启动了关于今后谈判的"双轨"程序：①确认之前在蒙特利尔 COP-11 上建立的《京都议定书》附件一缔约方进一步承诺的特设小组（AWG-KP），协商自 2012 年起的下一个承诺期的新承诺；②根据《框架公约》设立长期合作行动特设小组（AWG-LCA），建立关于长期合作行动的对话，通过加强《框架公约》的实施解决气候变化问题。该特设小组主要围绕五大因素进行协商：建立长期合作行动的共同观点、适应、减缓、技术和资金来源。除考虑发达国家缔约方的承诺外，工作组还考虑发展中国家缔约方适当的减缓措施，包括砍伐森林和森林退化导致的排放减少，以保护碳汇。① 在巴厘岛会议上，还设立了"适应基金"（adaption fund），该基金来源于 2% 的清洁发展机制（CDM）收益及其他额外的捐资，同时设立了适应基金董事会。

二、2008 年波兹南大会（COP-14）

《框架公约》第 14 次缔约方大会于 2008 年 12 月在波兰波兹南市举行。在全球金融危机爆发的背景下，波兹南会议作为巴厘岛会议和哥本哈根会议的一次中间会议，具有承前启后的重要意义。根据巴厘岛行动方案，本次大会需要评估全球 2008 年在气候变化方面取得的成果，集中讨论发达国家温室气体减排的中长期承诺目标等方面问题。但会议的谈判进程令人失望，在减缓、适应、技术和资金等重要问题上无实质性进展。发达国家在会上老调重弹，美国、日本、澳大利亚等部分发达国家要求给发展中国家分类，把经济相对发达、排放较高的发展中国家与其他发展中国家区分开来，认为该类发展中国家也应作出减排承诺，力图分割发展中国家的团结立场。

会议安排的重要议题是附件一国家对前一阶段的减排进行回顾和评价，并对将来的中长期（2020 年和 2050 年前）减排给出安排。除了欧盟，其他国家都表现不佳。例如针对日本在第一阶段的温室气体不减反增②，日本方面解释说

---

① 劳伦斯·布瓦松·德·查佐尔内斯. 联合国气候变化框架公约京都议定书. 联合国视听图书馆，2009，http://untreaty. un. org/cod/avl/pdf/ha/kpccc/kpccc_c. pdf（访问日期：2010 年 8 月 6 日）。

② 根据《框架公约》秘书处的数据，日本 2005 年的温室气体排放比 1990 年增加了 7.1%，而日本在《京都议定书》中承诺减少 6%。

在承诺时超出了自身能力范围,考虑不周。而加拿大[①]和俄罗斯更是强调说,由于本国国土辽阔、气候寒冷,在交通和取暖方面的能源消耗会排放较多的温室气体,认为减排难度很大。[②]

谈判中另外一个分歧是,部分附件一国家试图否定以《京都议定书》为前提的谈判,另起炉灶订立一个与《京都议定书》无直接联系的新协议。该提议的目的是摆脱由于《京都议定书》而产生的后续责任,例如日本在第一阶段已经无法完成当初承诺,按照《京都议定书》的规定,未完成的减排差额需要额外计入第二阶段的减排义务当中。如果能够另起炉灶,就能够将第一阶段产生的额外义务消除。但从整个谈判机制来看,完全摆脱《京都议定书》进行新的协议谈判可能性不大。[③]

大会原定于 12 日结束,但由于各方在许多议题上争论激烈,会议一直拖延到 13 日凌晨才落下帷幕。会议的最终成果是:①决定启动"适应基金"并赋予其法人地位,虽然其金额只有 8000 万美元,并建立该基金董事会的运作程序;②总结了《巴厘岛路线图》一年来的进程,正式启动 2009 年谈判进程。按照工作计划,2009 年 3 月底、4 月初、6 月初分别在德国波恩举行会议,2010 年 6 月各方将拿出谈判文本,8 月或 9 月还将召开一次气候峰会,以便最终在 12 月的哥本哈根会议上就气候变化达成新的协议。除了启动"适应基金"取得突破外,波兹南会议并无实质性的成果。一名非政府组织官员调侃说:"在波兹南,大家都在等待:工业化国家在等美国,美国在等当选总统奥巴马。各方都不愿掏出底牌,等待似乎是心照不宣的事。"[④]

本次会议的最大背景是由美国次贷危机引发的金融危机的爆发。由于无法预知危机对本国的经济究竟会造成何种程度的影响,各国在波兹南会议上的动力大大削减,缔约方对减排中期目标的态度趋向保守和谨慎,直接导致会议进展缓慢,成果寥寥。从总体看,"全球气候变化谈判过程十分缓慢,基本上围绕方法学等技术、边缘问题进行,实质性问题多未涉及,如关于共同愿景和长期目标,到 2050 年应该做什么,仍处于各自表述状态。发达国家着力突出 2050

---

① 加拿大 2006 年的排放已经超过了 1990 年水平的 55%,加拿大即使通过购买碳信用的方式,也很难完成《京都议定书》的义务。数据来源于:Joseph E Aldy, Robert N Stavins. Post-Kyoto International Climate Policy. Cambridge Press,2009:21.

② 杨富强,侯艳丽,昂莉. 击破气候变化谈判的"坚壳". 载:杨洁勉. 世界气候外交和中国的应对. 北京:时事出版社,2009:25.

③ 杨富强,侯艳丽,昂莉. 击破气候变化谈判的"坚壳". 载:杨洁勉. 世界气候外交和中国的应对. 北京:时事出版社,2009:26.

④ http://news. xinhuanet. com/world/2008-12/13/content_10499305. htm(访问日期:2010 年 8 月 11 日)。

年排放减半的目标,发展中国家则坚持全面性,强调对减排、适应、技术和资金四大问题平衡对待,同时强调发达国家应该注重中期减排目标"。①

三、2009 年哥本哈根大会(COP-15)

(一)哥本哈根会议的谈判

哥本哈根世界气候大会全称是《联合国气候变化框架公约》第 15 次缔约方会议暨《京都议定书》第 5 次缔约方会议,这一会议也称为哥本哈根联合国气候变化大会,于 2009 年 12 月 7—19 日在丹麦首都哥本哈根召开。会议在现代化的 Bella 中心举行,持续两周。193 个国家和地区的环境部长、官员、NGO 及其他相关组织代表共 4 万名各界人士齐聚一堂,商讨《京都议定书》一期承诺到期后的后续安排,计划就应对气候变化的全球行动签署新的协议。在会议临近结束时,119 名国家领导人和国际机构负责人出席本次大会,可见此次大会的空前规模。

由于全球气候变化问题日益严重,而各国在经历金融危机之后试图寻找新的可持续经济增长点,因此各国对本次会议都给予了高度的重视。尽管各方都计划在本次会议上取得一份具有法律约束力的减排协议,但是在会议开始之后人们突然发现,高期待值并不意味着高妥协率,整个谈判过程充满了对立、矛盾和坚持,显露出来的问题和障碍使得各方对会议前景产生了担心。发达国家坚持认为,发展中国家应当承担"可衡量、可报告、可核查"的强制减排义务,然后才能提供资金支持;而以中国、印度、巴西、墨西哥组成的"基础四国"集团认为,只有得到国际资金、技术和能力建设支持,才接受"可衡量、可报告、可核查"的国际评审,自主减排不接受国际审查标准。② 由于发达国家与发展中国家在减排目标上的分歧无法得到解决,会议一度陷入僵局。瑞典环境大臣安德烈亚斯·卡尔格伦忧心忡忡地向媒体指出:"形势非常严峻。"③在各国元首陆续抵达哥本哈根,准备签署减排协议之时,该协议的内容仍然未达成一致。虽然大家越来越对达成最后协议缺乏信心,但会议在一些问题上仍有进展:第一,非洲大幅削减了对发达国家援助金额的预期;第二,日本承诺在 2012 年前为帮助发展

---

① 杨富强,侯艳丽,昂莉.击破气候变化谈判的"坚壳".载:杨洁勉.世界气候外交和中国的应对.北京:时事出版社,2009:135.

② 顾华详.论哥本哈根协议的法律价值——兼论中国应对全球气候变化法律措施的完善.重庆大学学报(社会科学版),2010(1).

③ 哥本哈根会议陷入僵局 达成协议前景黯淡.路透社,2009 年 12 月 17 日,http://cn.reuters.com/article/CNTopGenNews/idCNCHINA-1358120091217? pageNumber＝1&virtualBrandChannel＝0(访问日期:2010 年 8 月 11 日)。

中国家减排提供 110 亿美元的政府资金。临近会议结束,就在大家都以为会议会以失败告终之时,各国首脑之间积极斡旋,在最后时刻达成了一份没有约束力的《哥本哈根协定》。

(二)哥本哈根会议的成果——《哥本哈根协定》

《哥本哈根协定》文本篇幅不长,简明扼要地列出了 12 个条款,且没有提及各国的具体温室气体减排目标。主要内容概括如下:第一条:重申"共同但有区别责任"原则;加强长期合作、建立全面的应对计划。第二条:认识到全球气温升温不应超过 2 摄氏度;要在公平基础上采取行动,尽快实现碳排放峰值;认识到发展中国家发展经济和摆脱贫困的首要目标。第三条:发达国家应提供资金、技术支持,帮助气候脆弱性国家应对气候变化。第四条:要求《框架公约》附件一缔约国在指定时间前向秘书处提交 2020 年排放目标。第五条:《框架公约》非附件一缔约国实行延缓气候变化举措,向秘书处提交并加强国家间信息沟通交流。第六条:充分肯定 REDD+①机制建立的必要性,并提供资金等支持。第七条:提高减排措施的成本效益,包括碳交易市场。第八条:向发展中国家提供更多的、新的、额外的以及可预测的和充足的资金,支持发展中国家的REDD+、技术开发和减排能力建设等。具体数额为:2010—2012 年提供 300亿美元;2020 年前每年筹集 1000 亿美元;大部分基金将通过"哥本哈根绿色气候基金"(Copenhagen green climate fund)发放。第九条:建立一个工作小组,专门研究资金问题。第十条:建立哥本哈根绿色气候基金,作为缔约方协议的金融机制运作实体,以支持发展中国家的相关活动。第十一条:建立技术机制(technology mechanism),以加快技术研发和转让。第十二条:在 2015 年前完成对本协议的评估。

(三)对哥本哈根大会的评述

在会议开始之前,国际社会对于此次会议充满期待,将本次会议比喻为"拯救人类的最后一次机会"的会议。之所以做出这样的比喻,从科学角度回答,是因为如果地球不在 2015 年前达到温室气体的峰值,地球的升温将有可能超过安全生态系统的承受范围,最终导致严重的生态灾难,给人类的生存和生活带来极大的威胁。温度升温 2 度,对人体来说无大感觉,但对地球来说,生态灾难的威胁甚至是必然发生的后果。

---

① REDD,即减少砍伐森林和森林退化导致的温室气体排放(reducing emissions from deforestation and degradation)。在巴厘岛气候会议上"REDD"作为一种被普遍看好,并拥有巨大潜力的减缓气候变化的措施被列入了《巴厘路线图》。此后,随着气候变化谈判的不断深入,"REDD"的内容变得更加充实,在原有的森林保护基础上,增加了造林、森林的可持续管理以及生物多样性等因素,成为名副其实的"REDD+"。

如果哥本哈根大会无法完成既定任务,就会产生《京都议定书》后的《法律真空期》,会造成气候变化国际机制数年延迟,给将来的减排造成更大的困难;同时会议的失败会给产业界和私人领域造成信心上的丧失,从而影响经济领域的自主行为;也会给已经开始积极减排的国家和地区带来很大伤害,给整个气候变化国际法的发展和实施带来沉重打击。

事实和规律告诉我们,气候变化国际制度的发展和进步从来不是一帆风顺的,当前所取得的成果也是在无数次博弈中艰难获得的。哥本哈根大会最终并没有满足大多数人的希望,但它的结果却在情理之中。发达国家与发展中国家的分歧从一开始就存在,到现阶段已经到了针锋相对的程度,"减排指标与资金技术支持等是各方分歧最大的几个核心问题,与发展中国家的经济发展、生存生活水平密切相关,实质上已演化成'生存与发展空间之争'"。[①]哥本哈根大会试图消弭这种矛盾,但明显心有余而力不足,在双方都坚持自身立场、不肯退让的情况下,仅仅一次会议很难形成推动性力量。联合国秘书长潘基文最后只能无奈地用外交辞令宣布:"我们达成了协议。这个协议不可能是每个人期望的所有东西,但它是一个重要的开始。"[②]

四、2010 年坎昆大会(COP-16)和 2011 年德班大会(COP-17)

在 2009 年哥本哈根会议结束至 2010 年坎昆大会之前,联合国气候变化系列国际谈判共进行了四次,最后一次会议于 2010 年 10 月 4 日至 9 日在中国天津举行。天津会议由来自公约和议定书缔约方以及观察员国、联合国相关机构、政府间组织、非政府组织和媒体约 2300 人与会。各国政府代表对长期共识、如何适应气候变化、减少温室气体排放、资金支持和能力建设、《京都议定书》的前景等一系列问题进行了讨论。会议闭幕当天,《联合国气候变化框架公约》秘书处执行秘书克里斯蒂娜·菲格赖斯表示:"我们离在坎昆会议上达成一套系统决议越来越近了。各国政府已就'在坎昆会议上讨论哪些问题,哪些讨论留给坎昆会议之后再做'做了表态。"她认为,天津会议取得"切实成果",为坎昆会议做了重要铺垫。[③]但也有媒体认为会议并未取得实质性进展,而中国和美

① 顾华详.论哥本哈根协议的法律价值——兼论中国应对全球气候变化法律措施的完善.重庆大学学报(社会科学版),2010(1).

② 潘基文的原话:"We have sealed the deal. This accord cannot be everything that everyone hoped for, but it is an essential beginning."摘自 CCTV 采访哥本哈根大会记者姜丰的博客:沉重的落幕. http://blog.sina.com.cn/s/blog_48fa47840100fqj5.html,(2010 年 8 月 11 日访问)。

③ 气候变化国际谈判天津会议落幕 取得"切实成果".中国新闻网,2010 年 10 月 9 日,http://www.chinanews.com.cn/gj/2010/10-09/2576158.shtml(2010 年 10 月 25 日访问)。

国的角力成为谈判的重头戏。①

2010 年 11 月 29 日,联合国气候变化大会即《气候变化框架公约》第 16 次缔约方大会在墨西哥东部城市坎昆(Cancun)开幕。来自 194 个国家和地区的代表第一周的工作通过了两个草案:第一是将"最不发达国家专家小组"的授权期限延长 5 年;第二是同意将"碳捕捉和碳掩埋"(CCS)项目纳入清洁发展机制(CDM),只要专家们证明这项技术确实可行并对环境不会造成危害。就这两个草案的内容而言,前者无关紧要,后者也只是次要领域中的分支问题。真正在坎昆会议上引起媒体广泛关注的是日本坚定地拒绝加入《京都议定书》的第二承诺期,俄罗斯、加拿大、澳大利亚和新西兰等在减排第一承诺期表现不佳的成员国也在不同场合暗示将步日本的后尘。

2010 年 12 月 11 日,坎昆会议正式结束。会议最终达成了两项决议,分别是《京都议定书》附件一缔约方进一步承诺特设工作组决议,以及《联合国气候变化框架公约》长期合作行动特设工作组决议。决议的主要内容包括:①经济和社会发展以及减贫是发展中国家最重要的优先事务,发达国家根据自己的历史责任必须带头应对气候变化及其负面影响,并向发展中国家提供长期、可预测的资金、技术以及能力建设支持。②决议认可了 1000 亿美元的融资方案,同时承认了资金来源的多样性。决议落实了哥本哈根会议同意的绿色气候基金(green climate fund),以帮助发展中国家适应气候变化。该基金的资金来源于 1000 亿美元的融资,由 12 个发达国家和 12 个发展中国家各派一名代表负责管理。③决议提高了对所有国家报告他们减排行动的透明度要求,要求成员国每两年进行一次排放和减排行动的详细报告,发达国家则必须提交他们向发展中国家(特别是那些受气候变化影响最为严重的国家)提供资金、技术和能力建设援助的详细信息。②

虽然该决议在一些次要问题上达成了一致意见,但在 2012 年后的减排安排等关键问题上并未取得突破。协议虽然提出"应及时确保《京都议定书》第一、第二承诺期之间不能出现空档",同时提出要将大气温度升高控制在 1.5 摄氏度的范围内,但没有提出具体的措施来实现上述目标。在哥本哈根会议令人失望地闭幕后,国际社会、专家和普通民众都感觉到了气候变化谈判前景的悲观气氛,这种气氛直接影响了各方对坎昆会议的预期。坎昆会议在事前并不被人看好,事实也证明了这个预测。但令发展中国家相对满意的是,在应对气候

---

① 中国新闻周刊. 如何切割碳排放的巨型蛋糕?,中国新闻网,2010 年 10 月 22 日,http://www.chinanews.com.cn/ny/2010/10-22/2605387.shtml(2010 年 10 月 25 日访问)。

② NRDC:务实原则让坎昆气候大会迈进了一大步.新浪环保:http://green.sina.com.cn/2010-12-12/114921626106.shtml(2011 年 2 月 12 日访问)。

变化的原则问题上,坎昆会议仍然坚持了《联合国气候变化框架公约》和《京都议定书》的基本路线,坚持了"共同但有区别的责任"原则。我国代表团团长、国家发改委副主任解振华说:"决议均衡地反映了各方意见,虽然还有不足,但我们感到满意,这次谈判进程坚持了《巴厘路线图》的轨道,朝着深入履行公约、议定书的方向团结合作稳步前进。"①

《联合国气候变化框架公约》第 17 次缔约方大会(COP-17)于 2011 年 11 月 28 日至 12 月 9 日在南非德班市举行。大会通过了 4 份决议,体现了发展中国家的两个根本诉求:发达国家在《京都议定书》第二承诺期进一步减排;启动绿色气候基金。但加拿大正式宣布退出《京都议定书》。

第四节　相关国际组织及活动

一、IPCC 及其四次报告

(一)IPCC 的成立与运作

1988 年,在世界气象组织(WMO)以及联合国环境规划署(UNEP)的共同努力下,政府间气候变化专家小组正式成立。该组织的秘书处由位于日内瓦的 WMO 主持,由 UNEP 和 WMO 共同支持。由于世界气象组织隶属于联合国,所以 IPCC 实际上也归属于联合国系统。

IPCC 设立的宗旨是为气候变化及其成因提供客观科学的证据,并对气候变化带来的环境和社会经济影响进行评估,为各国政府提供决策依据。IPCC 在明确的任务指引下,召集各国政府及其气候专家代表进行调查研究,分析和作出结论,最后向全世界公开其报告。该组织不仅对气候变化进行科学评估,同时也分析与气候变化相关的经济、技术等问题,为各国政府提出气候变化的适应和减缓策略的建议。IPCC 本身并不从事科学研究行为,也不搜集分析研究数据,只是以公开发表的文献为基础进行综合分析。因此,IPCC 的内容与政策相关,但不直接给出政策处方。② 美国是 IPCC 建立的积极支持者,美国政府当时的意图是想让政府和决策者能够介入到科学界的运作程序当中,尽量将气候变化问题局限在科学领域。具有讽刺意味的是,IPCC 当前正是呼吁国际社

---

① 坎昆决议让世界重拾信心. 新华网:http://news. qq. com/a/20101211/001219. htm(2011 年 2 月 12 日访问)。

② Paul Q Watchman. Climate Change:A Guide to Carbon Law and Practice. Globe Business Publishing Ltd. ,2008:25.

会立即减排、采取相应政治行动的最重要的声音和推动者。[①]

IPCC 下设三个工作组和一个国家温室气体清单专题组。第一工作组（WG1）负责评估气候变化的科学研究和知识；第二工作组（WG2）负责评估气候变化对环境、社会和经济的影响，包括正负两方面后果及其适应方案；第三工作组（WG3）负责拟定和评估关于气候变化不利影响的减缓及对策方案。由于第一工作组负责对气候变化的各种科学依据和未来气候变化的预测进行评估，该小组的工作量相比另外两组要繁重得多。每个工作组设两名联合主席，分别来自发达国家和发展中国家，另设一个技术知识组。IPCC 的活动经费来自各国的自愿捐助，WMO、UNEP 和气候变化框架公约也提供额外支持。

IPCC 的每一次评估都需要召集几十个国家的几百名科学家，这些科学家一般由政府或非政府组织指定。每个工作组由 2 名科学家带领，分别来自发达国家和发展中国家。科学家们对经过同行评议（peer-reviewed）的科学研究文献进行搜集和审查，然后组员之间按需要整理和汇总材料后，起草、修改报告并最终定稿。另外，几百名专家专门对报告进行审议。最后，所有文件需要被各国政府进行细致的技术审查并在全体会议上审核通过。而报告中的"决策者摘要"则需要由政府代表小组进行逐字审查后才能获得通过。[②]以第三次评估报告第一小组工作为例，该报告长达 800 多页，参与写作的作者多达 122 人，由 420位专家进行审校，并征求了上百位政府首脑和官员的意见，报告最终稿在 2001年 1 月于上海举行的第一工作组第八次会议上通过。[③]

（二）IPCC 的四次评估报告

IPCC 的工作以评估报告、特别报告、方法报告和技术报告等形式表现。评估报告是 IPCC 最重要也是影响最广泛的工作成果形式。IPCC 在各国科学家的研究调查基础上，定期（每 5～6 年）出具一份评估报告。每份报告都由若干子部分组成，第一工作组出具的是《自然科学基础》，第二工作组的报告为《影响、适应和脆弱性》，第三工作组的报告题为《减缓气候变化》，而最后的《综合报告》则概括了 IPCC 前面三份报告的主要信息。

第一份评估报告发表于 1990 年，该报告内容对于气候变化是否发生仍保留不确定的态度，但是明确强调气候变化应成为国际社会共同关注的事项。该报告对联合国气候变化框架公约的产生具有较大的促进作用。第二份报告"气候变化 1995"于 1995 年向《气候变化框架公约》第二次缔约方大会提交，主要对

---

①　Maxwell T Boykoff ed. The politics of Climate Change-A Survey. Routledge Press,2010:43.

②　Robert Henson. The Rough Guide to Climate Change. Rough Guides Ltd. ,2008:288.

③　迈克尔·阿拉贝.气候变化.马晶译.上海:上海科学技术文献出版社 2006:170.

气候变化的社会和经济影响作了分析,为《京都议定书》的谈判提供了重要的信息。第三份报告于 2001 年发布,为《京都议定书》的后续谈判增加了紧迫性。这份报告坚定地强调了以下结论:地球正在经历的全球变暖,其主要原因是由于人类的活动;有更多的证据表明这些变化应归因于人为因素,而非自然气候周期变化;而全球变暖的后果将极其严重,对于那些拥有资源较少的国家,其应对气候变化的能力尤其脆弱。IPCC 的第四份报告在 2007 年公布,报告明确指出,气候变化与人类活动——使用化石燃料和砍伐树林的关系毋庸置疑(unequivocal),即使温室气体排放从现在停止,气候变化在一段时间内仍无法避免。同时,该次报告开始组织信息和数据来陈述一些交叉问题:可持续发展、水、技术、减缓和适应的综合以及地区一体化等。[①]报告呼吁人类立即采取行动,使得温室气体排放在 2015 年前达到峰值,到 2050 年减排 50%~85%。

(三)IPCC 的角色与挑战

IPCC 的四份报告从科学角度对气候变化问题以及人类的应对作出了相对客观的评估。IPCC 承担了从科学界向决策者提供信息的重要角色,并通过媒体将科学研究的结论向社会公众公布和传播,它在整个气候变化的国际法发展中作用显著。IPCC 凭借兢兢业业的研究工作和明确的科学立场将人类的目光聚焦到气候变化问题上,因此获得了 2007 年的诺贝尔和平奖。IPCC 对气候变化全球应对机制的发展起的作用显而易见——每次重要的会议或者重要的文件出台,背后都有 IPCC 报告的数据和文字作为背景和支撑。可以说,IPCC 与气候变化国际法从开始至今一直保持紧密联系,而在可预见的将来,这种联系仍将继续保持下去。在气候变化问题上,科学政治化或者政治科学化的趋势十分明显,IPCC 在这种混合交叉氛围中如何坚定自己的科学客观立场,是一个很大的挑战。IPCC 的科学性和权威性也并不是无懈可击的,无论是"气候门"[②]、"冰川门"[③],还是"亚马逊门"[④],都暴露出 IPCC 在文献处理和报告出台过程中

---

① Peter D Cameron. History of Climate Change Law and Policy, Paul Q. Watchman, Climate Change: A Guide to Carbon Law and Practice, Globe Business Publishing Ltd. ,2008:33.

② 作为 IPCC 报告撰稿人之一,英国东安吉里亚大学气候研究所(CRU)所长菲利普·琼斯教授在其电子邮件中承认了对科学数据的隐藏和夸大,以便引起广大公众对所谓的"全球变暖"的高度关注。

③ 在 IPCC 第四次评估报告中,关于"喜马拉雅冰川融化速度要比世界上其他任何地方都快,如果地球继续暖化,它们可能在 2035 年消失"这一结论,所依据的科学数据来源遭到学界质疑。事实上,关于冰川融化的结论来自世界自然基金会(WWF)2005 年年度报告,而这一结论又来自 1999 年《新科学家》杂志对印度冰川学家赛义德·哈斯奈英进行采访的报道,后者已经坦言,《新科学家》的文章在很大程度上曲解了他的意思。

④ 在 IPCC 第四次报告中所指出的"气候变化将威胁到 40% 的亚马逊雨林"的结论援引自 WWF 的报告,原报告作者声称他们的依据来自《自然》杂志。但人们发现原文指出这一威胁来自砍伐,并非来自气候变暖。

的问题和漏洞。但无论如何,我们仍然期盼着预计于 2012 年出台的第五份报告,相信对报告的质疑声音会给 IPCC 的工作流程带来正面的警示和促进。

二、联合国体系相关机构的活动

在气候变化还未成为一个政治问题时,一些国际组织已经相当敏锐地给予了关注和积极的推动,其中以世界气象组织与联合国环境规划署为典型代表。而在气候变化国家法制日趋完善的现在,以世界银行为代表的各类国际组织更是通过不同形式和渠道参与到国际气候变化机制的运行和发展当中。

(一)世界气象组织(WMO)

世界气象组织是联合国的专门机构之一,自 1950 年成立以来,该组织一直是全世界有关地球大气、海洋、气候及水资源分布等方面的权威机构。世界气象组织副秘书长颜宏表示,气候变化问题之所以能够取得广泛认同并且被提到目前的高度,与世界气象组织几十年来坚持不懈地对地球的大气、海洋进行科学观测和研究的努力是分不开的。[①]

从 1979 年起,WMO 就发起了一项全球性气候研究国际合作计划,英文简称 WCP,该计划由 4 个子计划构成,分别为:农业气象计划、气候协调行动、世界气候应用与服务计划、世界气候数据与监测计划等。[②] 1979 年 WMO 在日内瓦组织了第一次世界气候大会,来自 50 个国家的 400 多名科学家参会,呼吁决策者考虑预防措施。这次会议被视作是应对气候变化的政治行动的起点。1990 年 11 月在日内瓦召开了第二次世界气候大会,来自 137 个国家的科学家和部长级官员参会,同意建立一个基于风险预防原则的全球应对策略。[③] 1988 年 WMO 联合 UNEP 建立了在气候变化国际法发展历史中意义重大的 IPCC,并一直对其进行扶持。WMO 同时还与其他组织合作参与了"世界气候研究计划"、"全球气候观测系统"等项目。2009 年 8 月到 9 月,WMO 与联合国教科文组织联合发起召开以"气候预测和信息为决策服务"为主题的第三次世界气候大会(WCC-3),会议建议创建全球气候服务框架,通过该框架,气候信息、预测和服务的提供方与世界各地的气候敏感部门一起努力帮助国际社会更好地适应气候变率和变化的挑战。全球气候服务框架作为一个长期合作协议提出,通

---

① 记者肖凡. 以科学为基础应对气候变化——访世界气象组织副秘书长颜宏. 联合国电台,2008 年 1 月 2 日,http://www. unmultimedia. org/radio/chinese/detail/116686. html(2010 年 8 月 11 日访问)。

② 世界气象组织网站:http://www. wmo. int/pages/prog/wcp/index_en. html(2010 年 8 月 11 日访问)。

③ Maxwell T. Boykoff ed.. The politics of Climate Change-A Survey. Routledge Press,2010:27.

过该协议国际社会和相关的利益攸关者将共同努力实现既定目标。框架分四个组成部分:观测和监测;研究、模拟和预测;一个气候服务信息系统;一个用户衔接计划。[①]

(二)联合国环境规划署(UNEP)

联合国环境规划署(United Nations Environment Programme,UNEP)成立于 1972 年,总部设在肯尼亚首都内罗毕。在国际社会和各国政府对全球环境状况及世界可持续发展前景愈加深切关注的 21 世纪,环境署受到越来越高度的重视,并且正在发挥着不可替代的关键作用。[②] 同 WMO 一样,联合国环境署在气候变化国际应对中,一直起着引导和组织的重要作用。UNEP 同相关组织一起,领导联合国系统其他机构、国际组织、各国政府、民间社会以及私营部门应对气候变化问题,并为各国政府提供温室气体减排和应对气候变化的相关指导和咨询,帮助制定有关气候变化的国际协议。当前 UNEP 在气候变化领域的工作重点是:通过推广可再生能源、提高能源效率以及推进碳市场的发展,努力减少温室气体排放;积极努力减少气候变化风险,提高社会特别是通过其支持,改善社会的适应能力。为应对气候变化,UNEP 还致力于以下领域的工作:提高公众对气候变化科学的理解;进行宣传以及提高公众意识的活动;减少毁林和森林退化所致排放量(REDD)。UNEP 同时还负责《框架公约》第六条关于教育、培训和公共意识的实施和执行。

(三)联合国开发计划署(UNDP)

联合国开发计划署(United Nations Development Programme,UNDP)属于联合国经社理事会下属机构,是联合国技术援助计划的管理机构。1965 年 11 月成立,总部设在美国纽约。该计划署的宗旨是帮助发展中国家加速经济和社会发展,向它们提供系统的、持续不断的援助。UNDP 致力于发展中国家的气候变化适应问题。不仅通过其旗下的全球环境基金组织(GEF)协助管理《框架公约》和《京都议定书》下建立的气候变化特别基金以及最不发达国家基金,同时自身也系统地开展帮助发展中国家适应气候变化的项目。UNDP 努力将气候变化问题并入联合国的主流工作内容当中,同时积极协助各国政府将气候问题列入一国政策、战略和计划当中。

2007 年 11 月 28 日,联合国开发计划署(UNDP)在北京正式发布《2007/2008 年人类发展报告》,第一次将气候变化作为年度人类发展报告主题。报告

---

① http://www.wmo.int/wcc3/documents/brief_note_zh.pdf(2010 年 10 月 25 日访问)。

② 中国驻肯尼亚大使馆网站:http://www.fmprc.gov.cn/ce/ceke/chn/zt/zlhghjsdbc/t179496.htm(2010 年 8 月 11 日访问)。

警告说,如果不尽快采取措施的话,气候变化很可能使得整个人类的发展出现倒退;而全世界的贫困人口更将成为最直接的受害者。报告呼吁发达国家在2015年前,应每年至少向发展中国家提供860亿美元的额外援助,以支持这些国家的基础设施建设,并增强灾后恢复能力。《报告》还建议建立"减缓气候变化融资机制",通过每年拨款250亿到500亿美元,来增加对发展中国家低碳能源的投资,实现减缓气候变化的共同目标。[①]

(四)联合国贸易与发展会议(UNCTAD)

联合国贸易和发展会议(简称贸发会议,United Nations Conference on Trade and Development,UNCTAD)成立于1964年,是联合国大会常设机构之一,主要目的是帮助发展中国家通过投资获得发展,并融入世界经济体制。贸发会议是联合国系统内唯一综合处理发展和贸易、资金、技术、投资和可持续发展领域相关问题的政府间机构,总部设在瑞士日内瓦。贸发会议高度关注气候变化给发展中国家的经济、贸易和投资带来的影响,通过扶助相关贸易和投资行动,来帮助其应对气候变化,实现可持续发展。近年来,贸发会议陆续发布了多份有关气候变化的报告,例如,2008年发布的《碳市场及其他——价格和税在气候和发展政策中的有限作用》、《海事运输和气候变化挑战》,2009年发布的《清洁发展机制下的贸易投资的机会与挑战》、《气候变化行动中的发展中国家利益以及2012后气候变化机制的意义》、《2009清洁发展机制指南》。2010年6月,贸发会议又发布了2010年世界投资报告,本次报告专门针对低碳经济的投资给出评述和建议,认为低碳经济不仅符合全球气候变化政策目标,也可以有效扭转目前全球投资的低迷势头。[②]

(五)世界知识产权组织(WIPO)[③]

知识产权制度对于可用来减缓气候变化的许多技术有着直接的影响力。世界知识产权组织(WIPO),作为联合国的一个负责协调各国知识产权事务并确保国际知识产权制度平衡、有效的机构,在应对气候变化方面贡献着自己的专门知识。知识产权制度作为气候变化解决方案的组成部分,必须以两项政策目标作为工作的重点:一是鼓励人们投资创造无害环境的技术;二是快速推广这些技术。在这两种情况下,知识产权制度,尤其是专利制度,均由于其能激励人们对绿色创新进行投资,并有助于快速推广新技术和新知识,而具有根本的

---

① 李虎军. UNDP:气候变化或使人类发展倒退. 原载于《财经》2007年11月28日,http://www.caijing.com.cn/2007-11-28/100039527.html(2010年8月11日访问)。

② 联合国贸发会议网站:http://www.unctad.org(2010年8月13日访问)。

③ WIPO为迎击气候变化挑战作出的贡献. 世界知识产权组织网站:http://www.wipo.int/about-wipo/zh/climate_change_conf_09.html(2010年8月13日访问)。

重要意义。迎击全球气候变化挑战,需要有国际对策。WIPO作为联合国负责知识产权有关事务的专门机构,可以对此作出积极贡献,尤其是在以下方面:①作为讨论知识产权与技术转让问题的国际论坛;②提供专利测绘或"图景"服务,帮助更好地认识气候友好型技术的技术概况和财产权归属;③为减少温室气体排放的技术提供技术管理和技术转让能力建设支持,包括协助起草技术转让协议中的知识产权条款;④在技术转让协议中提供有针对性的争议解决服务。

(六)联合国工业发展组织(UNIDO)

联合国工业发展组织(United Nations Industrial Development Organization, UNIDO)是联合国大会的多边技术援助机构,成立于1966年,1985年6月正式改为联合国专门机构,总部设在奥地利维也纳。组织宗旨是通过开展技术援助和工业合作促进发展中国家和经济转型国家的经济发展和工业化进程。UNIDO的工业化工作与能源息息相关,而能源又与当前全世界面临的社会发展、脱贫、环境退化以及气候变化问题紧密联系。作为世界能源领域的领导机构之一,UNIDO成立了"能源与气候变化工作组"(energy and climate change branch),工作目标是在提高生产率的同时,支持提高能效和减少温室气体排放、实现可持续发展的能源使用方式。具体内容包括:促进能源使用效率、使用可再生能源,在气候变化国际机制中表达工业用能源行业立场。该工作组同时也是《框架公约》在UNIDO的联络点。①

(七)联合国粮食及农业组织(FAO)②

气候变化直接影响全球的气温、湿度、生态以及自然灾害的程度和频率,而这些因素与农业、渔业等第一产业息息相关。如果该种变化导致农业的破坏性甚至是毁灭性的后果,就会直接影响到人类生存的基本前提——粮食安全问题。FAO为了保证全球粮食安全,对于气候变化问题十分重视,对应对气候变化的谈判和活动作出积极响应。FAO认为,气候变化的减缓问题和促进问题应当相互融合,互相促进;需要对气候变化脆弱性强的国家进行辨别,帮助他们应对气候变化带来的负面结果的能力,并充分利用可能带来的潜能和机遇。FAO的工作涉及层面广泛,从地方机构到全球制度,从短期安排到长期战略,工作内容直接针对农业、森林和渔业。FAO针对气候变化工作的核心原则如下:①将气候变化问题融入到粮食安全和各个部门各个时段的发展规划当中;

---

① 联合国工业发展组织网站:http://www.unido.org(2010年8月13日访问)。

② FAO, FAO Profile for Climate Change, 2009, ftp://ftp.fao.org/docrep/fao/012/i1323e/i1323e00.pdf(2010年8月13日访问)。

②寻求系统方案,将减缓、适应和可持续粮食生产进行协调;③工作方式要遵循指令驱动、特定地点和参与原则,考虑性别因素、土著居民优先以及其他脆弱群体的特殊需要;④把减缓和适应工作视作不断进展的社会认知过程,该过程结合了地方知识和科学知识;⑤促进以气候变化、沙漠化以及生物多样性等为主题的国际公约的互相协同和配合。

三、世界银行集团(WBG)的活动

世界银行集团(World Bank Group)是向全世界发展中国家提供金融和技术援助的重要机构,成立于1944年,其总部设在美国华盛顿特区。世界银行通过提供资源、共享知识、能力建设以及与公共和私营部门合作,帮助人们实现自助,实现持久减贫。世界银行由归186个成员国所有的两个机构——国际复兴开发银行(IBRD)和国际开发协会(IDA)构成。国际复兴开发银行旨在减少中等收入国家和信誉良好的较贫困国家的贫困人口,而国际开发协会则注重支持世界最贫困国家。两个机构向发展中国家提供低息贷款、无息贷款和赠款,用于包括教育、卫生、公共管理、基础设施、金融和私营部门发展,农业以及环境和自然资源管理投资在内的多重目的。两个机构的工作由国际金融公司(IFC)、多边投资担保机构(MIGA)和国际投资争端解决中心(ICSID)的工作予以补充。世界银行在全球设有100多个代表处,共聘有1万多名工作人员。[①]

(一)世界银行的能源投资与气候变化

就气候变化问题而言,世界银行行长罗伯特·佐利克曾经说过:"各国将发展需求与应对气候变化的措施结合起来十分重要。"由于世界银行的运作方式是向相关行业和项目进行投资,以此来达到脱贫和发展的目的,如果其资金流向偏向于高碳行业,就会与气候变化问题直接相关。21世纪初开始,各界批评世界银行的问题集中于:对一些温室气体排放行业投入很大,如采掘业和碳密集行业。虽然相对数量并不多,如2003年约4.8亿美元,但是银行贷款的批准是很多采矿、石油、采气项目顺利开展的前提。根据《采掘产业评论》的数据,目前世界银行在新能源上的资金投入占全部资金的比例为6%,该评论建议全球减少对石油行业的投资,而是投入到清洁能源和提高效能的技术产业上来。1990—2005年,世界银行对能源行业的总投资达到560亿美元,其中25亿美元在可再生能源领域,43亿美元是水电领域,22亿美元投入能效产业。世界银行并不认同减少相关行业投资的建议,但还是在2004年承诺,在2005—2009年

---

① 世界银行中文官方网站:http://www.worldbank.org.cn/Chinese(2010年8月13日访问)。

将投资环境友好产业——生物能[①]、太阳能、风能、地热、水能的比例提到 20%。事实上,世界银行 2007 年在整个能源行业的投资中,对可再生能源以及能效行业的投资比例已达到 35%。2008 年投资总额已达到 17 亿美元。[②]

(二)世界银行建立的相关基金及运作

2008 年 7 月,世界银行宣布正式启动"气候投资基金"(climate investment funds,CIFs),该基金由"清洁技术基金"(clean technology fund,CTF)和"战略气候变化基金"(strategic climate change,SCF)构成。CTF 致力于促进能源领域低碳技术的展示、运用和转让,以及交通、建筑、工业和农业等行业的能效提升等活动,运作的方式是用该基金来填补由于提供低利率贷款和捐赠产生的资金差额。为响应 2007 年巴厘岛行动计划,该基金也愿意为发展中国家提供资金,以帮助其将国内排放减缓措施融入该国可持续发展战略中。SCF 则为常识性的新的发展模式或者提升活动规模提供资金,资助对象包括在高脆弱性国家进行的稳定气候项目、在低收入国家使用可再生能源技术以及减少因森林砍伐和退化导致的排放。[③] 2008 年 9 月,世界银行召开了捐资会,佐利克亲自参加。美国、日本、英国、德国、加拿大和澳大利亚承诺捐资,使 CTF 获得了约 55 亿美元的捐款承诺,SCF 获得了 5~6 亿美元的捐款承诺。[④]

世界银行负责管理"气候投资基金",旨在示范可以采取哪些实际步骤将发展与碳减排和适应气候变化相结合。世界银行截至目前共批准了 32 亿美元的投资,将用于支持清洁技术基金。2009 年 12 月,一项新的气候投资基金规划——在低收入国家推广可再生能源规划生效,承诺捐助额超过 2.5 亿美元。[⑤]对该基金的担心在于,由于资金来源问题,基金的决策者更多是来自于捐赠者,即所谓的"捐赠者主导"(donor-driven),受资助方的参与度较低,客观上会影响资金的使用效果。

---

① 生物能是指可以转换为液体燃料的农作物的生物燃料,例如,玉米转化为可以替代汽油的乙醇,植物油(棕榈油或大豆)转化为柴油的替代品等。

② Friedrich Soltau. Fairness in International Climate Change Law and Policy. Cambridge University Press,2009:199-200.

③ Friedrich Soltau. Fairness in International Climate Change Law and Policy. Cambridge University Press,2009:222-223.

④ 黄问航.适应气候变化的资金问题.载刘燕华.适应气候变化——东亚峰会成员国的战略、政策与行动.北京:科学出版社,2009:108.

⑤ 世界银行中文官方网站:http://www.worldbank.org.cn/chinese(2010 年 8 月 13 日访问)。

四、非政府组织(NGO)的活动

(一)世界自然基金会(WWF)

世界自然基金会(WWF)是在全球享有盛誉的、最大的独立性非政府环境保护组织之一,自 1961 年成立以来,WWF 一直致力于环保事业,在全世界拥有将近 520 万支持者和一个在 100 多个国家活跃着的网络。世界自然基金会与许多合作伙伴——民间社团、政府、社区和私营部门共同努力,应对气候变化问题。WWF 的工作路线为"双轨制"。第一条路线是发展"低碳经济",工作内容是为应对气候变化采取行动寻求经济案例和安全讨论,努力在各国促进低碳或零碳排放计划,并且尽量通过各种渠道筹集投资资金。第二条路线则聚焦于全球气候协议的进展上,WWF 尽力参与以《框架公约》与《京都议定书》为平台的国际谈判以及其他政府论坛,如 G20 峰会等,工作的目的是努力促成一个有力、公平和有愿景的全球气候协议。[①]

(二)绿色和平组织(Greenpeace)

绿色和平组织是一个以环保工作为主的国际性非政府组织,总部设在荷兰阿姆斯特丹。该组织目前在 30 个国家开展活动。绿色和平组织的使命是:"保护地球、环境及其各种生物的安全及持续性发展,并以行动作出积极的改变。"气候变化问题同样是绿色和平组织当前的主要工作内容之一,以绿色和平中国分会的工作为例:2003 年,绿色和平中国分部的气候与能源项目建立,该项目致力于减缓由燃烧煤、石油和天然气等化石燃料造成的气候变化。其主要通过以下几方面达到工作效果:①提倡大力发展可再生能源和提高能源使用效率;②呼吁政府和企业采取有效措施,改善能源结构,应对气候变化;③调查并揭露燃烧化石燃料对气候、环境和人类所造成的危害;④鼓励大家节约能源,利用可再生能源,共同参与能源革命。绿色和平中国同时作为唯一的非政府组织被邀请参加《可再生能源利用法》的咨询过程,为优化中国能源结构建言献策。2007年,绿色和平中国同其他民间环保组织一起,展开对中国 NGO 迎接气候变化挑战的思考与实践的整理工作,并在当年的巴厘岛会议之后,共同发布了《变暖的中国:公民社会的思与行》报告,首次呈现了中国公民应对气候变化的立场与实际行动。2007 年,绿色和平中国启动"换灯护地球"项目。2009 年开展"2009 气候中国行"项目,实地记录和宣传中国大地上的气候变化对人类生活的影响问题。[②]

---

① WWF 官方网站:http://wwf.panda.org/(2010 年 8 月 13 日访问)。

② 绿色和平中国官方网站:http://www.greenpeace.org/china/zh/(2010 年 10 月 25 日访问)。

本章小结

气候变化国际法的产生与发展比其他国际法制度的发展更为复杂,因为气候变化是否存在,是否有人类活动的因素,都需要科学论据加以证明。在气候变化框架公约诞生之前,国际社会主要做的事情就是与科学不确定问题进行斗争。依据国际环境法的"风险预防"原则,基于人类利益的自我保护,未雨绸缪,在科学无法完全确定气候变化是否真正发生的情形下,气候变化国际法仍然踏实地走完了关键的几步,这不得不说是一个伟大的成果。

气候变化国际法的发展大致分为以下几个阶段:①1990年前的准备阶段,历时将近30年。②1992年《联合国气候变化框架公约》的通过和生效,确立了气候变化国际法的基本框架,尽管文本没有约束力。③1997年《京都议定书》的通过到2005年的生效,在这8年期间,国际社会有关气候变化是否存在的纷争和利益博弈进入了白热化阶段。在美国退出的情形下,《京都议定书》仍然生效,实属不易。④2005年至今,在讨论后京都时代问题上,国际谈判陷入僵局。气候变化国际法在历经20年的稳步发展后,进入了一个非常困难的瓶颈时期。

第三章 气候变化国际法的价值取向与原则体现

第一节 公平价值与"共同但有区别责任"原则

一、国际环境法文件中的公平原则

从原始猿人进化为今日的智人,从单纯以生存为目的的生产,发展到今天在丰富物质基础上对高级文明的追求,价值命题的研究在人类文明中的角色日渐重要。公平、正义、自由、平等、民主……这些概念,在今日的社会普遍应用,成为社会各领域、各阶层的行为标准,也是各项制度和政策设计的基本准则。从词语构成来看,公平这个抽象的概念,可以将其拆分为"公正"和"平等"两个词语。从法理角度分析,绝大多数的价值标准,如正义、平等,都可以被公平概念所包容。公平是出发点,是过程,也是结果,公平是贯穿始终的评判标准。

但是,我们是否真正了解公平的含义?公平是否可以真正实现?与公平相关联的一系列价值是只能无限接近的美好愿望,还是可以追求到手的奋斗目标?如果将它们放到气候变化问题当中,又会有怎样特殊的含义,得出怎样的结论呢?回答这些问题,需要我们将公平的价值理念放入气候变化这个特殊的环境问题当中具体考察。气候变化属于国际环境问题,要研究气候变化国际法的公平问题,首先需要考察一下国际环境法中的公平原则。国际环境法,调整的是公共物品——全球环境和资源的法律关系。同其他国际法问题一样,国际环境法的产生与发展建立在相关国际组织的一系列的国际活动以及随之产生的国际文件基础之上。国际环境法发展最重要的国际平台就是联合国及与联合国相关的会议、机构和组织。因此,考察国际环境法中的公平价值问题,需要从以下这些与联合国相关的会议和文件中开始。

(一)《联合国宪章》

在 1949 年的《联合国宪章》序言中,缔约国一致强调:"我联合国人民同兹决心,……重申基本人权、人格尊严与价值,以及男女与大小各国平等权利之信念,创造适当环境,俾克维持正义,……"《宪章》规定,所有人民、所有国家享有平等的权利,在联合国体系内应被平等对待,联合国的工作更应以促进平等为目标,最终实现所谓的"正义"宗旨。联合国从建立伊始,就把公平设为该组织的基本原则和工作目标。在现实世界中不公平的情况总是存在,而人们能够尽快做到的就是将公平的理念写入法律文本,通过法律进行不断地修正与完善。

(二)《斯德哥尔摩宣言》

1972 年 6 月 5 日,联合国在瑞典斯德哥尔摩召开了第一次环境保护全球会议——"人类环境大会",也被称为第一次地球首脑会议。133 个国家的 1300 多名代表出席了这次会议。会议标志着应对环境退化的国际机制发展的开端。但在当时,气候变化并不是讨论的中心议题,水资源、海洋哺乳生物、可再生能源资源、沙漠化、森林、环境法律框架以及环境与发展问题占据了会议议题的中心位置。[①]大会建立了联合国环境规划署(UNEP),要求规划署对全球环境进行持续监测、分析和评估,并将研究报告提交给联合国大会秘书处。

关于公平原则,《斯德哥尔摩宣言》进行了多次强调和阐述:《宣言》第一部分"共同看法和宣言"中的第七条,强调了平等而共同的努力(all sharing equitably in common efforts):"为实现这一环境目标,将要求公民和团体以及企业和各级机关承担责任,大家平等地从事共同的努力。……"《宣言》第二部分的原则一,明确了人类的平等权利:"人类有权在一种能够过着尊严和福利的生活的环境中,享有自由、平等和充足的生活条件的基本权利,并且负有保护和改善这一代和将来的世世代代的环境的庄严责任。……"《宣言》的原则二十四,则要求所有国家的平等合作:"有关保护和改善环境的国际问题应当由所有的国家,不论其大小,在平等的基础上本着合作精神来加以处理,必须通过多边或双边的安排或其他合适途径的合作,在正当地考虑所有国家的主权和利益的情况下,防止、消灭或减少和有效地控制各方面的行动所造成的对环境的有害影响。"

(三)《布兰迪报告》和《布伦特兰报告》

无论是《联合国宪章》还是《斯德哥尔摩宣言》,对于公平的阐释较多地倾向于"平等"理念的含义。但在其后的国际文件中,"公平"开始与"公正"和"发展"紧密联系,因为人们逐渐发现,只有达到共同的发展,才能达到实质平等的目的。公平原则成为"可持续发展"原则的基石概念。

1974 年世界基督教会联合会发表的研究报告《人类发展的科学和技术》强

---

① 彼得·杰克逊.从斯德哥尔摩到京都——气候变化简史//联合国纪事:绿化我们的世界!(第44卷,第2号)(2007),http://www.un.org/chinese/climatechange/unchronicle2.shtml(2010 年 8 月 23日访问)。

调："可持续的社会……应当开始于公平分配原则。"1980 年,国际发展问题独立委员会公布了《南方——北方:生存的计划》,也称为《布兰迪报告》(Brandt Report)①。该报告认为:南北国家经济上的不平等是全世界面临的共同风险和问题,北方国家的政治联盟加剧了对南方国家的剥削,加大了南北不平等的差距,因此要通过努力的发展将双方的差距拉近。《布兰迪报告》的内容对联合国后来成立开发计划署(UNDP)起到了明显的推动作用。②

1983 年年底联合国秘书长提名挪威工党领袖布伦特兰夫人(Gro Harlem Bruntland)为世界经济发展委员会(WCED)主席,委员会经过三年多努力,于 1987 年 4 月向联大递交了一份题为《我们共同的未来》的工作报告,即著名的《布伦特兰报告》。该报告认为,现在世界的经济发展趋势会使贫穷脆弱人群数量继续上升,要达到可持续发展的目的,平等是环境和发展问题的重要因素。资源耗竭与环境压力很大原因来自于经济和政治实力的不对等。我们现在在促进共同利益上的无能为力根源于国家内部和国家之间对经济和社会正义的相对忽略。因此,国家应该充分合作,为现代和后代利益,在公平和合理的基础上使用全球跨境资源。③《布伦特兰报告》首次提出了代内公平和代际公平的问题,以及南北公平、人类与环境的发展关系。报告中的众多思想和原则后来都被纳入 1992 年的《里约宣言》之中。

(四)《环境与发展的里约宣言》

1992 年的里约热内卢大会是一次成果颇丰的全球顶级会议,在这次大会上通过了《环境与发展的里约宣言》、《21 世纪议程》和《森林宣言》三份文件,以及《生物多样性公约》和《气候变化框架公约》两个公约。

《里约宣言》中涉及公平原则的主要有三处:第一处是在序言中确认"目标是通过在国家、社会重要部门和人民之间建立新水平的合作来建立一种新的和公平的全球伙伴关系"。第二处是正文中的原则三:"必须履行发展的权利,以便公正合理地满足当代和世世代代的发展与环境需要。"强调了要同时顾及当代人和后代人的发展需要,体现了代际公平的原则。第三处是原则七:"各国应本着全球伙伴关系的精神进行合作,以维持、保护和恢复地球生态系统的健康

---

① 独立委员会的主席是当时的德国总理威利·布兰迪(Willie Brandt),因此称为《布兰迪报告》。

② Jon Rosales. The politics of Equity: Precedent for Post-Kyoto Per Capita Schemes, Velma I. Grover ed. ,Global Warming and Climate Change-Ten years after Kyoto and Still Counting. Science Publishers, Vol. 1, 2008:94.

③ Jon Rosales. The politics of Equity: Precedent for Post-Kyoto Per Capita Schemes, Velma I. Grover ed. ,Global Warming and Climate Change-Ten years after Kyoto and Still Counting. Science Publishers,Vol. 1,2008:94-95.

和完整。鉴于造成全球环境退化的原因不同,各国负有程度不同的共同责任。发达国家承认,鉴于其社会对全球环境造成的压力以及它们掌握的技术和资金,它们在国际寻求持续发展的进程中承担着责任。"该原则提出了为达到代内公平的目的,确认"共同但有区别责任"原则的基本含义,即发达国家和发展中国家承担保持环境的共同责任,但发达国家承担更高标准的责任和义务要求。《里约宣言》将公平作为联合国环境工作的基本信条。宣言的规定,超出了其他文件在该问题上达到的深度,将公平理念视为国际环境法的奠基石,并且将促进公平视为国际事务的判例。[①]

(五)《约翰内斯堡可持续发展宣言》

2002 年 8 月,可持续发展世界首脑会议在南非约翰内斯堡举行,104 位国家元首和政府首脑以及来自世界 192 个国家和地区的 7000 多名代表出席会议。经过与会代表的共同努力,会议通过了《约翰内斯堡可持续发展宣言》和《可持续发展世界首脑会议执行计划》。《宣言》在其原则二中再次强调了公平原则在人类发展中的重要地位:"我们承诺建立一个崇尚人性、公平和相互关怀的全球社会,这个社会认识到人人都必须享有人的尊严。"并且将经济发展、社会公平、环境保护列为可持续发展的三支柱问题。

二、气候公平的基本含义

公平本身并没有一个确定的概念,它可以与公正、正义等词语通用。在不同的历史背景、文明发展阶段、立场价值观下,公平具有不同的含义,它是社会和历史的产物。在气候变化等国际环境问题中,公平的定义与国内法上的公平概念和理论不能相提并论。国际法上的公平更注重的是全人类的共同利益,以及国家之间的平等问题。

(一)分配正义与矫正正义

公平公正是抽象的,气候变化却是具体实在的。从实践角度分析,对公平的判断不外乎对两个问题的衡量:一是利益和成本的分配;另一是对伤害和错误的赔偿和矫正。也就是我们通常所说的分配正义(distributive fairness)和矫正正义(corrective fairness)。[②]

气候变化国际法的核心问题是谁来减缓,谁来承担减缓成本,这是分配正

---

① Jon Rosales. The politics of Equity: Precedent for Post-Kyoto Per Capita Schemes, Velma I. Grover ed. , Global Warming and Climate Change-Ten years after Kyoto and Still Counting. Science Publishers, Vol. 1, 2008: 97.

② H. L. A. Hart. The Concept of Law 154(1961), Friedrich Soltau, Fairness in International Climate Change Law and Policy. Cambridge University Press, 2009: 140-141.

义的衡量。发达国家的历史排放累积量达到 76％；澳大利亚、美国、加拿大的人均排放是中国的 6 倍，印度的 13 倍；虽然到 2012 年，发展中国家的排放可能超过发达国家，但是全球大约 140 多个国家，包括小岛国和最不发达国家，只对每年 10％的排放负责任。最新的数据显示，2000 年的温度升高，40％归因于发达国家，14％归于东欧经济转型国家、24％归于亚洲的发展中国家、22％归于非洲和拉丁美洲。① 很显然，发达国家是历史排放量的始作俑者，也是当下主要的排放者，根据"谁污染谁治理"的基本逻辑，发达国家应当承担主要的减排责任和成本，这个结果符合"分配正义"的推理。从另外一个角度分析，发展中国家经济水平低，强制减排义务会限制他们的经济发展，任何约束发展中国家提高经济和物质水平的要求都不符合"分配正义"的理念。

对于大多数发展中国家来说，他们非但不是主要的排放国，反而是气候变化的受害国。一方面，发展中国家需要进行自主减排；另一方面，全球变暖的趋势短期内无法扭转，为了应对海平面上升、洪灾、旱灾、极端气候等风险，发展中国家需要投入大量的成本进行气候变化的适应行动。干旱可能会使美国的农业受损，但是农场主可以通过保险获得补偿，但是如果同样的旱灾发生在非洲的尼日利亚，情况就完全不同了，当地居民可能面临饥饿、营养不良、疾病、儿童死亡等直接影响生存的问题。对于发展中国家来说，适应有时候比减缓更为重要和迫切，它是短期内的有效应对。无论是自主减排还是主动适应，都需要大量的资金和技术支持，发展中国家自身又缺乏这样的实力。作为责任者与富裕国家，发达国家应当对发展中国家提供充足的资金和技术援助，这符合"矫正正义"原则，当然其中也包含"分配正义"的因素。

美国著名哲学家约翰·罗尔斯(John Rawls)认为，即使给予社会成员足够平等的机会和资格，由于个人的自然禀赋和拥有利益的差别，实质公平也无法实现。要达到社会的实质公平，需要用"差别原则"来纠正实质上的不公平，即设立有利于社会中处境最不利成员的不平等倾斜制度，用不平等纠正不公平。根据同样的道理，在气候变化的减排义务分配当中，虽然发达国家和发展中国家都有保护地球环境的义务，但是发展中国家在实力上的弱势，注定了发达国家应当承担首先减排的义务——不平等的分配才能达到平等的结果。

(二)代内公平与代际公平

所谓代内公平，即在当下当代人之间实现公平的过程和结果，包括个人之

---

① Michael den Elzen et al.. Analysing Countries'contributions to climate change: Scientific and Policy-Related Choices,8(6) Environmental Science and Policy 614(2005),Friedrich Soltau,Fairness in International Climate Change Law and Policy. Cambridge University Press,2009:7-8.

间、群体之间、社会阶层之间、国家之间、国家群体之间的主体相互关系。在气候变化领域,由于人和国家是具体制度、规范和义务的直接承担者和现实实施者,如何公平分配义务和责任承担,就成了气候变化国际法的最核心问题,也就是如何寻求其代内公平的问题。

美国学者魏伊丝 1989 年在《公平地对待未来:国际法、共同遗产与世代间衡平》一书中系统阐述了代际公平理念,她认为人类的每一代人都是后代人地球权益的托管人,前代人应该对后代人的三项权利进行保护:①选择权,要求各世代保护自然和文化遗产的多样性,未来世代有权享有同其以前世代相当的多样性,保证其根据自身价值进行选择的空间不受限制;②享受正常质量权,要求各世代维持地球的质量,后世代有权享有与前世代所享受的相当的地球质量;③获取权,后世代成员都有权公平地获取其从前代继承的遗产,包括自然、生态、物质和文明。[①]

国际社会对气候变化与温室气体排放的控制与处理,不仅仅为了当代人的安全与适宜环境,同样是为了后代人的生存与发展。后代人与前代人和当代人一样,享有同等的环境权和发展权,他们的权利丝毫不减损于当代人的标准,当代人也无权利去剥夺和限制他们的固有权益。当然,对环境最好的保护自然是从现在开始停止温室气体排放,但这在客观上不可能实行。对当代人来说,在可预期的时间内,排放仍然会继续增长。这就产生了如何在代内公平与代际公平之间取得平衡的问题。一方面,当代人需要发展自己,获取更多的物质资源和更舒适的生活环境,同时还需要照顾到后代人的环境权利。这是一个相互冲突的命题,在客观情况限制下,只能在双方之间获取平衡点,在当代人发展自己的同时,尽量减少对环境的破坏和资源的掠取,以尽力和诚恳的标准约束当代人的行为,至于能够达到多大的效果,并不是一个可以准确预测的问题。

(三)程序正义与实质正义

从国内法律制度来说,程序正义是指在立法、执法和司法中维持程序的正当性,使得行为人在整个过程中享有基础而平等的权利和利益。程序正义不仅有助于实现实质正义,其本身也体现了公平、正义、平等的独立价值。要实现实质正义,在客观上往往面临诸多的障碍和困难,达到真正的实质正义在客观上不现实,但是努力追求程序正义能够协助实质正义的提升和促进。就国际气候变化法律制度而言,问题的焦点仍然集中在南北关系的处理上。虽然经过半个

---

① E.B.魏伊丝. 公平地对待未来:国际法、共同遗产与世代间衡平. 汪劲,于芳等译. 北京:法律出版社,2000:41-42. 转引自朱小静. 代际公平的理论依据及其法律化//环境法治与建设和谐社会——2007年全国环境资源法学研讨会(年会)论文集(第二册).

多世纪的抗争,发展中国家已经通过联合国的平台逐步发挥和强调自身的作用与角色,也拥有了一定的话语权。但是由于发达国家在财富、技术、知识、语言等方面已经拥有的客观优势和实力,在整个气候变化法制发展中,发达国家始终占据着主导和控制地位。如果要达到气候变化国际机制的程序正义,就需要在以下这些问题上增强发展中国家的力量:规则的制定、决策过程的参与、信息的获得、在公平基础上的谈判能力提升等。

发展中国家已经意识到在国际气候谈判中程序公平的重要性,也在通过组建联盟,如基础四国(中国、印度、南非、巴西)、小岛国等,来增强谈判力量和影响力,但是从实力对比看,发达国家拥有丰富的资源,无论是代表团的规模、专家的数量,还是技术建议的能力和评估、制度设计能力,都是大多数发展中国家无法企及,短期内也无法赶上的。如今的气候变化问题,涉及面广,制度和内容的复杂性导致谈判内容向分支化、技术化、专业化发展,制度和内容的复杂性都会影响发展中国家参与谈判的效率和参与程度,从而减损程序公平。程序公平的瑕疵又会进一步加深实质公平的不利局面,形成恶性循环。因此对发展中国家来说,应坚定信念,积极开展南南合作,利用自身的道德伦理优势和数量优势努力维持谈判和决策局面的平衡,据理力争,维护自身立场。

三、气候公平的基础性原则

如何在气候变化国际机制发展和设计中达到公平,讨论公平的抽象含义没有太多意义,需要把握的问题是责任分配的标准以及背后的原因。联合国经社理事会下的可持续发展司[①]官员 Friedrich Soltau 博士在其《国际气候变化法律与政策中的公平》一书中确立了四个体现代内公平的原则,即平等、需要、责任和能力原则。[②]

(一)平等原则

平等的基本含义是指每个人都有权利获得好的东西、利益、条件或机会。对于气候环境来说,作为人类的一员,每个人都有资格享有正常质量的大气环境,或者说,每个人都平等地享有向大气排放温室气体的权利,以此获得正常的生产和生活条件;同理,每个国家,无论大小、强弱、穷富,也都享有平等的排放温室气体的权利,以发展本国的经济,提高本国的实力。但是平等并不是将所有人拉至标准最底线,即所谓的"leveling down",而应该将结果的平等作为主

[①] Division for Sustainable Development, UN Council of Economic and Social Affairs.

[②] 关于四个基础性原则阐述的主要思想来自于 Soltau 博士著作相关内容。出处为:Friedrich Soltau. Fairness in International Climate Change Law and Policy. Cambridge University Press,2009:153-167.

要标准。气候变化可能会导致发展中国家愈发贫穷,并进一步影响其后代的利益,影响到他们的平等机会。因此,无论从排放资格,还是从发展机会,甚至从后代利益考虑,平等原则都要求将天平向发展中国家倾斜。

(二)需要原则

依据罗尔斯的差别原则,社会应将更多资源运用到弱势群体上。同理,气候变化中的弱势群体——发展中国家,特别是小岛国以及最不发达国家群体,不仅没有足够的实力进行减排,更没有足够的金钱和技术来适应气候变化,气候变化可能导致特定地区人民极端贫困和饥饿,甚至会成为剥夺他们基本生存保障的最后一根稻草。基于需要原则,国际社会不仅不应该给他们设定减缓义务,还应该保障他们排放一定限量温室气体的权利,并积极给予多方面援助,帮助他们抵御风险、渡过难关。

(三)责任原则

发达国家是历史排放累积量的 76% 的责任者[1],也是现时排放量的主要责任者。据统计,2004 年全球温室气体排放中,20% 的发达国家人口排放了 46% 的温室气体,而占世界人口 80% 的发展中国家只承担了 54% 的比例。[2]谁造成问题,谁来矫正后果,这是最基本的责任原则。也有人认为,在当时的历史环境下,排放温室气体并不是一种错误的行为,更没有违法,不应成为责任的理由。但是就如现在的法律中也规定了无过错责任或者严格责任一样,不管行为是否带有违法性,只要造成了影响他人权益的后果,就需要承担责任。发达国家对减排义务和负面后果承担责任毫无推脱理由。从另一个角度说,发达国家即使不用承担法律责任,也需要承担道德和伦理上的责任。而这种责任,更多的是"矫正责任",而不是"分配责任"。

(四)能力原则

能力原则更多来自于分配公平的理念。在不影响行为者自身利益情况下,有能力者多付出,无能力者量力而行,是最客观最实际的做法。应对气候变化是一个长期艰巨的浩大工程,涉及各国的经济发展和政治外交,一国如果有余力、有余钱,理应做出榜样,才能引领其他国家效仿,最终形成合力。虽然存在搭便车等不可避免的问题,但是基于全人类的共同利益,首先付出的也未必不能得到对自己有益的结果。发达国家理应在道德上做出榜样,才是应对全球公共问题的真正诚恳态度。

---

① Kevin A Baumert. Timothy Herzog, Jonathan Pershing, Navigating the Numbers. World Resources Institute, 2005:32.

② IPCC 2007 年评估报告:《综合报告》,主题 2。

四、气候公平价值的体现——"共同但有区别责任"原则

气候公平原则要求兼顾代际公平和代内公平。要维护代际公平,需要当代人控制温室气体排放,为后代人维护和保持地球适当的生存环境,并为后代人保留与当代人同等的资源和发展机会;维护代内公平,则要对当代人的不同群体进行区分,按照历史责任、减排能力的大小区分不同国家、不同群体的区别责任。而"共同但有区别责任"正是兼顾了代际公平和代内公平的两方面要求,成为气候国际法中公平价值的典型体现。

国际环境法中的共同但有区别责任原则应当包含两方面内容:一是要求所有相关国家都要参与应对环境问题的行动中,即所谓的"共同责任";二是考虑各个国家不同的情况和能力,以及其对环境问题产生的历史影响和对将来发展的需求,给予其不同的义务承担内容,即所谓的"有区别责任"。国际环境问题是跨越国界的人类共同问题,环境问题的后果和风险会影响到世界上每个国家,如果不采取相应措施,随着时间推移,问题会变得越来越严重,因此每个国家和每个人类成员都有义务、也有责任参与共同行动中去。但是,应对措施最终的落实层面是国家和政府,是一国的国内事务,需要运用特定国家的自身力量实施措施,这又产生了"共同责任"下的"区别情况"。在大多数情况下,这种区分往往以发达国家和发展中国家的划分为依据,但这并不是绝对的,如欧盟内部可以进行重新的义务分配,而部分发展较快的发展中国家也开始承担更多的国际义务,因此这只是一个大致的区分。

(一)共同但有区别责任原则的早期萌芽

关于共同但有区别责任的最早表述来自于 1919 年一次世界大战后的《凡尔赛合约》,该《条约》第 427 条承认"由于气候、习惯和惯例,以及经济机会和工业习惯的差异,严格遵守劳工条件具有一定困难性",并在第 405 条要求"对其后劳工标准或文件的修改应充分考虑到该国家的气候情况、产业组织的不完善发展以及其他有较大差异性的产业状况,作出符合特殊情况的修改意见"。[①]

真正系统性地将区别原则适用于发展中国家是从 20 世纪六七十年代开始的,大的背景是发展中国家开始要求在国际规则制定和决策过程中建立新的国际政治和经济新秩序,要求在资源和财富分配上获得公平公正的对待,同时保证他们对自己国家的资源和经济秩序享有实质的主权控制,并可以公平分享共

---

① 第一次世界大战结束后,1919 年,缔约方在讨论《凡尔赛条约》时,为了敦促国际社会关心和改善劳动者的处境,提出了"社会公正"的思想。由此建立的国际劳工组织(ILO)把制定国际劳工标准作为促进社会公正的基本手段。

同资源的使用收益。发展中国家希望能够摆脱发达国家在政治、经济等各方面的影响和控制，获得在国际社会中真正独立自主的地位和力量。对国际经济新秩序的建立，发展中国家认为应当包含以下三方面的努力：①发达国家应该给予发展中国家更多的资金援助和技术支持；②最不发达国家应该获得更多的优惠待遇，并且在合理范围内免于承担国际义务；③加强发展中国家在国际机制的决策过程的力量和作用。[1]

发展中国家建立国际经济新秩序的活动成果颇丰，典型的例子就是 1974年联合国大会通过的《各国经济权利和义务宪章》。在这部法律文件中，共同但有区别责任原则初现雏形。《宪章》第十七条确立共同的责任以及对发展中国家的支援："为了发展而进行国际合作，是各国共同的目标和共有的责任。各国都应当严格尊重他国主权平等，……对发展中国家加速本国经济发展和社会进步的各种努力给予合作，按照这些国家的发展需要和发展目标，提供有利的外部条件，扩大对它们的积极支援。"《宪章》第十九条要求发达国家给予单向普遍的优惠："为了加速发展中国家的经济增长，消除发达国家与发展中国家之间的经济鸿沟，发达国家应当尽可能在国际经济合作的领域内给予发展中国家以普遍优惠的、不要求互惠的和不加以歧视的待遇。"《宪章》第三十条规定了在环境领域的各国"共同责任"："一切国家都有责任为当前这一代人以及子孙后代的利益，维护、保持和改善环境。根据这种责任，一切国家都应当做出努力，制定各国自己的环境保护政策和发展政策。各国的环境保护政策，都应当能增强而不应相反地损害发展中国家现在和将来的发展潜力。"

（二）共同但有区别责任原则在国际环境法领域下的发展

虽然并没有取得太多具体成果，1972 年的人类环境会议仍然被认为是国际环境问题和规则发展的起点。有关共同但有区别责任原则规定体现在以下条款中：《斯德哥尔摩宣言》第一部分"声明"的第二条明确了保护环境的共同责任："保护和改善人类环境是关系到全世界各国人民的幸福和经济发展的重要问题，也是全世界各国人民的迫切希望和各国政府的责任。""声明"第四条规定了发展中国家的优先发展需要："在发展中国家中，环境问题大半是由于发展不足造成的。……必须致力于发展工作，牢记他们优先任务和保护及改善环境的必要。为了同样目的，工业化国家应当努力缩小他们自己与发展中国家的差距。……"《宣言》第二部分"原则"的第十二条明确了发达国家的资金和技术援助义务："应筹集资金来维护和改善环境，其中要照顾到发展中国家的情况和特

① Tuula Honkonen. The Common but Differentiated Responsibility Principle in Multilateral Environmental Agreements. Wolters Kluwer,2009:40-41.

殊性,照顾到他们由于在发展计划中列入环境保护项目而需要的任何费用,以及应他们的请求而供给额外的国际技术和财政援助的需要。"在"原则"第二十四条中,对于平等地承担共同责任作了要求尊重国家主权的要求:"有关保护和改善环境的国际问题应当由所有的国家,不论其大小,在平等的基础上本着合作精神来加以处理,必须通过多边或双边的安排或其他合适途径的合作,在正当地考虑所有国家的主权和利益的情况下,防止、消灭或减少和有效地控制各方面的行动所造成的对环境的有害影响。"《斯德哥尔摩宣言》并没有明确提出共同但有区别责任的说法,但文件内容已经体现出了相关的内容。而 1987 年的《布伦特兰报告》提出的"可持续发展"概念则给共同但有区别责任原则的深入发展提供了理念上的支持。

共同但有区别责任原则的地位最终确认是在 1992 年的联合国环境与发展大会上,会议通过的《里约宣言》中的"原则"第七条明确了该原则的名称和适用:"……鉴于导致全球环境退化的各种不同因素,各国负有共同的但是又有差别的责任。发达国家承认,鉴于他们的社会给全球环境带来的压力,以及他们所掌握的技术和财力资源,他们在追求可持续发展的国际努力中负有责任。""原则"第六条则再次强调了发展中国家的特殊需要:"发展中国家,特别是最不发达国家和在环境方面最易受伤害的发展中国家的特殊情况和需要应受到优先考虑。环境与发展领域的国际行动也应当着眼于所有国家的利益和需要。"

共同但有区别责任原则在里约大会的另外一份文件中也得到了体现——《21 世纪议程》39.3(c)款规定:"促进和支持所有有关国家,尤其是发展中国家有效参与国际协议和文书的谈判、执行、审查和管理,包括提供适当的技术和财政援助和为此目的的其他现有机制,以及酌情实施差别义务;……"

2002 年的联合国可持续发展世界峰会继续强调共同但有区别责任的重要基础作用,在《可持续发展问题世界首脑会议执行计划》中,分别在第 2、14、20、39 和 81 段提及"共同但有区别责任"原则,要求与会国在改变消费和生产形态、可持续发展能源、保护大气减少空气污染以及执行手段方面遵循共同但有区别责任原则。

(三)《气候变化框架公约》及《京都议定书》的规定

1992 年《气候变化框架公约》在回顾了《联合国宪章》、《斯德哥尔摩宣言》的基础上,在其序言中首先确认了一个事实:"注意到历史上和目前全球温室气体排放的最大部分源自发达国家;发展中国家的人均排放仍相对较低;发展中国家在全球排放中所占的份额将会增加,以满足其社会和发展需要,……"而后在《框架公约》"正文"第三条第 1 款中确立了共同但有区别责任的原则:"各缔约方应当在公平的基础上,并根据它们共同但有区别的责任和各自的能力,为人类当代和后代的利益保护气候系统。因此,发达国家缔约方应当率先对付气候变化及其不利影响。"并且在该条第 2 款强调了发展中国家的特殊需要:"应当充分考虑到发展中国家缔约方尤其是特别易受气候变化不利影响的那些发展中国家缔约方的具体需要和特殊情况,也应当充分考虑到那些按本公约必须承担不成比例或不正常负担的缔约方特别是发展中国家缔约方的具体需要和特殊情况。"《框架公约》第四条"承诺"以共同但有区别责任为前提:"所有缔约方,考虑到它们共同但有区别的责任,以及各自具体的国家和区域发展优先顺序、目标和情况,应……"

共同但有区别责任中的"共同责任"适用于公约的所有缔约方,《框架公约》规定的共同义务有:编制国家清单、制定执行减缓措施、推广减排技术和做法、可持续管理碳汇和碳库、制订适应气候变化计划、促进相关信息交流、教育、培训和公众参与以及向缔约方会议提交履行信息等。

共同但有区别责任中的"区别责任"只适用于《框架公约》附件一和附件二所列缔约方。附件一的工业化国家承诺通过限制其人为的温室气体排放以及保护和增强其温室气体库和汇,在 2000 年前将温室气体排放控制在 1990 年的水平。而附件二的发达国家承诺为发展中国家提供资金,并促进向发展中国家转让或使它们有机会得到无害环境的技术。未列入附件的发展中国家不承担强制的削减义务,并且可以接收发达国家的资金、技术援助进行减缓和适应气候变化的措施和行动。

《京都议定书》中并没有明确提及共同但有区别责任原则,但是《京都议定书》对附件一国家规定了具体的减缓气候变化义务,是对"共同但有区别责任"原则的具体实施。主要体现在:①《京都议定书》要求发达国家减排的总体目标是在 2008—2012 年,将其温室气体排放量在 1990 年的基础上平均削减 5.2%,并明确了各国的具体减排目标。②要求附件一缔约国根据本国情况制定和执行相关政策和措施,包括:a. 增强本国经济有关部门的能源效率;b. 保护和增强碳汇和碳库,促进可持续森林管理的做法、造林和再造林;c. 促进可持续农业方式;d. 研究、促进和增加使用新能源和可再生能源、固碳技术和有益于环境的先进技术;e. 采取措施在运输部门限制和减少温室气体排放;f. 通过废物管理及回收和利用限制减少甲烷排放;g. 分享经验并交流信息等措施。③要求发达国家为发展中国家提供新的和额外的资金。

(四)共同但有区别责任原则的公平价值和意义

共同但有区别责任既照顾到了共同保护环境、维护后代权益的代际公平,又考虑了当代人不同国家、不同群体的客观情况,进行了有区别的责任分担,达到代内公平的目的。共同但有区别责任无疑是气候公平价值的最佳实施方式和精神体现。有区别的责任并不意味着不公平,其实质意义是通过不相同的负担分配来达到实质公平的结果。而共同的责任则对有区别责任制度实施设置了基本底线和原则。不同的义务基于共同的责任,而共同的责任细化为具体差异的义务。通过从抽象到具体再到抽象的逻辑循环,实现了气候变化国际法代内公平与代际公平的最佳平衡。

共同但有区别责任原则是发展中国家长期抗争、来之不易的成果,我们必须坚定不移地给予积极维护。在 2012 年后的气候谈判中发达国家为了这样那样的理由,一直试图攻击共同但有区别责任的基本理念,要求发展中国家承担强制减排义务,这是对之前十几年气候变化国际机制发展成果的极大威胁。发展中国家必须严阵以待,在承认共同责任的立场上,坚持有区别的义务分担,不能任由发达国家得寸进尺,损害整个气候变化国际法制度的基石。损害共同但有区别责任原则,将使我们对公平价值的追求失去根本的前提和基础,这会对发展中国家的根本权益造成极大侵害。因此,共同但有区别责任原则是发展中国家谈判的原则,也是底线,不容背离和越界。

第二节　环境效益价值与"可持续发展"原则

一、环境效益价值与发展需求的矛盾

(一)环境伦理——人类中心主义与生态中心主义

环境是相对于某中心物而言的客观存在的综合,大多数情况下该中心物即指人类。环境科学和环境法上所称的环境专指以人类为中心的自然空间,包含其中可以直接或间接影响人类生存和发展的各种自然因素的总和。环境包含自然资源的因素,前者强调客观存在的整体性和相互联系性,后者则强调其对人类的使用价值和可开发利用性。生态是另一个跟环境紧密相连的概念,生态(Eco-)一词源于古希腊字,本意是指家或者我们的环境。而现在的生态概念强调一切生物的生存状态,以及它们之间和它与环境之间环环相扣的关系,所以更为注重生物多样性以及生物之间的互动和平衡状态。人类本应是自然环境的一部分,但由于人类具有主观能动性和改造自然的能力,人类开始以自己的价值标准评判自然和环境对自身的价值和意义。因此从哲学上来说,人类成为关系的主体,而环境成为客体和对象。

人类与环境的关系,从历史发展角度考察,大致经历了以下几个阶段。第一阶段为原始社会时期,该时期主要表现为人类为维持自身的生存和发展,对自然环境的被动适应活动,因此人类对环境并未也无法造成明显的破坏。第二

阶段是农牧业社会时期,人类学会制造和使用铁器,对自然环境的改造能力大大提高,开垦耕地、放牧牲畜、向环境排放代谢废物等。在部分人口密集的河流山谷区域,出现局部的环境破坏,产生天然植被破坏、森林退化、水土流失、荒地面积扩大等后果。在农牧业后期、产业革命以前,城市的出现是环境问题的真正萌芽,城市特殊的生态系统、集中的污染和被动的自净能力,造成了严重的区域污染问题。第三阶段开始于工业革命的产生,以 18 世纪 60 年代蒸汽机的发明为起点,人类的科学技术迅猛发展,人类对于自然环境的改造和开发能力达到空前的高度,机械、道路、化工等产业的飞速发展对环境造成了极大的压力,在人类活动超出环境自身承受范围之后,环境开始报复人类,以八大公害[①]为典型代表的环境问题频频发生。[②]

　　在人类能力有限、屈从于大自然威力的时候,人对自然是畏惧的、尊崇的;在人类开始有改造自然能力的时候,物质欲望极度膨胀,以人类利益为中心的环境价值观开始形成,这种价值观在工业革命时代达到登峰造极的程度。人们忽视自然环境的消化和接收能力,完全以满足人类自身需要为唯一目标进行生产和活动,最终酿成了环境破坏、反噬人类的严重后果。从 20 世纪五六十年代起,人类开始重新审视人与自然的关系,思考人类的环境伦理或者环境道德观到底出现了什么问题,既而产生了一种新的环境伦理观,即人类生态中心主义。人类生态中心主义不同于纯粹的生态中心主义,后者以保护环境、维持生态为唯一价值标准,人类生态中心主义糅合了人类中心主义与生态中心主义的基本元素,认为在人类活动与生态维护之间可以达到一种平衡状态,既可以保证人类发展的物质需要,又不至于破坏环境和生态资源。人类生态中心主义最终在"可持续发展"理念当中得到实现,并得到了国际社会的普遍认可。

(二)国别立场的冲突——南北分歧

　　人类发展的无限欲望与环境资源的有限供应之间存在矛盾,这一点人类已经从事实中得到了教训,并且开始努力纠正自己的观念和做法,注重环境保护,改变社会的生产方式。但是,地球不是一个单独的地球村,世界是由 200 多个国家组成的国际社会。国家有强有弱,有大有小,人口有多有少,资源禀赋不均,国家之间的差距突出表现为经济发展阶段的不同。根据经济发展水平的差异,世界上的国家大致被分为发达国家和发展中国家。发达国家包括美国、加

---

① 八大公害是指 20 世纪 30 年代至 60 年代发生的八起环境污染造成的社会问题,即 1930 年比利时马斯河谷工业区烟雾事件,1943 年洛杉矶光化学烟雾燃烧导致的光化学烟雾事件,1948 年美国多诺拉小镇的硫化物烟雾事件,1952 年燃煤引起的伦敦烟雾事件,1955—1972 年日本神东川流污染事件,1961 年日本四日市哮喘病事件,1968 年日本米糠油事件,以及 1953—1956 年日本的水俣病事件。
② 吕忠梅.环境法学(第二版).北京:法律出版社,2008:4-5.

拿大、日本、欧洲各国等经合组织（OECD）成员国，这些国家工农业发达，经济实力雄厚，经济发展水平高，由于其大多数分布在北半球或者北半球的北部，也称为北方国家；发展中国家是那些经济基础较差、经济发展较落后的国家，主要是指分布在亚非拉地区的 150 多个国家，也称为南方国家。不少发展中国家以前曾是大国的殖民地，在 20 世纪中叶才逐步摆脱殖民统治，虽然其取得了政治上的独立，但经济水平的落后仍然使其在国际经济秩序中成为弱势群体。

在环境和发展的问题上，发达国家和发展中国家的观点冲突是十分明显的。发达国家经过了将近一个世纪的工业化进程，经济发展已经相对成熟。一方面，经过了 20 世纪中叶的环境公害事件，发达国家十分注重环境和资源的保护；另一方面，由于经济发展周期的特点，发达国家已经度过了对环境资源大量需求的经济发展阶段，同时由于产业周期的原因，大量低端层面的生产部门已经转移到了发展中国家，因此发达国家在有愿望、有资金、有技术和有精力的基础上，对环境保护保持了高度热情和高额投入。与之形成对比的是，广大发展中国家的经济正处于起步或者关键的成长阶段，为了提高本国人民的物质生活水平，增强本国的经济实力，需要耗费大量的资源和能源，而大规模的经济建设在一定程度上又使得环境的污染和破坏不可避免。发展中国家非常清楚维护环境的重要性，但是发展经济又是国家和人民的根本利益所在，在环境和发展的问题上，发展中国家需要做艰难的平衡工作。发达国家要求发展中国家积极参与国际环境保护事业，承担具体的义务和责任，而发展中国家则认为目前发展需求需要首先保证。这种立场上的冲突反映到气候变化问题上，矛盾变得尤其尖锐。

（三）气候变化中的环境与发展问题

大多数环境问题都是地方性的环境破坏，所产生的影响也是局域性的。少部分环境问题可能影响全球的范围，如臭氧层破坏、生物多样性等。前者通过《关于消耗臭氧层物质的蒙特利尔议定书》的实施得到了有效控制，后者短期内对人类不会导致大的风险和影响。而气候变化却是人类目前为止遭遇到的最难处理的全球环境问题。难度主要体现在以下几方面：①气候变化影响范围广、程度深，对人类的影响十分严重；②气候变化的产生和发展经历了相当长的积累过程，人类当前采取的应对措施具有时滞性，不能立刻产生效益；③无论是针对温室气体的减排还是对气候变化的适应，都需要巨大的成本和资金；④最重要但不是最后一点的是，人类目前的生产模式过度依赖化石能源，这种现状在短期内不会改变。

由于气候环境问题本身的特殊性，直接的矛盾是未来效益的长期性和当前成本的巨大需求之间的冲突，间接的矛盾则是地球环境的保护和发展中国家当前的经济发展需求的冲突。发达国家一直试图将发展中国家纳入到温室气体减排的强制义务当中,一旦开了这个口子,减排的国家义务就会给发展中国家带来很大的负担,势必会对发展中国家的经济发展造成影响。发展中国家本身经济基础比较薄弱,资金比较缺乏,技术相对落后,如何能在环境效果和经济发展问题上齐头并进? 对煤炭和石油的依赖,巨大的人口基数,大规模的城市基础设施建设,人民生活消费水平的提高,一个国家在发展进程中必然要经历的变化,都会使得碳排放快速增加。如果强硬地要求在绝对数量上减少排放量,客观上并没有实现的可能性。发展是硬道理,是一个国家的出路,这是必须坚持的原则问题。

二、兼顾效果价值的发展理念——可持续发展原则

(一)可持续发展原则的发展历史

可持续发展融合了政治、社会、经济和环境因素,其概念源于可持续社会的理念和对可再生能源的管理。作为一个变化的过程,在这一过程中资源开发、投资方向、科技开发走向以及体制变革均实现和谐,并提高当前和未来满足人类需求和愿望的潜力。[①] 也有学者通过四个元素的阐述来解释可持续发展的基本含义:合理使用自然资源和环境、代内公平、代际公平以及在经济发展政策中将环境保护列入考虑因素,即环境与发展的综合决策。[②]

纵观人类几千年的文明史,人口和领地的扩张、工业化和全球化的发展、人类文明对自由的追求,都导致人类对自然环境无限制的获取,整个过程自然称不上"可持续性"。对于人类社会来说,居住的稳定是生存的基本前提,环境资源的利用要与环境状况的维持达到平衡是一个基本认识。发展与环境相平衡的观念事实上很早就有,并不是一个新鲜事物,这是人类自我利益维护的自然结果。但是从国际领域和国际法发展来说,这个概念的历史的确不长。[③]

1.1972 年《斯德哥尔摩宣言》

在 20 世纪 70 年代早期,环境退化面积的扩大、自然资源的耗竭、贫穷、社会不稳定的状况,开始让人类意识到人类活动对环境造成的损害。而国际社会也意识到对于发展这个概念需要进行重新建构。1972 年《斯德哥尔摩宣言》作

---

① IPCC 2007 年第四次报告:综合报告,附录 2,术语表。

② Massimiliano Montini. Sustainable Development within the Climate Change Regime, Hans Christian Bugge & Christina Voigt ed. , Sustainable Development in International Law and National Law. Europa Law Publishing,2008:523-524.

③ Christina Voigt. Sustainable Development as a Principle of International Law. Leiden,2009:12-13.

为一个国际环境保护文件，不仅对各国的环境政策作出了要求，同时也强调了发展对人类的重要性，《宣言》第八条宣称："为了保证人类有一个良好的生活和工作环境，为了在地球上创造那些对改善生活质量所必要的条件，经济和社会发展是非常必要的。"《宣言》认为，人类如果要改善生活质量，发展是一条必经的道路。在发展的前提下，《宣言》才进一步提出了环境保护的要求，如保护资源、再生能源、协调各国的发展计划、进行国际合作等。

《宣言》在多处提及了发展与环境的综合考虑，如《声明》部分的第二条："保护和改善人类环境是关系到全世界各国人民的幸福和经济发展的重要问题。"第六条："现在已达到历史上这样一个时刻：我们在决定在世界各地的行动时，必须更加审慎地考虑它们对环境产生的后果。……为了这一代和将来的世世代代，保护和改善人类环境已经成为人类一个紧迫的目标，这个目标同争取和平、全世界的经济与社会发展这两个既定的基本目标共同和协调地实现。""原则"部分的第十三条："为了实现更合理的资源管理从而改善环境，……使发展保护和改善人类环境的需要相一致。""原则"第十四条："合理的计划是协调发展的需要和保护与改善环境的需要相一致的。""原则"第十八条："为了人类的共同利益，必须应用科学和技术以鉴定、避免和控制环境恶化并解决环境问题，从而促进经济和社会发展。……"

《宣言》同时对发展中国家的环境保护和发展问题作出了特殊的考虑和照顾，因为对大多数发展中国家来说，在追求经济发展同时再努力进行环境保护，具有明显的客观困难，需要帮助他们进行两者的平衡。《宣言》原则第九条："……移用大量的财政和技术援助以支持发展中国家本国的努力，并且提供可能需要的及时援助，以加速发展工作。"第十条："对于发展中国家来说，由于必须考虑经济因素和生态进程……"第十一条："所有国家的环境政策应该提高，而不应该损及发展中国家现有或将来的发展潜力，也不应该妨碍大家生活条件的改善。……"第十二条："应筹集资金来维护和改善环境，其中要照顾到发展中国家的情况和特殊性，照顾到他们由于在发展计划中列入环境保护项目而需要的任何费用，以及应他们的请求而供给额外的国际技术和财政援助的需要。"

2. 1980 年《世界保护战略》

第一次提出可持续发展名词的文件是国际自然及自然资源保护联盟（International Union for Conservation of Natural and Natural Resources，IUCN）出版的《世界保护战略——为可持续发展的生物资源保护》（World Conservation Strategy—Living Resources Conservation for Sustainable Development）。《世界保护战略》认为，通过生物资源的保护来促进可持续发展，必须做到以下三点：①维护基本生态过程和生命维持系统（如土地恢复和保护、营养回收、水资源清理)以及人类生存与发展依靠的系统;②保护基因多样性;③保证生物种类和生态系统的可持续利用,包括水体、野生、森林和放牧系统等。①但此类文件在讨论可持续发展概念时,更多考虑的是生态系统维护的背景,而不是从人类利用环境和自然资源的角度进行阐述。

3.《布伦特兰报告》

1987年世界环境与发展委员会(WCED)出具的报告《我们共同的未来》,也称作《布伦特兰报告》的文件中,对可持续发展的定义得到了国际社会的普遍认可。报告认为,可持续发展模式要求能够满足当代需求,同时不减损将来世代的需求。它是"资源利用、投资方向、技术发展和机构变化与后代满足人类需要和期望潜力相协调的变化过程"。②报告呼吁对政策和法律进行基于可持续发展理念的全面改革,来应对环境退化和经济发展的双重挑战。报告特别指出,大量发展中国家和最不发达国家的人口的基本需求并没有得到充分满足。关于南北差距,报告认为:"贫穷和不公地区容易引发生态和其他灾难。可持续发展要求满足所有人类的基本需求,并且给予他们获得更好生活的机会。"③但是,给予所有人的公平发展机会本身就是一个理想的命题。

《布伦特兰报告》被视作是可持续发展成为一个广泛意义上的政策目标或者至少是期望目标的开始点。但是国际社会对报告的反应并不一致。一些人认为,环境破坏应该也是造成社会和经济不公正的原因之一,报告在考虑其他因素时,模糊了环境保护的核心立场。环境健康应该是公正的社会和经济结构的前提条件。另一部分观点认为,报告将发展、进步和物质财富视为人类社会的主导激励目标,是新自由主义精神④的体现。⑤对报告的另一个争议问题是,发展中国家坚持自主选择经济发展战略和方向的自由,但是可持续发展的概念必然会对这种自由造成限制。对报告的争议声并不妨碍可持续发展理念迅速在国际社会中传播,并成为公认的全球政策目标。在其后一系列的非约束性的法律文件中,可持续发展原则都得到了重视和强调,例如1989年G7巴黎峰会宣言、1989年海牙环境宣言、1990年《可持续发展卑尔根宣言》(Bergen Declaration)等。⑥

---

① IUCN 网站:http://data.iucn.org/dbtw-wpd/edocs/WCS-004.pdf(2010年9月5日访问)。

② WCED, Our Common Future,1987,Chap. 2,Para. 15.

③ WCED, Our Common Future,1987, Chap. 2,Para. 4.

④ 此处是指经济学意义上的新自由主义,是形成于20世纪70年代,在80年代逐渐取得主导地位的一种政治经济哲学。新自由主义反对政府对经济的直接干涉,希望通过鼓励自由市场的手段,减少对商业运行和经济发展的限制,从而实现社会进步和社会正义。

⑤ Christina Voigt. Sustainable Development as a Principle of International Law. Leiden,2009:15-16.

⑥ Christina Voigt. Sustainable Development as a Principle of International Law. Leiden,2009:15-16.

4.1992 年的《里约宣言》和《21 世纪议程》

《里约宣言》重申了 1972 年《斯德哥尔摩宣言》的主要精神,以可持续发展理念为中心对环境与发展关系进行了充分的阐述。包含 27 条原则的宣言中有 11 个条约提到了"可持续发展"原则。①例如,原则 1:"人类处于普受关注的可持续发展问题的中心。他们应享有以与自然相和谐的方式过健康而富有生气成果的生活的权利。"原则 4:"为了实现可持续的发展,环境保护工作应是发展进程的一个整体组成部分,不能脱离这一进程来考虑。"

同期通过的《21 世纪议程》序言中的文字有助于人们理解可持续发展的现实背景:"人类站在历史的关键时刻。我们面对国家之间和各国内部长期存在的悬殊现象,贫困、饥饿、病痛和文盲有增无减,我们福祉所依赖的生态系统持续恶化。然而,把环境和发展问题综合处理并提高对这些问题的注意将会带来满足基本需要、提高所有人的生活水平、改进对生态系统的保护和管理、创造更安全更繁荣的未来的结果。"

虽然可持续发展原则已经获得国际社会充分肯定,但对于该原则的质疑声并未消失。有人认为,该原则试图解决所有问题,等于是什么都没解决。决策者如果使用可持续发展理念,会发现任何行为都可以得到合理解释,甚至会得出相反的结论。不管怎样,可持续发展的理念让环保和发展这对存在对抗冲突的关系获得了一种微妙的平衡,而这种平衡是所有国家都需要的。无论它的内涵存在多大的矛盾,至少它可以让决策者顾及问题的另一方面。从哲学意义上来说,事物本身就是辩证统一的关系。经济发展好了,那么环境保护也会受益;环境维持好了,那么经济也就有了发展的空间。环境与发展本身就是一个辩证的命题。

在 1992 年以后的国际组织活动和国际文件中,可持续发展的字眼出现的频率越来越高。UNEP、世界银行、WTO、全球环境基金、经合组织、北极理事会、世界水论坛、非洲联盟等国际组织都逐步接受了可持续发展的概念,并通过行动在实施该理念上取得了进步。②

5.2002 年《约翰内斯堡可持续发展宣言》

2002 年,联合国在南非的约翰内斯堡召开了可持续发展世界峰会,探讨如何为实现可持续发展采取进一步的行动。会议通过了《约翰内斯堡可持续发展宣言》和《执行计划》,呼吁努力促进可持续发展的三个即各自独立又彼此强化的支柱组成部分——经济发展、社会发展和环境保护融为一体,消除贫穷和改

---

① 分别是《宣言》的第 1、4、5、7、8、9、12、21、22、24、27 条。

② Christina Voigt. Sustainable Development as a Principle of International Law. Leiden,2009:19.

变难以持续的增长和消费模式,以及保护和管理经济、社会发展的自然资源基础。

(二)气候变化国际法的可持续发展原则

1. 气候变化问题与可持续发展的关系

确切地说,可持续发展并不是一个法律概念,它是一个糅合了政治、社会、经济,甚至是道德意义的原则,但对其实施会产生规范性效果。[①] 可持续发展原则试图解决两个方面的问题:一是人类与环境的关系,即环境问题;二是人类自身的关系,即发展问题。这两个问题又可以泛化为代际公平与代内公平的问题。气候变化问题的实质也是解决如何将生态理念融入到人类的生活和生产模式当中,可持续发展原则为回答这个问题指引了方向,而气候变化国际法给可持续发展提供了制度框架和实施工具。

事实上,在可持续发展原则通过《布伦特兰报告》获得国际社会关注的同时,人类排放温室气体导致全球变暖的问题也通过一系列的国际活动受到了决策者们的关注。《布伦特兰报告》也在其第二部分"共同的挑战"中的有关能源的章节中提到了这个问题。但由于早期的气候变化问题主要基于科学领域的探讨,而可持续发展则更多地在社会和人类发展角度切入,两者在早期阶段并无太多交互作用。[②]直到1992年的里约会议通过了《气候变化框架公约》之后,两者在法律层面上才有了实质的联系。而真正的具体实施则体现在1997年《京都议定书》中的清洁发展机制当中。《京都议定书》将可持续发展作为该机制的实施目的,并且要求在发展中国家开展的项目必须满足"可持续发展"的标准,虽然议定书和后续的缔约方会议并没有规定"可持续发展"标准的具体内容。

可持续发展原则在气候变化中的意义,即指通过降低敏感性(通过适应)和/或受影响程度(通过减缓),提高人类的适应能力和减缓能力,降低对气候变化的脆弱性。反过来说,气候变化的负面后果会阻碍国家实现可持续发展的能力。直接通过增加不利的影响,或者间接通过削弱适应能力,气候变化很可能放缓迈向可持续发展的步伐。[③]因此,可持续发展对气候变化是正效果,气候变化对可持续发展却是负效应的关系。人类需要努力的就是如何将正效应扩大,

---

① Duncan French. International Law and Policy of Sustainable Development. Juris Publishing, 2005:35.

② Massimiliano Montini. Sustainable Development within the Climate Change Regime, Hans Christian Bugge & Christina Voigt ed. , Sustainable Development in International Law and National Law. Europa Law Publishing, 2008:530.

③ IPCC2007年第四次报告:综合报告,主题5。

而将负效应抑制。

2001 年《气候变化框架公约》第七次缔约方大会通过的《马拉喀什部长宣言》在序言中强调了可持续发展与气候变化之间的重要联系："……相信解决气候变化的多项挑战将对实现可持续发展作出贡献；确认可持续发展问题世界首脑会议为解决气候变化与可持续发展之间的关系问题提供了一个重要机会……"①而这种关系在 2002 年的约翰内斯堡会议上得到重申：全球气候变化及其所产生的不利影响是人类共同关心的问题。我们仍然深为关切所有国家，特别是发展中国家，其中包括最不发达国家和小岛屿发展中国家，日益面临气候改变的不良影响，……《联合国气候变化框架公约》是关于气候改变这项全球关注问题的关键文书，我们重申我们决心实现该公约的最终目标：将大气温室气体浓度稳定下来，使人类对气候系统进行的干扰不到达危险的程度，必须根据我们不同的责任和各自的能力，在一定的时限内实现这一目标，以便生态系统能够自然地适应气候变化，确保粮食生产不受到威胁、经济发展能够持续进行。②

2.《框架公约》与《京都议定书》的相关规定

在《气候变化框架公约》中共有 6 处提及可持续发展，强调的次数并不算多，但都出现在比较重要的条款内容中。《框架公约》序言在提到发展中国家的特殊需要时要求缔约方："认识到所有国家特别是发展中国家需要得到实现可持续的社会和经济发展所需的资源；……"在第二条"目标"中："……将大气中温室气体的浓度稳定在防止气候系统受到危险的人为干扰的水平上。这一水平应当在足以使生态系统能够自然地适应气候变化、确保粮食生产免受威胁并使经济发展能够可持续地进行的时间范围内实现。"在第三条"原则"中的第 4款："各缔约方有权并且应当促进可持续的发展。……同时考虑到经济发展对于采取措施应付气候变化是至关重要的。"第三条第 5 款："各缔约方应当合作促进有利的和开放的国际经济体系，这种体系将促成所有缔约方特别是发展中国家缔约方的可持续经济增长和发展，从而使他们有能力更好地应付气候变化的问题。……"在《公约》第四条"具体承诺"中，要求所有缔约方"促进可持续地管理，……温室气体的汇和库，包括生物质、森林和海洋以及其他陆地、沿海和海洋生态系统；……"同时要求附件一缔约方"应制定国家政策和采取相应的措施，通过限制其人为的温室气体排放以及保护和增强其温室气体库和汇，减缓气候变化。这些政策和措施将表明，发达国家是在带头依循本公约的目标，改

① FCCC/CP/2001/13/Add.1,1/CP.7.

② 联合国文件 A/CONF.199/20 附件，《可持续发展问题世界首脑会议执行计划》，第 38 自然段。

变人为排放的长期趋势,……并考虑到这些缔约方的起点和做法、经济结构和资源基础方面的差别、维持强有力和可持续经济增长的需要……"

《京都议定书》共有 5 处提到可持续发展原则。在第二条中,要求附件一国家在完成强制减排义务之外,还需要以可持续发展为目的,履行制定和实施国家政策和措施的义务:"附件一所列每一缔约方,在实现第三条所述关于其量化的限制和减少排放的承诺时,为促进可持续发展,应:(a)根据本国情况执行和/或进一步制定政策和措施……(b)……同其他此类缔约方合作,以增强它们依本条通过的政策和措施的个别和合并的有效性。"并在该条第 1 款(a)项中要求:"……促进可持续森林管理的做法、造林和再造林"和"在考虑到气候变化的情况下促进可持续农业方式……"《京都议定书》第十条为所有缔约方设定履行义务时,重新强调了可持续发展的目的:"所有缔约方,考虑到它们的共同但有区别的责任以及它们特殊的国家和区域发展优先顺序、目标和情况,在不对未列入附件一的缔约方引入任何新的承诺,但重申依《公约》第四条第 1 款规定的现有承诺并继续促进履行这些承诺以实现可持续发展的情况下,考虑到《公约》第四条第 3 款、第 5 款和第 7 款,应……"而《议定书》第十二条关于清洁发展机制的条款内容,在提到清洁发展机制的目的时再次提到可持续发展原则:"(清洁发展机制的)目的是协助未列入附件一的缔约方实现可持续发展和有益于《公约》的最终目标……"

2001 年的《马拉喀什部长宣言》对可持续发展的重要性进行了进一步的强调,要求各缔约方"应继续通过各种渠道探索《联合国气候变化框架公约》、《生物多样性公约》和《联合国关于在发生严重干旱和/或荒漠化的国家特别是在非洲防治荒漠化的公约》之间的协同作用,实现可持续发展"[1]。并在关于非附件一国家能力建设框架中,将可持续发展定为框架的宗旨之一:"这个关于发展中国家能力建设的框架,为采取与公约的执行和帮助发展中国家有效参与《京都议定书》进程的准备工作有关的能力建设行动规定范围和确定基础,争取以协调的方式协助发展中国家在实现公约目标的同时,也促进可持续发展。"[2]并要求将脆弱性和适应工作纳入可持续发展评估的国家规划。[3]

3. CDM 项目中的可持续发展标准认定

1997 年的《京都议定书》设置了几种灵活履约机制,清洁发展机制(CDM)是其中最著名的一种。清洁发展机制是为了"协助未列入公约附件一的缔约方

---

① FCCC/CP/2001/13/Add.1,1/CP.7.

② FCCC/CP/2001/13/Add.1,2/CP.7.

③ FCCC/CP/2001/13/Add.1,5/CP.7.

实现可持续发展和为实现公约的最终目标作出贡献，并协助附件一所列缔约方实现《京都议定书》第三条之下限制和减少排放的量化承诺"。CDM 允许发达国家使用自己的资本和技术到发展中国家开展减排项目，从而折抵本国在《议定书》中的承诺减排量。发展中国家则可以获得资金技术、环境效益。由于发展中国家与发达国家之间的经济水平差异，发达国家通过 CDM 获得减排量的成本往往比在本国开展减排政策和措施要低，因此双方通过机制都能获得好处，这是机制成功设计和顺利实施的原因所在。要保证 CDM 机制的设计宗旨，避免发达国家一味追求减排折抵的短期利益行为，必须要求该项目给东道国带来好处，即该项目必须符合可持续发展原则和额外性标准。关于额外性标准，由 CDM 执行理事会确定基准线标准，有统一的标准可以参照。但是关于项目是否符合"可持续发展"要求，无论是《京都议定书》还是后续的会议文件，都未给出明确的标准，只有《马拉喀什协定》作了如下规定："东道缔约方有权确认某一清洁发展机制项目活动是否有助于实现可持续发展①。"也就是说，可持续发展标准由各国政府自主确定和审查。

2004 年，联合国环境规划署（UNEP）出版了《CDM 可持续发展影响》一书，列举了可持续发展的一系列认定标准，帮助东道国筛选合格的 CDM 项目。标准围绕可持续发展的三个传统准则制定。这三个基本准则为：①社会准则。提高生活质量，减少贫困，改善公平。②经济准则。为地方实体提供资金回报，提升收入分配平衡，新技术转移。③环境准则。减少温室气体排放和化石能源使用，养护地方资源，减少对当地环境的压力，提供改善健康和其他环境利益，满足地方可再生能源系列标准和其他环境政策。②在三个基本准则基础上，该书又列出了一系列具体的评估标准：①经济方面。增加就业、减少能源进口的经济成本、对金字塔底层的改善，为地方实体提供资金回报、技术交流、成本效益。②社会方面。提升公平、促进能源获取、性别公平、教育和培训、健康、减少贫困、法律框架、政府、信息分享。③环境方面。温室气体减排、地方环境效益（如空气污染、水、土壤、废物）、使用可耗尽能源、使用可再生能源、生物多样性。③

UNEP 给出的标准给东道国制定国内具体的可持续发展审查标准指明了大致的方向和规范。但是我们也要清楚地看到，由于东道国希望能够引入更多的资金和技术，就会自动降低可持续发展的审查标准，造成发展中国家之间的

---

① FCCC/CP/2001/13/Add. 1,17/CP. 7.

② Anne Olhoff, Anil Markandya, Kirsten Halsnaes, Tim Taylor. CDM Sustainable Development Impacts. UNEP,2004:18.

③ Anne Olhoff, Anil Markandya, Kirsten Halsnaes, Tim Taylor. CDM Sustainable Development Impacts. UNEP,2004:20.

CDM 项目竞争,而竞争的结果就是前面提及的"逐底"(leveling down)后果,最终影响 CDM 项目的效果,违背制度的环境效益宗旨。客观地说,可持续发展原则过于抽象和宽泛,各国的国情、需求标准、政策优先差异又很大,国际社会的确很难就这个问题给予具体的指导和规范。不管怎样,CDM 的确促进了发达国家向发展中国家的资金和技术流动,这是值得肯定的。

第三节　效率价值与成本效益原则

一、效率价值与法律经济学

(一)经济效率与效率价值

效率的概念有很多种解释,不同的学科和角度有不同的名称和特定含义,如工作效率、机械效率、热效率等。效率最直接的定义是单位时间内完成的工作量。经济学认为效率是在其他人利益都不受损的情况下,该经济活动已不能再增加福利,即达到效率最高值。所有概念的核心是一致的,即使用有限的资源达到最高的产出,对资源进行优化配置达到效果的最大化。人类的物质欲望和需求是无限的,而客观资源是有限的,为了用有限的付出得到最大的回报,追求效率就成为人类追求的价值目标。

经济学上的效率是指投入与产出之间的对比关系,这一原则要求以最少的资本、劳动投入生产出尽可能多的产品或服务,以满足人们日益增加、日益变化着的需要。①效率的本质含义即指付出与回报的比例关系,因此它自身只是一个经济学上的概念。但效率价值普遍渗透到了社会的各个层面,如工作、学习、管理、法律、社会制度等,它已经成了一个普遍使用的衡量标准,超脱了经济学上的简单语境。不管其适用到什么领域,效率价值的固有内涵都来自于经济学上的利益最大化,因此可将经济效率与效率理念基本等同。

(二)法律的公平价值与效率价值

法律以追求公平正义为最终目的。但公平并不是唯一的宗旨和目标,效率、秩序等同样是法律的基本价值追求。效率与公平是对立统一的概念,是平行的价值追求。公平需要效率,效率促进公平。例如,民事诉讼法中的诉讼时效制度,即以牺牲部分当事人的诉权为代价,换取整个司法运作机制的效率和资源优化配置。法律通过规范性约束建立秩序,秩序带来可预测的行为结果预期,从而反过来引导人们遵守法律。秩序的建立可以同时促进公平和效率,而

---

① 马书琴.论市场经济条件下新型政企关系.理论探讨 2001(1).

公平和效率的实现能进一步提升秩序的质量和内涵。因此,公平、秩序、效率三者是一个平面上的三种相互区别又相互联系的价值取向,相辅相成,缺一不可。对公平和效率的追求,在不同的法律制度中得到不同程度的体现,从而维持一个利益的平衡。当两者发生冲突的时候,人们往往认为公平价值应该优先实现,这符合人们内心对善良的正义目标。当然,社会和经济的不断发展和变化,也会使得公平和效率博弈的平衡点发生转变,但两者之间的互动和冲突则会一直存在。

(三)法律经济学——对法律制度的效率分析

1. 法律经济学的学科发展

法律经济学(Economics of Law),又称为"法律的经济分析",是已经发展了半个世纪的法学与经济学的交叉学科。20 世纪 50 至 60 年代,是法律经济学的初创时期。1961 年 10 月,美国芝加哥大学法学院的罗纳德·科斯教授在《法和经济学杂志》第三卷上发表了"社会成本问题"一文,标志着法律经济学的正式问世。

20 世纪 70 至 80 年代是法律经济学的蓬勃发展期。著名的法律经济学家理查德·A. 波斯纳 1973 年写作的《法律的经济分析》一书被奉为法律经济学的经典著作。波斯纳将对法律制度的经济分析归结到"效率"主题之上,虽然受到了来自各方面的批评与怀疑,但在批评与反批评过程中,法律经济学家们不断完善和修改着自己的理论,最终使得法律经济学从原来的制度经济学中独立出来,成为一门具有完善理论体系的相对独立的新型学科。

美国总统里根在 1981 年任命了波斯纳、博克和温特三位在法律经济学方面颇有造诣的法学家为美国联邦上诉法院法官;同年还颁布了 12291 号总统令,要求所有新制定政府规章都要符合成本—收益分析的标准。[1]当时的法律经济学已经获得了社会的普遍承认,影响力日渐增强。该时期的法律经济学有三个主要流派,即以波斯纳为代表的芝加哥学派法律经济学、以詹姆斯·布坎南为代表的弗吉尼亚学派宪法经济学以及以约翰·康芒斯、卡尔·卢埃林、罗伯特·海尔、沃伦·萨缪尔斯等人为代表的制度主义法律经济学。[2]

20 世纪 90 年代至今,法律经济学的发展进入了一个相对平稳的时期。没有出现突破性的学术成果,主要是对法和经济学研究的一个系统反思和综合性研究过程,并对研究方法做出了一些改进。

---

[1] http://baike.baidu.com/view/15848.htm(2010 年 8 月 29 日访问)。

[2] 马爱龙.法律经济学综观与述评.经营管理者,2010(9).

2. 法律经济学的效率追求对法制发展的意义

在《法律的经济分析》一书的中文版译者序言里,法律经济学被定义为:"用经济学的方法和理论,而且主要是运用价格理论(或称微观经济学),以及运用福利经济学、公共选择理论及其他有关实证和规范方法考察、研究法律和法律制度的形成、结构、过程、效率及未来发展的学科。它是法律学和经济学科际整合的边缘学科:一方面,它以人类社会的法律现象为研究对象,故成为法律学的一个分支学科或法理学的一大流派;另一方面,由于它以经济理论和方法为其指导思想和研究方法,故又是经济学的分支学科。"①波斯纳认为,一个促成社会幸福的法学理论,应该是以追求"财富最大化"为目标,它应教导人如何透过法律制度的设计,对社会资源做最有效的运用,避免资源的浪费,并产生最大的财富量。②波斯纳把经济学分析方法运用到了众多法律领域当中,有普通法、市场公共管制、企业组织和金融市场、收入和财产分配、法律程序、对抗制和作为资源配置方法的立法程序、宪法和联邦制度等。③

从研究方法来看,法律经济学是以"个人理性"及相应的方法论的个人主义作为其研究方法的基础,以经济学的"效率"作为核心衡量标准,以"成本—收益"及最大化方法作为基本分析工具,对法律问题进行研究。④但由于法律经济学过于追求法律的"效率"或者"效益"结果,也招致了一系列的批评。因为法律的本身是公平和正义的,虽然效率价值可以促进公平,但是如果一切法律制度的设计都以"效益"获得为核心,效率就会喧宾夺主,淡化公平正义的理念。对所有法律制度进行成本—收益分析,把社会制度等同于企业的商业决策判断,看上去并不合适。但是,对法律经济学的学术批评并不会掩盖该学科本身的价值所在。毕竟,如果能够恰当运用经济分析的工具,的确能够使法律制度的实施效果获得改善。

经济学的基础是基于经济人的逐利驱动,现实生活中,不仅人的生产经营活动可以用经济学来解释,社会交往中的行为模式同样可以套用经济学模式,因为人归根到底也是自利动物,无论是物质利益还是精神追求,都是人类所追求的福利和好处。如果法律能够根据人和特定群体的自利特点,设计合理的利益驱动机制,那么需要消耗的社会资源也能得到最优配置,法律制度的实施效果也会得到增强,从而显著提升法律的效率水平。法律的价值是多元的,而公

---

① 理查德·波斯纳. 法律的经济分析. 蒋兆康,林毅夫译. 北京:中国大百科全书出版社,2003:中文版译者序言第 2 页. 转引自杨舒文. 法律经济学述评. 内蒙古农业大学学报(社会科学版),2009(2).
② 林立. 波斯纳与法律经济分析. 上海:上海三联书店,2005:14.
③ 梁媚. 浅析波斯纳的法律经济分析. 法律与经济,2008(8).
④ 马爱龙. 法律经济学综观与述评. 经营管理者,2010(9).

平本身又是多层次、多内涵的抽象概念,在任何一个历史阶段和社会制度当中,绝对的公平都无法达到,需要一个具体的价值标准对法律进行评判。经济学上的效率价值淡化了历史、阶级、政治和伦理的色彩,是一个相对客观的价值尺度,可以成为价值判断的工具和方法,用来衡量公平价值的实现状况。法律经济学对法律制度的效率或效益分析符合人类的根本利益,其作用和意义应当予以肯定。

二、环境法的效率促进——成本效益分析

(一)成本效益分析与风险预防原则

风险预防原则(precautionary principle),又称为谨慎原则。最早在 1987 年国际北海大会上通过的《伦敦宣言》中得到系统阐述。《里约宣言》是明确提出该原则的第一份国际环境文件,其原则第十五条表述如下:"为了保护环境,各国应按照本国的能力,广泛适用预防措施。遇有严重或不可逆转损害的威胁时,不得以缺乏科学充分确实证据为理由,延迟采取符合成本效益的措施防止环境恶化。"《气候变化框架公约》第三条第 3 款规定了相同的内容:"各缔约方应当采取预防措施,预测、防止或尽量减少引起气候变化的原因,并缓解其不利影响。当存在造成严重或不可逆转的损害的威胁时,不应当以科学上没有完全的确定性为理由推迟采取这类措施⋯⋯"

从成本效益角度分析,风险预防的理由是,如果该风险成为现实,可能引发难以想象的后果和巨大的生态危机,事后治理的成本要远远大于提前预防的成本,因此即使在科学证据不够确定的情况下,仍然应该采取预防措施,来避免将来可能发生的灾难或庞大支出。风险预防原则与预防原则(preventive principle)含义不同,前者针对将来可能发生的风险进行预防,后者是对已经确认的必然发生的后果采取措施。风险预防原则要将现实的成本投入到将来不一定会发生的后果当中,如果被证实最后不会发生,就造成资源浪费,违反成本效益的基本精神。所以,风险预防原则更具有争议性,对决策者来说是比较难处理的一类问题。

由于风险预防原则预防的是一种可能性,从成本效益角度考虑,如果对所有的可能性都采取措施的话,会限制当下的资源使用,为了达到一个平衡,防止原则滥用,在适用风险预防之前,必须判断情势已达到一定的阈值,即所谓的门槛。阈值的确定需要考虑多种因素,再进行综合分析和决策:风险程度达到多少比例,科学证据能够证明到什么程度,问题实际发生的灾难性后果有多严重,要付出多大的代价,耗费多少的资源,如果当下采取预防措施,又需要多少成本支出⋯⋯如果风险发生的可能性很大,或者可能发生的后果负担要大大多于现

时治理的费用,那么毫无疑问,阈值较低,应当实施风险预防;如果风险发生的可能性较小,或者事后治理成本不高,阈值就偏高,是否实施风险预防就是一个需要衡量的问题。作为环境法领域的核心原则,风险预防原则的意义显而易见,为了防止资源的浪费和原则的滥用,需要平衡利益,采取适当措施,成本效益原则就成为重要的衡量工具。可见,无论是该原则的正当性依据,还是实施的标准评估,都离不开成本效益的分析。如何遵循该原则,在有限资源前提下达到人类损失最小化、利益最大化,成本效益分析工具发挥着重要作用。

(二)环境立法的成本效益分析——以美国为例

从 20 世纪七八十年代开始,由于美国行政权力扩张和行政规制的泛滥,国会出台的一系列法案的执法成本居高不下,在环境领域表现尤为明显。由于公众环境权益保护意识的提高,自 1969 年美国《国家环境政策法案》出台以来,防止环境污染、控制环境破坏法案纷纷出台,也由此给相关企业和社会带来了附带的成本,限制了经济的发展。在这种情势下,政府开始使用正在发展中的法律经济学理论,要求在立法过程中引入成本效益分析原则。从 20 世纪 70 年代开始,几乎每届美国总统都会出台相关命令,要求行政管理方法的出台需要首先经过成本效益的分析。例如,1981 年里根总统的 12291 号令要求任何重大管理行动都要执行成本—收益分析,以保证政府任何决策措施所产生的收益都要大于它所引起的费用。1993 年克林顿总统以 12866 号及 12875 号令强调规制措施只有通过合理的成本—收益分析后才能被认可。2002 年,小布什总统签发了 13258 号令,要求行政机关继续执行克林顿的 12866 号行政命令。[①]

对环境立法引入成本效益分析固然符合经济效率和资源优化的价值追求,但对其的批评声也不曾间断。对该方式的质疑主要集中在环境效果如何量化的问题上,如清洁的空气、安静的环境等,如何能够转化为可衡量的货币价值与预期成本进行比较。另外,分析过程自身带来的操作成本,以及对将来的预测是否可靠客观,都是反对者批评的依据。当然,任何制度都不是完美的模型,成本效益分析同样也会有其缺陷和不足。"……对环境政策实行损益分析会有很多困难。但在损益分析中能达到的起码目标是提供一份确认的费用和效益种类清单,或许还有定量化的物理估计值。即便我们无法得到费用和效益的完整货币量度,部分货币量度也可能是有用的。"[②]必须承认的是,正是环境规制的成本—收益分析让美国政府认识到,1975—1995 年,美国在控制污染方面的花费超过了 1 万

---

① 周卫. 美国环境规制与成本—收益分析. 西南政法大学学报,2009(1).

② Stefanlundgren. 损益分析与环境政策. 刘贵今,衰小英译. 世界环境,1986(1).

亿美元,如果采用一些替代方案,只要花不足其 1/4 的成本就可取得同样的成效。[①] 成本—收益分析在立法和实施成本控制上的重要意义由此可见一斑。

三、气候变化国际法的成本效益原则

(一)《框架公约》与《京都议定书》中的规定

《框架公约》在序言中提到经济合理原则,要求气候变化应对措施在经济上应该是可行和可以接受的:"认识到应付气候变化的各种行动本身在经济上就是合理的,而且还能有助于解决其他环境问题……"为了实现经济合理的目标,《框架公约》在第三条第 3 款明确要求采取的应对行动尽可能地保持低费用:"各缔约方应当采取预防措施,预测、防止或尽量减少引起气候变化的原因,并缓解其不利影响。……同时考虑到应付气候变化的政策和措施应当讲求成本效益,确保以尽可能最低的费用获得全球效益。……"

《京都议定书》重申了《框架公约》的成本效益原则,在第十条第 1 款中规定缔约方在制定本国气候变化应对方案时给予考虑:"在相关时并在可能范围内,制订符合成本效益的国家的方案以及在适当情况下区域的方案,以改进可反映每一缔约方社会经济状况的地方排放因素、活动数据和/或模式的质量,……"

(二)气候问题的公有悲剧和成本外化

基于公有悲剧理论,任何一个经济人都不会去珍惜和维护一个公共物品,因为公共物品使用没有排他性,任何人都可以使用,个人对其维护不会得到收益,只会产生他人搭便车的结果。每个人都合理判断和决策,其结果就是维护公共物品这种成本和收益明显不对称的行为会消失,而公共物品最终也被利用殆尽。从经济学上成本外化的角度说,作为公共物品,当私人部门向其排放污染物时,所有使用这个公共物品的人都要承担污染的不利后果,但排放者本人却可以享受排污的零成本,从而获得好处。成本外化是私人利益与公有利益的矛盾的另一个根源。

气候变化是一个全球环境问题,同时也是一个范围幅度最为广泛的全球公共物品,因此气候问题也是一个私人利益与公有利益相矛盾的问题。要解决这个矛盾,需要从两方面下手:一方面,将私人利益拉入应对机制,使得个人能够获得好处;另一方面,将公有利益的支出成本降至最低,使得机制的履行变得尽量容易。在这个过程中,政策、法律和制度是中间点,是拉拢两边利益的中心力量。因此,政策法律如何制定就成了制度是否能够成功的关键,而成本效益分

---

① 凯斯·R. 孙斯坦. 自由市场与社会正义. 金朝武等译. 北京:中国政法大学出版社,2002:169-171. 转引自周卫. 美国环境规制与成本—收益分析. 西南政法大学学报,2009(1)。

析成为关键中的关键。运用成本效益分析,使得个人和私人部门能够在付出一定成本后获得满意的收益,同时通过成本效益分析,使得国际机制和各国政府的措施行为在达到环境效果前提下,成本最低。在两方面的利益都得到满足后,制度就能够顺利实施。

(三)对气候变化成本—收益的分析

对气候变化问题进行具体的成本效益分析面临客观的困难,气候变化作为环境问题,其所产生的负面后果很难进行量化和货币化,同时对其进行成本效益分析对决策过程和内容优先安排并无太大助益。在对气候变化的外部成本进行量化时要考虑到以下几个问题:①非市场产品难以定价;②风险并未得到完全确认;③科学依据仍然存在很多不确定性;④参与方的贫富差距很大;⑤虽然试图预测将来可能发生的损失,但是由于种种变量的存在,没有人可以真正客观预测在将来到底会发生什么;⑥关于将来发生的损害,需要付出的成本同样难以确定。要克服上述困难,需要加强以下三方面的工作:①为决策过程提供合理和科学的支持;②为社会提供信息流通和讨论的平台;③为将来的气候变化研究确立优先次序主题,集中优质资源逐个攻破,例如,何时达到全球升温的临界值;那个时候的二氧化碳浓度为多少;产业部门改革的有效安排等。

应对气候变化需要付出的成本主要有:①减缓成本,包括开发和使用新能源,提高旧能源能效,交通模式改善,建筑基建设施的设计与建筑改进,农业生产改进,产品改进,生活方式改变,森林等碳汇的维护,固碳技术的开发等;②适应成本,包括脆弱性国家居民的生态迁移,海岸带基础设施的建设,粮食农业受影响后加剧的饥饿和贫困,人类健康,极端气候灾难(如火灾、洪灾、飓风等)的援助,适应气候变化的农业等生产方式转变,以及与前述所有行动相关的教育、培训和知识宣传费用等;③建立国际机制的成本,包括国际社会的谈判、博弈、缔约、实施、国际组织和机构的设立;④国内实施的行政和管理成本,包括制订本国应对方案,调查和监测相关数据,履行国际义务,采取一系列的政策和措施减少排放,适应气候变化等的必要支出;⑤产业界的成本,包括新能源的研发和转换,原来能源的效率提高,减少排放,参与排放交易,改变旧生产模式等;⑥个人的成本,包括为购买环保产品付出的额外成本,改变生活方式,从事低碳行为的额外费用支出等。

应对气候变化的效益有:①气候变化减缓,减少了极端气候和海平面上升的风险,从而避免了相应的巨大支出;②国际义务得到履行,获得国际社会的良好声望和一定话语权;③发展中国家获得发达国家的资金和技术支持,促进本国的可持续发展;④改变当代人的经济发展模式,后代人的环境利益得到维护,实现代际公平;⑤部分国家可通过出售"热气",获得额外经济收入;⑥所有国家借气候变化问题,提升了环境友好技术的研发水平,使全社会收益。

从上述分析可以明显看到,应对气候变化的成本是多种多样且十分具体的,而且会实质性地影响整个社会的方方面面,包括国家、企业、个人,费用支出不可谓不巨大。相反地,应对气候变化所获得的收益抽象而宽泛,实质的物质利益只占很小比例。在这种巨大差异下,如何将这对成本—收益的关系大致拉拢到一个层面上对话,对决策者的智慧和创造力提出了挑战。

(四)国际气候法制中的成本效益体现

1.命令——控制手段与经济手段

要实现《框架公约》与《京都议定书》中关于成本效益原则的要求,就需要在气候变化国际机制中引入经济手段。所谓经济手段,是指影响生产者和消费者行为的刺激和劝阻方式,如税、费、补贴、贷款、生态标志等。经济手段利用自行运作的市场机制,让利益相关者根据市场指标作出决策,降低整个政策实施的成本,获得最大效益。因此通过经济手段的引入,可以使得资源利用效率大大提高,达到成本效益的最大化。事实上,在《里约宣言》原则第十六条中也隐晦鼓励了经济手段的运用:"考虑到污染者原则上应承担污染费用的观点,国家当局应该努力促使内部负担环境费用,⋯⋯"

与经济手段相反的是所谓的规制手段,也称为"命令—控制手段"(command and control approach)。命令—控制手段是权力部门,如立法和行政机构发挥作用的传统方式,也是绝大多数法律规范的固有内容。这种方式以强制力为保障,以规范性文件为依据,要求行为人从事某种行为或者限制或禁止行为人从事某种行为。如果行为人违反规范,则承担相应的负面后果。命令—控制手段的优点是见效迅速、立竿见影,缺点是立法和执法的信息成本和行政成本较高。在保护环境的法律文件中,命令—控制手段可以分为三大类:①标准制定,如质量标准、排放标准、工艺标准和产品标准;②行为的禁止与限制,对一系列行为开列清单,使行为人明了禁止和限制的范围,如倾废、危险物质控制等;③环境影响研究和评价,并将评价结果与是否获得行政审批建立逻辑联系。[①]可以适用气候变化问题的手段有:以技术为基础的产品质量和生产工艺标准、能效标准、以行为基础的排放限制等。

命令—控制手段是一种有效的国内政策和法律实施方式,但是对于气候变化国际法来说并不是一个合适的管制方法,原因是很多国家没有足够的资本和时间来建立完善的应对体系,即使能够进行立法建设,各成员国也不情愿承担由国内政策措施而产生的庞大的行政管理费用。在这种情况下,经济手段就得

---

① 亚历山大·基斯.国际环境法.张若思编译.北京:法律出版社,2000:117-122.

到了极大的推崇,反应到气候变化问题上,就出现了与命令—控制手段相对应的"限额交易方式"(cap and trade approach)。

2. 限额交易模式——排放交易机制

限额交易模式并不是一个新的经济政策手段,美国通过《1990年清洁空气法案》设立的二氧化硫市场交易体制的成功,充分证明了以市场为基础的机制在达到环境目标的同时,也可以做到成本效益最大化。[①]限额交易制度首先为所有国家在一定时期内的排放确立一个总的排放额,即所谓的"限额",然后给各个国家各自分配一定的排放数量,即排放权。排放权可在国际社会进行买卖。各国在对本国减排的成本和国际上排放权的价格进行比较后作出决策。如果本国减排成本低,就自主减排,因为成本低,就可能会有多余的排放权剩余,在国际社会上出售获得收益。对于那些本国减排成本较高的国家,可以通过在国际市场上用较低的价格购买排放权,完成国际义务。由于交易机制首先保证了减排额度的实现,同时又使各国的减排成本降至最低,因此充分满足成本效益的最优化。而且在整个交易过程中,信息完全通过市场交流运行,政府和国际机构无需过多参与,节省了大量的行政管理成本,这又进一步满足了成本效益原则的要求。

除了满足最低成本履行国际义务的优点之外,由于排放交易为碳确立了市场价格,还可以使低碳技术的研发和流转获得资金支持,同时鼓励了低碳产品在市场上的流通,如节能灯泡、混合动力汽车等环保产品。《京都议定书》第十七条确立了排放交易体制,并通过2001年的《马拉喀什协定》确立了排放交易的具体规则和指南(具体内容请详见本书第三章)。气候变化国际机制引入排放交易机制是非常合理的安排,这种制度在一定时期内将长期存在。

3. 共同履行减排义务方式——联合履行和CDM机制

气候变化国际法的特点之一是参与方众多,有190多个缔约国,而且国家与国家之间,在大小、贫富、人口、经济实力等方面差异很大。气候变化的减缓活动需要各国政府的统筹规划以及大量资金和技术的投入,但并不是每个国家都能做到,即使能够做到,由于国情的原因,每个国家所支出的成本也是有很大差别的。在这种差异性明显的基础上,如何实现国际义务履约的成本效益呢?这个问题的答案就是共同履行义务模式。既然各国履行减排义务的成本高低不一,那么就引入一个机制,各国能够利用这个成本差异梯度,使得总体减排成本达到最低。当然,要用经济手段降低总体履约成本,市场交易机制的引入是

---

① Brian C. Murray, Heather Hosterman, Climate change, Cap-and-Trade and The Outlook for U. S. Policy, North Carolina Journal of International Law and Commercial Regulation. Vol. 34,2008;710.

前提和基础。在碳排放获得市场价格并且可以在市场进行交易之后，后面的问题就是谁和谁交易的问题了。

　　由于《框架公约》将所有缔约方分为两大类国家，附件一的发达国家承担强制减排义务，非附件一的发展中国家自愿减排，因此《京都议定书》就两类群体设计了两种履行和交易的模式。一种为联合履行模式，即在附件一国家之间可以进行碳排放的交易，如果一国认为本国减排成本已经高于碳市场上的价格，就可以用资金购买的方式获得减排额度；从而降低本国履约成本。另一种是清洁发展机制模式（CDM），由于发展中国家经济落后，经济发展起点低，人口多，因此在这些国家进行减排活动成本较低。发达国家可以选择到发展中国家投资减排项目，从而获得碳排放额度；换个角度说，用发展中国家的减排成本完成了发达国家的减排义务。当然，欧盟泡[①]的集体履行也有效降低欧盟成员国完成减排义务的总体成本，该机制的机理与前面两种本质上相同。

　　通过联合履行和清洁发展机制等共同履行方式，《京都议定书》完成了对气候变化国际机制的成本效益最大化，充分实现了经济效率原则。不仅使得各缔约方愿意积极履行议定书的强制减排义务，同时也保证了减排效果的完整性。这也是京都灵活履约机制对气候变化国际法的贡献所在。

本章小结

　　任何法律制度必定蕴含特定的价值取向，离不开公平、效率、效益等基本价值追求，气候变化国际法也不例外。气候变化国际法的最根本目标是为了减缓气候变化，从这个意义上说，根本宗旨是为了代际公平，即后代人的公平。但是公平是一个相对的概念，所有人都同意应该给后代适宜生存的环境，但是当代人之间的关系又如何协调，这就是气候变化国际法最难处理的问题——代内公平如何实现，责任如何承担？共同但有区别责任原则是这个问题的答案，并且也在现有的制度中得到了体现和遵行。但是在后京都制度的谈判过程中，一种非常危险的苗头出现了——发达国家出于自身利益的考虑，开始试图歪曲或否定该原则的适用。这种做法会轻易打破发达国家与发展中国家的利益平衡格局，使得谈判很容易陷入僵局。同公平价值相比，气候变化国际法的环境效益价值和效率价值，在制度建设上并没有太多的障碍。值得称道的是，利用成本效益手段降低履约成本，提高履约积极性，在气候变化国际法中得到了充分体现和实施，特别是在履约和遵约问题上，成本效益方式意义重大。

---

　　① 　关于欧盟泡，本书在第三章介绍。

第四章　气候变化国际法主要问题述评

气候变化国际法在机制建设方面进行了很多的开创性创造,灵活履约机制就是其中最有特色的一套机制。成员国履约的内容则集中于减缓、适应、技术和资金这四个支柱问题。气候变化国际法的最终效果取决于各成员国的履约表现,因此制度中的遵约机制十分重要。本章将对灵活履约机制、四大支柱问题以及遵约机制作一综合述评。

第一节　灵活履约机制述评

《框架公约》第三条第 3 款规定:"……考虑到应付气候变化的政策和措施应当讲求成本效益,确保尽可能以最低的费用获得全球效益……"《京都议定书》引入市场机制,给缔约方以灵活弹性的途径和方法进行履约,正是为了满足《框架公约》的这个要求。在《京都议定书》框架下,共有四项灵活履约机制,分别是清洁发展机制(clean development mechanism,CDM)、联合履行机制(joint implementation,JI)、排放交易机制(emission trading schemes,ETS)和集体履约机制(EU Bubble)。

一、清洁发展机制

(一)设立宗旨和额外性要求

清洁发展机制是《京都议定书》创设的最有开创性的灵活履约机制。《京都议定书》第十二条确立了清洁发展机制的基本框架,该机制的设立目的是"协助未列入附件一的缔约方实现可持续发展和有益于《公约》的最终目标,并协助附件一所列缔约方实现遵守第三条规定的其量化的限制和减少排放的承诺"。该机制允许发达国家的企业或相关机构在发展中国家有效减少温室气体排放量的项目进行投资,就该减少数额获得"碳信用",该信用最后用来折抵该国在《京都议定书》中的承诺减排数量。同时"碳信用"也可以用来在碳市场进行交易。CDM 项目应提供"与减缓气候变化相关的实际的、可测量的和长期的效益",并且要求"减少排放对于在没有进行经证明的项目活动的情况下产生的任何减少排放而言是额外的"。[①]

CDM 机制的建立被认为是京都的惊喜,创意最初来自于巴西建立"清洁发展基金"的建议,即以对未履行减排义务国家征收的税罚为资金来源成立基金,来资助发展中国家的适应和减缓项目。这个建议受到较大的争议后被放弃,但 CDM 的想法由此确立——附件一国家可以通过在非附件一国家的项目投资来承担义务。CDM 项目需要同时满足可持续发展和额外性两个要求。[②]

设置 CDM 机制的主要目的在于吸引附件一国家积极履行他们的减排义务,如果在其国内减排成本过高,他们可以选择在发展中国家投资项目,从而获得碳信用,以较低的成本完成《京都议定书》的义务,从而提高《京都议定书》的遵约效果。其次,有更多的发达国家企业或机构愿意对发展中国家的清洁项目进行投资,对东道国的可持续发展十分有益。但是,要成功实现降低履约成本和促进可持续发展这两个目的,该项目必须满足额外性要求。也就是说,如果没有碳信用制度的推动,该项目不会启动。如果东道国本来就计划要开展这个项目,没有外国投资也会进行的话,这种情况就不能算是"额外性"的项目。而外国投资者如果在东道国确定进行的项目里获得了"碳信用",就会造成本来可以减少的温室气体排放没有被控制;换个角度说,这个项目反而增加了全球温室气体的排放,最终损害的是碳市场交易的整体环境改善效果,也就是所谓的环境整体性(environmental integrity)。

(二)机构设置和运作流程[③]

1. 执行理事会(EB)

《京都议定书》第十二条规定:"清洁发展机制应置于由作为本议定书缔约方会议的《公约》缔约方会议的权力和指导之下,并由清洁发展机制的执行理事会监督。"这是建立监督 CDM 的执行理事会(executive board,EB)的法律依据。但是 EB 建立的细节问题,直到 2001 年通过《波恩协定》才得到确认。《波恩协定》规定,EB 由来自《京都议定书》缔约方的十位成员组成。构成如下:联合国五个区域集团各出一名(亚洲、非洲、拉丁美洲和加勒比海地区、中东欧、OECD 国);附件一缔约方另出两名;非附件一缔约方另出两名;代表小岛屿发展中

---

① 《京都议定书》第十二条第 2 款和第 5 款。

② Heike Schroeder. The History of International Climate Change Politics:Three Decades of Progress,Process and Procrastination. Maxwell T. Boykoff ed.. The politics of Climate Change-A Survey. Routledge Press,2010:33.

③ 《〈气候变化框架公约〉第 11 次缔约方会议暨〈京都议定书〉第 1 次缔约方会议的会议报告》,FC-CC/KP/CMP/2005/8/Add. 1.

家出一名。

理事会承担以下职责:向《框架公约》和《京都议定书》缔约方大会提出关于 CDM 进一步的模式和程序的建议;批准与基准、监测计划和项目界限有关的新方法;审评有关小规模项目活动的简化模式和程序的规定;负责经营实体资格认证;发展和维护 CDM 登记册、数据库等。理事会的决议应尽可能地通过协商一致作出,并作为最后手段由 3/4 多数的委员出席并参与会议表决决定。

2. 指定经营实体(DOEs)

指定经营实体(designated dperational entities,DOEs)是指缔约国国内或者某国际机构,经过 EB 认可后的第三方认证机构,在授权许可的范围内对 CDM 项目进行审定和核查。① DOEs 的主要工作内容包括:①审定提议的清洁发展机制项目活动。②核查和核证温室气体人为源排放量的减少。③在特定的清洁发展机制项目活动方面履行下列一种职能:审定或核查和核证。经执行理事会允许,也可在一个项目活动中履行所有这些职能。④按照执行理事会的要求,公开从清洁发展机制项目参与方获得的信息。DOEs 的工作依据和标准来自 EB 的政策规定,包括:《审定和核准指南(VVM)》,《CDM 鉴定标准》(*accreditation standard*),《违反义务》(*non-compliance*)等。

3. 项目运作流程

需要强调的是,CDM 项目的开展基于自愿原则。根据 2001 年《马拉喀什协定》,一个典型的 CDM 项目从开始准备到实施直到最终产生有效减排量,需要经历项目识别、项目设计、参与国批准、项目审定、项目注册、项目实施、监测报告、减排量的核查与核证、核证减排额度(CERs)②签发等主要步骤。按照流程先后对主要环节介绍如下:

①参与国批准。投资者向将在其境内实施项目的国家主管机构(designated national authority,DNA)递交批准申请。DNA 负责判断报批的项目是否符合可持续发展要求,决定是否批准所报批的项目。②审定(validation)。是指由指定经营实体对照规定和清洁发展机制要求,对某个项目活动进行独立评估的过程。③登记(registration)。是指执行理事会正式认可一个经审定的项目,将其视为一项清洁发展机制项目活动。登记是与这一项目活动相关的 CER 的核查、核证及发放的先决条件。④项目实施和监测(monitoring)。此部分由业主

---

① 根据目前官方公布的名单,全世界共有 32 个 DOEs。我国有两个,分别是中国质量认证中心(CQC)和中国环境联合认证中心(CEC)。

② 核证减排额度是经 CDM 的 DOE(指定运作实体)审核签发产生的减排量信用。一个 CER 等于 1 吨等价的二氧化碳减排量。

负责。⑤核查(verification)。是指由指定经营实体定期独立审评和事后确定,核查期内因登记的清洁发展机制项目活动而已监测到温室气体人为源排放量的减少。⑥核证(certification)。是指由指定经营实体提出的书面保证,证明已核实某项目活动在一个具体时期内实现了所核查的温室气体人为源排放量的减少。指定经营实体应根据核查报告作出书面核证,证明已核实该项目活动在该具体时期内实现了所核查数量的温室气体人为源排放量的减少,如果不实施项目活动,这些减少本不会实现。指定经营实体在完成核证程序之后应立即将其核证决定书面通知项目参与方、所涉缔约方和执行理事会,并公布核证报告。⑦签发(issuance)。在收到发放申请15天之后,发放即应视为最后决定,由执行理事会授权开展工作的清洁发展机制登记册管理人,在收到执行理事会关于为清洁发展机制某项目活动发放 CER 的指示之后,立即向执行理事会在清洁发展机制登记册中的暂存账户发放指定数量的 CER。

(三)CDM 机制的问题及完善

1.CDM 实施中出现的问题

无论从应对气候变化问题角度,还是从可持续发展角度来分析,CDM 都是一个值得肯定和鼓励的履约机制。CDM 对发展中国家发展低碳经济有着直接的促进作用,是鼓励发展中国家减排的有效机制。同时,它是符合成本效益原则的市场机制,可以吸引负有减排义务的国家积极履约。但是对 CDM 的批评一直是存在的,对其的质疑主要集中在以下几方面:

(1)使用 CDM 的交易成本过大,反而超过了它所带来的利益。该机制的实施需要有大量的成本用于识别和鉴定合作方和项目,验证、计算、登记等程序规则复杂,花费甚多。按照相关统计数据,一个普通规模的 CDM 项目的交易成本如下:项目设计25万欧元、审定1.5万欧元、验证1万欧元。如果将这些费用折合成二氧化碳的年减排量,大概可以达到3700吨的二氧化碳减排。[①]批评者认为,如果这些花费直接用于碳减排,环境反而受益更多。[②]

(2)环境完整性不足。世界自然基金(WWF)认为,已经实施的 CDM 项目对环境的影响极小。在研究了800个相关项目之后,他们得出的结论是在 CDM 机制下出售的碳减排信用,有1/5缺乏环境整体性,相当于每年3400万吨二氧化碳的排放量并没有得到有效削减。更让人惊诧的数据是,有40%的项

---

① 唐伟珉. CDM 项目的审定. http://cdm. ccchina. gov. cn/WebSite/CDM/UpFile/File1109. pdf (2010 年 8 月 14 日访问)。

② Dianne Rahm. Climate Change Policy in the United States,McFarland & Company,Inc.. Publishers,2009:84.

目并没有产生额外的温室气体减排。也就是说,如果没有碳交易,这些项目也会实施。已经实施的减排项目并没有被正确评估,WWF 建议使用黄金标准体系(请见后文)进行验证。[①]

(3)"先摘低位置的果子"现象和分布不均衡问题。根据《框架公约》官方公布的统计数据(参见表 3-1 和表 3-2),可以看到注册 CDM 项目的分布相当不平衡。从地区来看,亚太地区占据了注册项目近 4/5,拉丁美洲近 1/5,其他地区的数量几乎可忽略不计。从国别来看,中国一个国家就超过了总数量的 40%,签发的 CERs 更是占去近半壁江山;印度的项目数量和签发减排量都占据 1/5 左右;巴西、墨西哥、韩国等数量跟前两位国家差距都很大。造成这种现象的原因很简单——投资者在发展较快的大发展中国家(如中国、印度、巴西、墨西哥等)的项目收益较多。作为投资人,发达国家的企业或机构都会先选择项目成本小、风险低、操作难度低、成果收益大的地区和国家,即所谓的"先摘低位置的果子"(picking low hanging fruits)规律。亚太和拉丁美洲的发展中国家,人口多,经济发展快,基础设施和经济水平相对较低,在这些国家从事减排项目,从成本效益分析,获利最大,自然成为附件一国家获取 CERs 的首选地区。而非洲这些更需要发达国家资金援助的地区,则受到冷落。

表 3-1　CDM 注册项目地区分布[②](截至 2011 年 2 月 16 日)

地区	注册项目数	占项目总数比例/%
亚洲太平洋地区	2251	79.65
拉丁美洲和加勒比海地区	506	17.91
非洲	56	1.98
东欧地区	13	0.46
总计	2826	100

---

① Lambert Schneider. Is the CDM fulfilling its environmental and sustainable development objectives? -An evaluation of the CDM and options for improvement, Nov. 2007, http://www. oeko. de/oekodoc/622/2007-162-en. pdf(2010 年 8 月 14 日访问)。

② 根据《联合国气候变化框架公约》官方网站统计数据整理,http://cdm. unfccc. int/Statistics/index. html(2011 年 2 月 16 日访问)。

表 3-2 CDM 注册项目国别分布[①]（截至 2011 年 2 月 16 日）

国家或地区	注册项目数量	占注册项目总量比例/%	签发的CERs数量	占CERs总量比例/%
中国	1213	42.92	300731372	54.84
印度	620	21.94	88362165	16.11
巴西	186	6.58	50497495	9.21
墨西哥	125	4.42	7570993	1.38
韩国	52	1.84	65482526	11.94
其他国家合计	630	22.3	35741182	6.52
总计	2826	100	548385733	100

CDM 项目在项目类别上和投资部门上也存在不均衡的现象。由于氧化亚氮和 HFC23 等气体项目可以获得大量碳信用[②]，导致此类项目占所有项目比例不到 2%，却获得超过 74% 的碳信用签发，这是另外一个"摘低果子"规律的表现。HFC23 项目技术较为简单，对可持续发展的贡献并不大。CDM 可持续发展项目更重视提高旧能源使用效率以及燃料转换等项目，而现状是超过半数的CDM 都针对新能源技术的引进，与温室气体减排并无直接关系，[③]那些具有很大减排潜力的领域，如交通运输、建筑节能类项目，目前也没有得到充分开发。各个方面的不均衡问题需要 EB 尽快采取有效措施进行改进。

（4）机构的工作效率问题。近年来，各界要求对 CDM 机制进行改革的呼声越来越高。一方面 DOEs 的表现遭到一系列批评，认为他们的批准程序缓慢繁琐，项目登记和减排额发放程序存在官僚作风[④]；另一方面，EB 的工作被认为缺乏效率，EB 对 DOEs 的指导存在透明度不高的问题。WWF 2010 年 6 月发布的最新研究报告指出，在过去 12 个月中，EB 对 DOEs 项目审核结果提出修改要求的比例上升，从上年的 51% 上升到 2010 年的 57%。报告撰写者 Lambert Schneider 认为，DOE 表现不如前的一大原因是，在实施了审定和核查新规则

---

① 根据《联合国气候变化框架公约》官方网站统计数据整理：http://cdm.unfccc.int/Statistics/index.html(2011 年 2 月 16 日访问)。

② HFC23 的温室效应是二氧化碳的 14000 倍，换算的二氧化碳当量相当高，因此对该气体的小剂量捕获就能获得大量的碳信用。

③ Graham Erion. Carbon Trading 101：An Introduction to Kyoto's Flexibility Mechanisms，Velma I. Grover ed.，Global Warming and Climate Change-Ten years after Kyoto and Still Counting. Science Publishers，Vol.1，2008：229.

④ Maxwell T. Boykoff ed.．The politics of Climate Change-A Survey. Routledge Press，2010：35.

后，CDM 执行理事会增加了对项目评估的检查。改进 DOE 表现的关键，是 EB 应该做出更多的信息公开，增加透明度，告诉 DOE 如何更好合规。①

（5）可持续发展标准界定不够清楚。由于 CDM 项目的可持续发展的检测标准主要由发展中国家来界定。因此为了吸引投资，东道国可能会降低对可持续发展要求的标准，导致发展中国家之间的竞争关系，最后导致标准一降再降，从而出现很多不符合标准的项目，即所谓的"逐底"（race to the bottom）后果，引致很多批评。

2."黄金标准"（gold standard）验证方法

黄金标准由世界自然基金会、南南—南北合作组织（South-South North Initiative）和国际太阳组织（Helio International）发起，经过与政府部门、环境机构、私人企业（包括投资者、项目发展商）和认证机构等相关利益者的长期协商，于 2003 年正式形成。黄金标准得到了可再生能源和能源效率伙伴关系（REEEP）等 40 多个国际和地方环境发展 NGO 的共同支持，目的是在长期真实减排和可持续发展的精神下实施《京都议定书》。②

黄金标准是针对清洁发展机制和联合履约机制温室气体减排项目开发的独立而实用的基准方法。它为项目开发商提供了一套判断标准，确保项目能够产生有利于可持续发展的、真实可靠的环境效益，包括改变能源使用方式、保证环境完整性、可持续发展以及地区的公众参与等。黄金标准的筛选内容包括：①项目类型筛选。包括可再生能源和终端能效改善两种类型的筛选标准。②额外性和基准线（baseline）筛选。保证项目具有额外特点，确保真正而优质的减排信用额获取。③可持续发展筛选。通过三个关联程序评估项目对可持续发展的贡献，即环境影响评价程序、利益相关方和公众意见征询以及建立在实测指标上的定性的可持续发展矩阵。③

3.CDM 的完善及发展趋势

无论 CDM 招致什么批评，不可否认的是该制度对《京都议定书》义务履行的重要意义。CDM 机制已经使得 1000 亿美元的资金从发达国家流向了发展

---

① 陆振华：《WWF 报告：57％的 DOE 审核被要求重修》，http://finance. ifeng. com/roll/20100706/2377486. shtml(2010 年 8 月 14 日访问)。

② WWF 中国官方网站：http://www. wwfchina. org/aboutwwf/whatwedo/climate/goldens. shtm(2010 年 8 月 14 日访问)。

③ WWF 制作的《黄金标准》宣传册：http://www. wwfchina. org/wwfpress/publication/climate/GS_flier. pdf(2010 年 8 月 14 日访问)。

中国家。[①]预测到 2012 年 CDM 可以达到减排 20 亿吨二氧化碳的效果，相当于全球年排放量的 6％。[②] CDM 仍然会是后京都机制的重要制度，关键的问题是如何完善和改进制度的运作，使其发挥更大的作用。一方面，使用"黄金标准"体系来检验 CDM 项目的额外性、环境完整性和可持续发展性，提高项目的内在质量；另一方面，加强 CDM 机构改革，摆脱行政色彩浓厚的管理体制，提高 EB 和 DOEs 的工作效率。EB 还需要注意 CDM 项目的地理分配和产业分配均衡，照顾非洲、东欧等受冷落地区的需要，引导投资者进行多元化投资。

对于 2012 年后的 CDM 完善，目前国际上有以下三种建议方案：①项目型 CDM，投资方（公共或私人组织）能够通过一系列在空间、时间、受益者分配均衡的小规模项目上进行投资，才能获得减排额度；②政策性 CDM，一国政府如果能够实施额外性政策和措施，从而获得减排额度；③产业部门 CDM，商业或政府机构通过降低某特定部门减排水平的投资行为来获得减排额度。另外，也有学者提出"技术 CDM"的建议，认为前三种方案只注重于投资资金的流动，就技术方面来说，很多先进的减排技术通过知识产权制度被发达国家"锁定"（lock-in），对发展中国家来说可望而不可及，这不利于全球气候变化问题的处理和环境改善，因此有必要通过建立 CDM 的技术转移制度，鼓励发达国家主动输出技术，给予其 CERs 的回报。[③]

针对 CDM 项目分布国别和地区不均衡的现状，除了以上这些建议之外，作者认为还可以采用系数区分原则——在签发 CERs 时，对于特定落后地区的项目，如非洲、东欧等地，可将签发系数定为 1 以上，如 1.1 或更高，在获得政策减排额之外，投资者还可额外获得 10％以上的减排数额，而对热门地区的项目，如亚太、拉丁美洲地区，仍采用原来的依据 1∶1 进行核发。这样做的目的是吸引投资机构将眼光投向之前不受重视的国家和地区，逐步拉近这些地区与热门地区的差距。

二、联合履行机制

（一）法律依据

所谓"联合履行"，是指附件一国家之间在"监督委员会"（JI Supervisory

①　Achim Steiner, Forward, Velma I. ed.. Global Warming and Climate Change-Ten years after Kyoto and Still Counting. Science Publishers, Vol. 1, 2008.

②　Robert Henson. The Rough Guide to Climate Change. Rough Guides Ltd., 2008: 292.

③　Fei Teng, Wenying Chen, and Jiankun He. Possible development of a technology clean development mechanism in the post-2012 regime, Joseph E. Aldy and Robert N. Stavins, Post-Kyoto International Climate Policy. Cambridge Press, 2009: 108.

Committee，JISC）监督下，转让或购买"排放减量单位"（emission reduction unit，ERU），共同完成法律义务。发达国家之间通过基于项目的合作，其所实现的温室气体减排抵消额，可以转让给另一发达国家缔约方，但同时必须在转让方的允许排放限额上扣减相应的额度。联合履行机制是灵活履行机制中历史最为悠久的制度，但因为缺少 CDM 的广泛投资者基础，又没有类似排放交易引发的政治争议，其所受关注度是三者中最弱的，甚至称为"被遗忘的机制"。[①]

联合履行的法律发展经历了《框架公约》、《议定书》和《指南》三部曲才得到最终确立。关于联合履行的规定最早来自于 1992 年的《框架公约》第四条，该条第 2 款 a 项规定："……考虑到这些缔约方的起点和做法、经济结构和资源基础方面的差别、维持强有力和可持续经济增长的需要、可以采用的技术以及其他个别情况，又考虑到每一个此类缔约方都有必要对为了实现该目标而作的全球努力作出公平和适当的贡献。这些缔约方可以同其他缔约方共同执行这些政策和措施，也可以协助其他缔约方为实现本公约的目标特别是本项的目标作出贡献；……"

《京都议定书》第六条对联合履行做了进一步的确认和要求："……附件一所列任一缔约方可以向任何其他此类缔约方转让或从它们获得由任何经济部门旨在减少温室气体的各种源的人为排放或增强各种汇的人为清除的项目所产生的减少排放单位，……"但是要求这种转让和获得需要满足以下条件："（a）任何此类项目须经有关缔约方批准；（b）任何此类项目须能减少源的排放，或增强汇的清除，这一减少或增强对任何以其他方式发生的减少或增强是额外的；（c）缔约方如果不遵守其依第五条和第七条[②]规定的义务，则不可以获得任何减少排放单位；（d）减少排放单位的获得应是对为履行依第三条规定的承诺[③]而采取的本国行动的补充。……"

联合履行的详细规定来自于《框架公约》在马拉喀什举行的第七次缔约方大会上通过的《马拉喀什协定》中第 9/CMP.1 号决定——《执行〈京都议定书〉第六条的指南》，该指南就联合履行的项目开发、机构设置、ERU 的产生及签发等重要问题作出了具体规定。

---

① Graham Erion. Carbon Trading 101：An Introduction to Kyoto's Flexibility Mechanisms，Velma I. Grover ed.，Global Warming and Climate Change-Ten years after Kyoto and Still Counting. Science Publishers，Vol. 1，2008：230.

② 《京都议定书》第五条要求缔约国清查碳源和碳汇，建立国家监测体系；第七条为编制国家信息通报并报告的要求。

③ 《京都议定书》第三条确立附件一国家的有法律约束力的减排量化目标。

(二)项目开展和机构设置①

1.参加项目的资格和条件

附件一国家要参加联合履行项目活动,必须满足如下要求:①《京都议定书》的缔约方;②计算和登记了允许排放配量额(assigned amount unit, AAU);②③建立了计算其温室气体人为排放量和汇吸收量的国家系统;④建立了国家登记簿,记录其分配数量;⑤提交了准确的碳排放和碳源的清查报告;⑥提交了关于分配数量的补充资料并对分配数量作了相应的增减。附件一国家可以批准其国内的法律实体(legal entity)参加联合履行项目,但只有在该国具有参加联合履行项目资格的情况下,这些法律实体才可以转让或者获得ERUs。

2.参与的机构

与联合履行项目活动有关的机构包括各国的批准机构、监督委员会、独立实体(independent entity)以及项目参与者。监督委员会由 10 个成员组成。由正在向市场经济过渡的附件一国家的三名委员、不属于经济转型的附件一国家的三名委员、非附件一所列缔约方的三名委员以及小岛屿发展中国家的一名委员组成。监督委员会行使以下职能:①任命独立实体;②审评独立实体的任命标准和程序;③审评和修订关于项目基准线以及监测的指南和标准。独立实体由监督委员任命,其主要职能是评估一个联合履行项目及其产生的减排量是否满足如下要求:①项目是否获得所涉缔约方的批准;②是否将实现额外的人为源排放量减少或人为汇清除量增加;③具有符合规定标准的适当基准和监测计划;④项目是否进行了环境影响评价等。只有满足这些条件,一个联合履行项目才能产生 ERUs。

3.项目运作流程

一个完整的联合履行项目的流程包含以下几个主要环节:①合作各方就项目的安排达成一致,完成项目设计文件;②各有关缔约方批准项目;③独立实体审查项目设计文件是否合格;④项目参与者对项目的实施进行监测,并将结果报告独立实体或者东道国;⑤独立实体或者东道国审查该项目是否产生了额外

---

① Dec. 9/CMP. 1,Guidelines for the implementation of Article 6 of the Kyoto Protocol,FCCC/KP/CMP/2005/8/Add. 2.

② 即附件一国家在《京都议定书》中承诺的减排限额。

的减排量或者汇吸收量;⑥签发项目产生的 ERUs,并发送到相应的账户。①

4. 实践中的项目地区分布

联合履行机制在 2008 年以后开始正式实施。在实践中,往往是经合组织(OECD)国家向中东欧的经济转型国家投资,由于经济发展相对落后,在后者开展的项目成本较小,获利(即 ERUs)较高;另一个重要原因是,由于 1990 年前后的经济衰退原因,那些苏联国家手里拥有大量的"热气",他们不需要在本国投资减排项目就可以完成《京都议定书》的减排义务,而热气的出售可以给他们带来额外收入。从国别分布来看,东道国在中东欧国家的分布是相对均衡的,而在投资国阵营中,荷兰、丹麦等国家是主要的资金流出国,他们试图通过联合履行机制来减少本国履约的成本。②

(三)几个问题的评述

1. 联合履行机制的双重性质

在京都联合履约机制中,CDM 具有"基线—信用"的特点,排放交易具有"限额—交易"的性质,而只有联合履行机制同时具有两个特点。一方面,联合履行项目要求具有额外的减排或碳源的移除,因此只有在基线以上的减排才能进行信用交易,从而产生环境整体性效果。另一方面,在联合履行项目下,两个附件一缔约方最后进行 ERUs 的交易,一方得到,另一方就失去;也就是说,东道国在项目结束后是从自己的碳信用账户中扣除份额给予合作方。因此,交易的效果,不会影响整个减排机制的分配总量,限额固定。另外,东道国只有尽力靠自己的力量完成减排义务后,才会愿意将自己的分配额转给其他国家,因此合乎"限额—交易"追求环境整体改善效果的目的。

2. 审查"额外性"的双轨制

同清洁发展机制相同,联合履行项目也要满足"额外性"的要求;也就是说,该项目的实施能够在原有情况下额外增加减排量。在评估"额外性"标准时,确定基准线是评估的前提。所谓基准线,是指在没有项目发生的情况下正常的人为源温室气体排放量。一旦确定基准线,就能判断出该项目是否具备"额外性"。根据《马拉喀什协定》的规定,对额外性要求的审查适用两种不同的轨道。

---

① 国家气候变化对策协调小组办公室.第八章——京都议定书的三机制及其方法学问题//中英气候变化合作项目之"省级决策者能力建设培训"教材. http://www. ccchina. gov. cn/file/source/ia/ia2003072109. htm(2010 年 8 月 14 日访问)。

② Graham Erion. Carbon Trading 101: An Introduction to Kyoto's Flexibility Mechanisms, Velma I. Grover ed. , Global Warming and Climate Change-Ten years after Kyoto and Still Counting. Science Publishers, Vol. 1, 2008:234.

轨道1:如果缔约方满足了6个资格条件①,就有权通过自己的国家机构来对本国境内的联合履行项目的额外性进行审查,可以自主制定有关基准线、监测和评估额外性的标准和政策。轨道2:如果缔约国没有全部满足6个条件,在东道国实施的项目就必须接受第三方的国际审查,也就是独立实体的审查。独立实体将对"项目设计申请书"进行评估并判断该项目是否符合规定要求。在项目实施完毕后,独立实体继续审查该项目是否产生温室气体减排或者碳源移除。所有的决定都会被公开。设立双规审查制的意图是为了将审批程序尽量简化,给予缔约国更多通过项目审核的可能性,从而吸引他们加入到项目中来。但在现实中,很多满足轨道1条件的国家也会选择轨道2的评估方式,原因在于,他们认为通过国际上的第三方评审,该项目产生的ERUs比较有公信力,在碳市场上交易价值较高。②

3.交易方可以扩大到非缔约国的范围

由于《马拉喀什协定》明确规定,只有《京都议定书》的缔约方才能够参加联合履行项目并进行减排量的交易。对于某些非缔约方国家来说,如美国,是否就没有参与交易的可能性了呢? 从法律文本分析,这种可能性是存在的。因为文本规定参与国可以指定某法律实体,包括公司和企业,进行项目合作和参与。因此,美国公司可以在某缔约国的同意下参与合作,当然最后的ERUs交易与美国无关,只能在缔约国账户间进行流转。通过这种方式,非缔约方的法律实体甚至可以充当"中间人"的角色,来促进项目的实施和ERUs的交易过程。③

4.与CDM机制的异同

两者的相同点:①符合额外性要求;②是本国减排义务的补充行动;③以项目为基础的义务履行。

两者区别点:①联合履行是附件一所列发达国家之间的投资,清洁发展机制是发达国家到发展中国家投资。②联合履行的信用期从2008年开始,清洁发展机制则将2000年起的信用计为有效。③联合履行包含对碳汇所吸收的温室气体量的计算,如再造林等项目;清洁发展机制不能计入。④联合履行不需

---

① 这6个条件是:①《京都议定书》的缔约方;②计算和记录了为其规定的分配数量;③有一个估计所有非蒙特利尔议定书管制的温室气体人为源排放量和人为汇清除量的国家制度;④有一个国家登记册;⑤每年提交了所要求的最近期年度清单包括国家清单和通用报告格式;⑥提交了关于分配数量的补充资料。

② Michael B. Gerrard ed.. Global Climate Change and U. S. Law. American Bar Association, 2007:649-650.

③ Michael B. Gerrard ed.. Global Climate Change and U. S. Law. American Bar Association, 2007:648-649.

要符合"可持续发展"要求,因此不仅在批准项目时拥有更大的自由度,而且能够更专门而深入地研究和发展"方法学"(methodology)①问题;清洁发展机制的项目需要符合可持续发展标准。⑤联合履行不用缴纳适应税金;清洁发展机制的项目收益需要缴纳 2%的"适应税金"来充实"适应基金"。②

三、排放交易机制

(一)排放交易机制的历史发展

1968 年 Garrett Hardin 发表了著名的文章"公有的悲剧",同年来自加拿大的经济学家 John Dales 发表了"污染、财产和价格"一文,首次提出了排放交易机制。与 Hardin 一样,Dales 同样认为由于人类的自利行为,公有财产会遭到过度使用。但是 Dales 在解决问题方面比 Hardin 更进一步,他建议在水资源利用方面为每一个水道设置一个最高污染额度,然后给每个可能造成水污染的公司以相同的污染额度,超出额度污染的就需要向有额度富余的公司购买,形成一个交易市场之后,污染权的转移价格就能引导治污能力强的公司尽量减少污染,从而可以将手中的污染权出售以获得利润。这样运作的宏观效果是,所有可能造成污染的企业都可以借用到治污效率高的公司的模式,使得整个社会的治污成本达到最低,而不影响整个环境的防治污染目标。③

英国经济学家 David Pearce 在其 1989 年出版的《绿色经济蓝图》(也称为"Pearce"报告)一书中认为,与其制定政策,详细规定个人和企业必须使用什么方法、什么技术,或者禁止使用特定物质和工艺(即所谓的"命令和控制"方式,command and control approach),不如用市场机制来达成环境目标。Pearce 所谓的市场机制包含两种:环境税收制度和排放交易制度。前者是指政府对特定环境污染物征收使用税或污染税,后者则对所有参与者规定排放限额,然后让其在市场内自由交易。参与者实现自己的环境目标的方式和成本选择,完全由其根据市场变化来决定。政府只需要限定一个排放总量,并规范市场运作即

---

① 方法学,是指为确保项目减排量交易的环境效益完整性,即确保项目能带来长期的、实际可测量的、额外的减排量,需要建立一套有效的、透明的和可操作的方法学指南。方法学指南主要包括基准线确定、额外性评价、项目边界界定和泄漏估算、减排量和减排成本效益计算、监测计划编制和项目设计报告格式等。

② 发展中国家认为这种不平衡的收取资金制度,是对发展中国家参与的 CDM 项目的歧视。

③ Graham Erion. Carbon Trading 101:An Introduction to Kyoto's Flexibility Mechanisms,Velma I. Grover ed. ,Global Warming and Climate Change-Ten years after Kyoto and Still Counting. Science Publishers,2008:220-221.

可。① 设立碳税的一个很大困难是必须要设立全球统一的税率,否则就会导致"碳泄漏",即导致高碳排放的经济活动从高税率国家走到低税率国家,影响环境整体目标。而建立统一的碳交易市场相对容易,可以防止碳泄漏问题的发生。

市场机制的众多拥趸认为,市场化的环境保护模式交易效率高、治污成本和行政成本低,而且能够刺激环境技术创新。1990 年美国国会通过了《清洁空气法案》,创立了世界上第一个国内排放交易机制来应对造成酸雨的二氧化硫污染问题。在国内成功实施排放交易机制后,美国也试图在应对气候变化谈判中将该方案引入气候变化国际机制中。

(二)《京都议定书》的引入

在《京都议定书》的谈判过程中,排放交易是最有争议的主题之一。美国认为,一国在国内采取措施进行强制减排,客观上会遇到诸多政治障碍,市场交易能够比较好地解决这个问题。在美国首先提出排放交易机制建议后,其他伞形国家表示支持,但欧盟担心市场机制会减弱一国政府采取政策措施的积极性,表示反对。在其后的谈判中,欧盟逐渐接受了这个概念,但是坚持交易机制只能是国内措施的补充性行动。对市场机制最大的反对声音来自于发展中国家,他们认为市场交易使得当时的最大排放国——美国可以逃避采取严格的国内减排措施。同时,由于俄罗斯拥有大量的热气,如果这些额度流入到交易市场中,会导致碳交易价格贬值,从而影响发展中国家在 CDM 机制中的利益(碳排放的市场价格过低,会影响附件一国家参与 CDM 项目的积极性)。由于发展中国家的强烈反对,在谈判最后阶段,经过妥协,在《框架公约》文本中只写入了在附件一国家之间可以进行排放交易的概念,要求市场机制应为国内行动的补充性活动,但并未明确该交易如何实施。

《京都议定书》第十七条规定:"《公约》缔约方会议应就排放贸易,特别是其核查、报告和责任确定相关的原则、方式、规则和指南。为履行其依第三条规定的承诺的目的,附件 B 所列缔约方可以参与排放贸易。任何此种贸易应是对为实现该条规定的量化的限制和减少排放的承诺之目的而采取的本国行动的补充。"

(三)《马拉喀什协定》的细化

2001 年 11 月在马拉喀什举行的第七次缔约方会议上通过的有关《京都议

---

① Peter Newell, Matthew Paterson. The politics of the Carbon Economy, Maxwell T. Boykoff ed. ,The politics of Climate Change-A Survey. Routledge Press,2010:83.

定书》第十七条的决定中,对排放贸易的方式、规则和指南作出了具体规定。[①]

议定书附件 B 所列的附件一缔约方,如果符合下列要求,就有资格进行减排单位(ERU)、核准的减排量(CER)、分配数量(AAU)或汇清除单位(RMU)[②]的转让和获取。附件一国家要进行排放交易,必须满足如下要求:①《京都议定书》的缔约方;②计算和登记了允许排放配量额(AAU)[③];③建立了计算其温室气体人为排放量和汇吸收量的国家系统;④建立了国家登记簿,记录其分配数量;⑤提交了准确的碳排放和碳源的清查报告;⑥提交了关于分配数量的补充资料并对分配数量作了相应的增减。附件一国家可以批准其国内的法律实体进行转让和受让,但只有在该国具有参加排放交易资格的情况下,这些法律实体才可以转让或者获得减排单位。

《京都议定书》下的排放贸易是通过所涉缔约方根据有关决定在国家登记簿之间的转让和获取来进行的。虽然允许这些缔约方可以授权其他法律实体参与这种转让和获取,但仍然对履行其《京都议定书》下规定的义务负全部责任,并保证这种参与符合有关要求。[④]为了防止缔约国提前将手里的减排额出售出去,附件一国家应当在其国家登记册上保持承诺期保留量(commitment period reserve),数量不应低于按照《京都议定书》中该缔约方配量 AAU 的 90%。

四、集体履约机制——欧盟泡[⑤]

《京都议定书》第四条规定:"凡订立协定共同履行其依第三条规定的承诺的附件一所列任何缔约方,只要其依附件 A 中所列温室气体的合并的人为二氧化碳当量排放总量不超过附件 B 中所载根据其量化的限制和减少排放的承诺和根据第三条规定所计算的分配数量,就应视为履行了这些承诺。分配给该协

① Dec. 11/CMP. 1, Modalities, rules and guidelines for emissions trading under Article 17 of the Kyoto Protocol, FCCC/KP/CMP/2005/8/Add. 2.

② ERU,通过联合履行机制获得减排额;CER,通过 CDM 机制获得的减排额;AAU,以《京都议定书》确定的基准年获取的分配排放额的 5 倍计算;RMU,移除碳源获得的减排单位。所有单位都是以 1 吨二氧化碳为当量。

③ 即附件一国家在《京都议定书》中承诺的减排限额。

④ 国家气候变化对策协调小组办公室. 第八章——京都议定书的三机制及其方法学问题//中英气候变化合作项目之"省级决策者能力建设培训"教材. http://www. ccchina. gov. cn/file/source/ia/ia2003072109. htm(2010 年 8 月 15 日访问)。

⑤ 欧盟泡,相当于将相关欧盟国家的减排义务全部装入一个"泡",形成一个整体来完成相关义务的总和,在"泡"的内部则对义务进行重新分配。Bubble 这个用语来自于 1979 年美国环境保护署(EPA)实行的泡泡(bubble)政策,允许企业的排污量有多有少,在总额控制的前提下进行自由调剂,改变了 1970 年"空气清洁法案"强制要求企业对每一个排放口都必须采用规定的处理技术的指令性管制,减排成效明显。

定每一缔约方的各自排放水平应载明于该协定。"《京都议定书》要求"此类协定的各缔约方应在它们交存批准、接受或核准本议定书或加入本议定书之日将该协定内容通知秘书处。秘书处应将该协定内容通知《公约》缔约方和签署方"。《京都议定书》同时还规定,如果"该协定的各缔约方未能达到它们的总的合并减少排放水平,此类协定的每一缔约方应对该协定中载明的其自身的排放水平负责"。①

根据此项规定,2个或2个以上的附件一国家可以订立协议,联合履行他们的减排义务。在协议框架下,他们可以自由分配减排额度,只要保证总的减排量达到他们在《京都议定书》中的承诺总和数量即可。欧盟选择了这个条款的履约方式,承担了总体8％的减排义务后,在欧盟15国内部进行协商,根据各国情况对成员国的减排数额进行了重新分配。最终确定的欧盟各国应减排或允许增排目标为:奥地利－13％、比利时－7.5％、德国和丹麦各－21％、意大利－6.5％、卢森堡－28％、荷兰－6％、英国－12.5％;芬兰和法国保持原值;希腊＋25％、爱尔兰＋13％、葡萄牙＋27％、西班牙＋15％、瑞典＋4％。②

虽然名字上与联合履行制度很是类似,但集体履约制度的设计与联合履行完全不同。前者是承担总的减排义务后,在协议基础上按照各自的能力和经济发展水平进行重新分配;后者则是基于项目的单独机构合作,从而获得相应的减排信用。两者虽然内容不同,但性质上同属于灵活履约机制。集体履约保证了全球减排的共同目标,在总体减排数额不变的情况下,能够根据各国具体的情况和经济发展需要确立不同的减排目标,不仅保证了环境效益整体性,同时也方便了不同国家的履约行动,实现了双赢,因此是一种有效的灵活履约机制。媒体和学术界习惯将清洁发展机制、联合履约机制和排放交易合称为"京都灵活履约三机制",而事实上,集体履约机制也符合灵活和弹性的特点。因此,集体履约机制应该与其他三机制一起,称作"京都灵活履约四机制"比较合适。

第二节　气候变化国际法四支柱问题分析

气候变化国际法所关注问题的变化路径,以各国同意减排为起点,扩展到照顾发展中国家特殊需要的资金和技术援助问题,然后在巴厘岛会议上提升了适应问题的重视高度,最终形成气候变化国际法的四大支柱问题,即减缓、适应、资金和技术。通过对四大支柱问题的分析和评论,可以基本看出气候变化国际法的基本面貌和存在问题。

---

①　《京都议定书》第四条第2款和第5款。

②　European Union. The Environment Council, Press Release, Community Strategy on Climate Change-Council Conclusion. Appendix 1, 16 June 1998.

一、减缓问题——应对气候变化的核心问题

（一）制度目标和义务设置

1. 减缓目标

减缓目标——尽量减少人为的温室气体排放。全球变暖和气候变化问题的产生，根源是人类行为导致的温室气体排放急剧增加，温室效应的产生导致地球气温明显上升，引起一系列的气候和生态变化，最终影响人类的生存和发展。因此应对气候变化问题，首先要对人为因素的温室气体排放进行控制。但是客观上，人类的生产和生活必然要产生二氧化碳等气体，因此气候变化国际法的目标是在可努力的范围内尽量多地减少温室气体排放。

2. 减缓途径

减缓途径——强制减排义务和自愿减排政策相结合。通过《框架公约》、《京都议定书》以及一系列的会议文件和决定，缔约方政府在义务约束或自愿基础上，通过立法和政策措施，使用有效途径来达成各自的减排目标。综合概括，主要有以下几种方法：①改进能源使用习惯，使用新能源、可再生能源以及使用能源效率高的设备、设施和日用品；②使用经济手段，通过国际机制建立统一的排放交易市场或者征收碳税，用市场机制和成本效益规则促进减排行动和技术开发；③碳捕捉和碳封存，以捕获碳并长期存储到碳库的方式来取代直接向大气中排放 CO_2 ；[①]④增加碳汇，通过造林、再造林、加强耕地和牧地管理，增加碳库的碳吸收量；⑤技术创新，无论是新能源、可再生能源还是碳封存，大多数的减排方法都离不开技术上的发展和创新，技术创新是基础也是前提，更是第一推动力；⑥提高人们的生态意识，改变人们的生活方式，扭转奢侈浪费的生活和消费习惯，节约资源，保护环境。

3. 义务设置

义务设置——按照"共同但有区别责任"原则分别承诺。综合气候变化国际法文件内容，关于减缓义务的缔约国承诺可以分为全体缔约国的义务以及专门针对《框架公约》附件一发达国家的义务承担。全体缔约国的义务包括：清查本国人为碳源排放和碳汇清除情况，建立国家清单；制订国家减缓计划和措施；促进传播技术和做法；维护加强碳汇碳库等生态系统；制订适应气候变化的综

---

① 根据碳封存地点和方式的不同，可将碳封存方式分为地质封存、海洋封存、碳酸盐矿石固存以及工业利用固存等。该项技术研究开始于1977年，近年来取得了实质性进展。目前，法国、德国与英国等欧盟大国已就这一技术开展小型试验。

合性计划；考虑气候变化的社会、经济和环境政策；信息交流；教育培训；提交履约信息等。附件一国家的区别承诺包括：承担强制量化减排目标；向发展中国家提供资金和技术援助；就可持续发展制定一系列相关政策和措施，如增强能源效率等。

(二)有关减缓制度的几个问题

1. 对缔约国是否能完成减排义务的质疑

根据 IPCC 的分析结论，在接下去几十年里，人类仍然拥有很大的减排空间。减排效果的实现，有些需要依赖于特定的已经商业化的技术和实践，有些需要科学界进行进一步的研究。IPCC 的建议按照部门分类概述如下：①能源供应部门直接将高排放能源转化为更清洁的能源，如将煤炭转换成天然气，使用核能、可再生能源以及混合热能等；②交通部门应逐步推广高能效、混合动力、清洁柴油、生物能的交通工具，鼓励公共交通、自行车和步行交通，以及更好的土地和交通规划；③建筑物内应尽量使用节能照明、节能设备和空调系统；④工业部门应更多地使用高能效设备、能量回复、材料回收等；⑤农业部门应加强耕地牧地使用管理，来增加土地的碳存储能力，并增加能源作物的生产；⑥保护森林，避免滥砍滥伐；⑦从垃圾填埋气中净化回收甲烷；⑧改变人们的饮食生活习惯，减少肉类消费和非必需的生活消费等。[①]

从国际层面来讲，政府的态度和愿望强烈度对于气候变化国际法的实施来说十分关键。加拿大、日本等国的减排表现不佳并不是国家没有能力，而是政府没有积极应对这个问题，没有真正将有效的政策措施执行下去。是否能够实现减排承诺，政府的角色至关重要。从市民社会层面看，政府积极动员企业、社会组织、个人等社会各阶层，按照正确方案行动，国际公约规定的减排义务再苛刻，应该也是可以完成的。问题的关键是如何动员、如何制订计划、如何提高各个领域成员的意识、如何得到广泛的公众参与。因此，《框架公约》和《京都议定书》的履约与否，取决于一国政府的态度和行动力度。

2. 对减缓制度环境有效性的质疑

从《框架公约》的谈判到《京都议定书》的产生，种种质疑声中最让人气馁的莫过于对当前机制的环境有效性的质疑。人类长期大量排放温室气体是全球变暖的主要因素，这种气候变化是一种长期缓慢的积累过程。虽然当前气候变化国际法制度已初步建立，但人类社会的温室气体排放还未达到峰值，二氧化碳的排放量仍然在逐年增长。IPCC 建议各国尽量在 2015 年前使本国达到排

---

① Dianne Rahm. Climate Change Policy in the United States,McFarland & Company,Inc.. Publishers,2009:33-34.

放峰值,才能在 2050 年前将全球排放量降至 25%～40%。但实现这个目标的困难很大,全球大量的人口、生活和生产高度依赖化石能源的发达国家、正处于工业化发展关键时期的发展中国家,种种客观因素都不能不让人质疑——气候变化法制对当前的排放增加和全球变暖究竟有多少抑制作用?《京都议定书》5.2%的减排目标是否杯水车薪? 回答这个疑问并不困难,诚实地说,当前的减排目标的确无法实质性地改变全球排放的基本面貌,但是当前的努力是人类应对气候变化走出的第一步,有了第一步才有第二步、第三步,千里之行始于足下,将来的改变需要这第一步和将来的无数步。因此,回答对气候变化国际机制环境有效性的质疑,需要用发展的眼光看问题。就像很多人说的,做总比不做好,这就是答案。

3. 减缓与发展目标的矛盾

对于众多发展中国家来说,作为人类社会的组成部分,他们希望并且努力减缓人类排放对气候的影响,但本国的发展又是如此重要——他们希望经济快速发展,消除贫困人口,使本国国民能够过上物质富足的舒适生活,期望通过经济发展,增加财富积累,增强本国国力。而让人遗憾的是,减少排放与经济发展在一定程度上是互相矛盾和冲突的问题。所有的经济活动都离不开能源的支持,经济发展的基础是能源供应。但就目前人类的能源结构来说,煤炭、石油、天然气等化石能源仍然是能源消费的主要类型,要经济发展,就要增加排放。这个问题的矛盾直接导致发展中国家在气候变化国际法谈判中的无奈立场,一方面敦促发达国家承诺强制减排,另一方面又要坚持本国的发展目标优先的观点。令人欣慰的是,在艰难的谈判和博弈中,发展中国家争取到了"共同但有区别责任"原则在气候变化国际法制度中的确立,这是来之不易的成果。但在将来的谈判中,维持"共同但有区别责任"原则是一项更为艰巨的任务。

二、适应问题——逐渐受到重视的实际问题

气候变化中的适应性措施是指人类为主动适应气候变化作出的改变。"全球变暖的局面在未来一段时间内不会改变,摆在我们面前的只有三条路:要么减缓,要么适应,要么遭罪。"美国总统科技政策顾问霍尔德伦这样描述人类的前景。[1] 根据 IPCC 第四次报告的定义,适应是指为降低自然系统和人类系统对实际的或预计的气候变化影响的脆弱性而提出的倡议和采取的措施。适应分为以下几种主要类型:提前适应和被动适应、私人适应和公共适应、自治适应

---

[1] 适应气候变化与节能减排同等重要. 中国气候变化信息网:http://www.ccchina.gov.cn/cn/NewsInfo.asp? NewsId=24295(2010 年 8 月 17 日访问)。

和有计划地适应。例如,加高河堤或海堤,用耐温和抗热性强的植物取代对温度敏感的植物,建立新的水利工程防洪抗旱①,居住地迁移,对生态系统进行可持续管理和养护等。

(一)适应问题的初期阶段——停留在概念领域

由于全球变暖主要由温室气体排放导致,初期的气候变化国际谈判更注重如何减缓碳排放,如何让缔约方承诺减排义务。与减缓制度相比,适应问题并不受重视。这个阶段呈现出的主要特点是:对适应的意义、范围和工作时间表缺乏关注和讨论;政策和工作文件零散无体系;对气候变化敏感的发展中国家缺乏脆弱性评估和实施计划的能力;可利用资金缺乏。② 无论在《框架公约》还是《京都议定书》当中,"适应"两字出现的频率并不高③,不仅未对"适应"作出定义,也未提到"适应能力"、"脆弱性"④等词语,主要都是在一些抽象性承诺当中作为目标提及。

1. 作为《框架公约》的目标之一。《框架公约》第二条:"……将大气中温室气体的浓度稳定在防止气候系统受到危险的人为干扰的水平上。这一水平应当在足以使生态系统能够自然地适应气候变化……"

2. 在《框架公约》"共同但有区别责任"原则中的体现:《框架公约》第三条第2款:"……应当充分考虑到发展中国家缔约方尤其是特别易受气候变化不利影响的那些发展中国家缔约方的具体需要和特殊情况……"

3. 在《框架公约》附件一缔约方承诺内容中的体现:

(1)关于制定国内政策和措施的规定:《框架公约》第四条第1款(b)项:"……制订、执行、公布和经常地更新国家的以及在适当情况下区域的计划,……以及便利充分地适应气候变化的措施;……"第1款(e)项:"……合作为适应气候变化的影响做好准备……"第1款(f)项:"……在它们有关的社会、经济和环境政策及行动中,在可行的范围内将气候变化考虑进去,并采用由本国拟订和确定的适当办法,例如进行影响评估,以期尽量减少它们为了减缓或适应气候变化而进行的项目或采取的措施对经济、公共健康和环境质量产生的不利影响。"

(2)关于提供适应资金的规定:《框架公约》第四条第4款:"……附件二所

---

① 《IPCC2007 年综合报告附录 2:术语表 A 字母列》

② Farhana Yamin, Joanna Depledge. The International Climate Change Regime-A Guide to Rules, Institutions and Procedures. Cambridge University,2004:213.

③ "适应"一词在《框架公约》中出现 6 次,在《京都议定书》中出现 5 次。

④ 脆弱性是指某个系统易受到气候变化的不利影响,包括气候变率和极端气候事件,但却无能力应对不利影响的程度。脆弱性随一个系统面临的气候变化和变异的特征、幅度和速率、敏感性及其适应能力而变化。(摘自:《IPCC2007 年综合报告附录 2:术语表 V 字母列》)

列的发达国家缔约方和其他发达缔约方还应帮助特别易受气候变化不利影响的发展中国家缔约方支付适应这些不利影响的费用。"

4. 作为《京都议定书》全体缔约方制定国家和地区方案义务的宗旨之一：《京都议定书》第十条（b）款："制订、执行、公布和定期更新载有减缓气候变化措施和有利于充分适应气候变化措施的国家的方案以及在适当情况下区域的方案：（一）此类方案，除其他外，将涉及能源、运输和工业部门以及农业、林业和废物管理。此外，旨在改进地区规划的适应技术和方法，也可改善对气候变化的适应。（二）附件一所列缔约方应根据第七条提交依本议定书采取的行动，包括国家方案的信息；其他缔约方应努力酌情在它们的国家信息通报中列入载有缔约方认为有助于对付气候变化及其不利影响的措施，包括减缓温室气体排放的增加以及增强汇和汇的清除、能力建设和适应措施的方案的信息；……"

5. 《京都议定书》规定"清洁发展机制"部分收益用于适应费用。《京都议定书》第十二条第 8 款规定："……应确保经证明的项目活动所产生的部分收益用于支付行政开支和协助特别易受气候变化不利影响的发展中国家缔约方支付适应费用。"

（二）逐渐受重视的发展阶段——以资金问题为核心

早在 1995 年的 COP-1 上，关于适应的资金问题，大会就已经为全球环境基金（GEF）设立了短期、中期和长期的工作路线，但并无下文。2001 年，在马拉喀什 COP-7 上，决定设立三个基金，分别是：特别气候变化基金、最不发达国家基金和适应基金。根据《京都议定书》的规定，清洁发展机制项目的 2% 收益将进入适应基金账户，来资助发展中国家的适应方案和行动。但基金并未正式启动。2002 年，在印度新德里举行的 COP-8 会议上，发展中国家坚持应对气候变化行动应在可持续发展框架下进行，认为发展中国家对气候变化的脆弱性显而易见，而他们并不是问题的始作俑者，应督促发达国家提供实质帮助。2004 年，GEF 启动了适应优先计划，为特定适应措施提供资金。[①]

2005 年，在蒙特利尔召开的 COP-11 上，通过《附属科学技术咨询机构（SB-STA）有关气候变化的影响、脆弱性和适应的五年工作计划》，该计划在 2006 年的 COP-12 上进一步细化，正式命名为《内罗毕计划》。该计划包含两个领域："了解、评估影响、脆弱性和适应"以及"应对气候变化的实际适应行动与措施"。目的是帮助发展中国家，尤其是小岛国和最不发达国家的适应活动。[②]

---

① Dave Huitema. Jeroen Aerts, Harro Van Asselt, Adaptive Governance in Climate Change, Velma I. Grover ed. , Global Warming and Climate Change-Ten years after Kyoto and Still Counting. Science Publishers, Vol. 1, 2008:531.

② 葛全胜, 曲建升, 曾静静等. 国际气候变化适应战略与态势分析. 气候变化研究进展, 2009(6).

2007 年,在巴厘岛召开的 COP-13 会议将适应问题与减缓、资金和技术作为气候变化国际机制的四大支柱问题提出,要求帮助发展中国家开展适应行动和能力建设,加强技术和资金支持。2008 年,波兹南的 COP-14 会议正式启动适应基金,赋予其法人地位。

(三)适应制度发展存在的问题

1. 适应与减缓的关系

适应问题初期不受重视有很多原因,一方面,国际社会大量精力集中于减缓问题上,无暇顾及;另一方面,也有人担心,如果关注适应就会减少对减缓的资金和技术投入。很多人认为,适应的成本很高,会挤占减缓的可利用资源,认为两者是互相冲突和矛盾的联系。当然也有人认为,如果能够有效适应气候变化,可以减少减缓的压力,适应可以视作减缓的一部分,两者应该是互相促进的。不管怎样,对于众多发展中国家来说,在短期内无法看到气候稳定的结果情况下,立即进行适应行动,改变人类自身的活动方式,是最有效也是最直接的应对行动。因此必须将适应和减缓放到同一个高度进行关注和重视,必须要"两条腿走路"。

2. 适应制度发展的障碍——技术和资金

虽然人们已经意识到适应问题的重要性,也开始采取一些措施,但是跟减缓相比,适应工作的成果不多。从技术上来说,针对适应的技术研发和推广非常薄弱。中国科学院地理科学和资源研究所研究员徐明说:"同成熟的减缓技术和政策相比,适应技术和方法体系在国际上都很缺乏,大家都没有。现在人类的知识和技术还不足以做到全球不同尺度的适应。"[1]从资金上说,虽然发达国家承诺为发展中国家的适应行动提供资金,但真正可使用的资金非常有限,无法满足那些贫穷国家的基本需求。虽然我们一直强调要加强适应工作,但是没技术、没资金,这是客观上的限制条件,短期内也无法克服。这是适应问题在接下去这段时期内的最大发展障碍。

减缓是全球性问题,可以从上往下(top-down)解决,而适应却是地方性问题,需要更细致、更有针对性的解决方案,需要从下往上进行(bottom-up)。这并不是一项可以独立解决的工作,要结合其他的机制和措施,将适应问题"主流化"(mainstreaming),才能达到良好的效果。对于气候变化国际法来说,最直接有效的方式,就是努力建设提供资金和技术的机制。

---

[1] 适应气候变化与节能减排同等重要. 中国气候变化信息网:http://www.ccchina.gov.cn/cn/NewsInfo.asp? NewsId=24295(2010 年 8 月 17 日访问)。

三、资金问题——对相关基金的分析

(一)法律依据

1.《框架公约》的规定

《框架公约》第四条第 3 款明确规定附件二国家(即排除经济转型国家的附件一缔约方)出资的义务:"附件二所列的发达国家缔约方和其他发达缔约方应提供新的和额外的资金,以支付经议定的发展中国家缔约方为履行第十二条第 1 款规定的义务而招致的全部费用。它们还应提供发展中国家缔约方所需要的资金,包括用于技术转让的资金,以支付经议定的为执行本条第 1 款所述并经发展中国家缔约方同第十一条所述那个或那些国际实体依该条议定的措施的全部增加费用。这些承诺的履行应考虑到资金流量应充足和可以预测的必要性,以及发达国家缔约方间适当分摊负担的重要性。"

《框架公约》第十一条要求确定一个资金机制:"兹确定一个在赠予或转让基础上提供资金包括用于技术转让的资金的机制。该机制应在缔约方会议的指导下行使职能并向其负责,并应由缔约方会议决定该机制与本公约有关的政策、计划优先顺序和资格标准。该机制的经营应委托一个或多个现有的国际实体负责。……"

《框架公约》第十一条第 3 款暂时委托全球环境基金(GEF)经营《公约》的资金体制:"在临时基础上,联合国开发计划署、联合国环境规划署和国际复兴开发银行的'全球环境基金'应为受托经营第十一条所述资金机制的国际实体。"在这方面,"全球环境基金"应予适当改革,并使其成员具有普遍性,以使其能满足第十一条的要求。

2.《京都议定书》的规定

议定书第十二条第 2 款强调了附件二国家的出资义务,同时强调发达国家要对发展中国家编制碳源碳汇国家清单的成本进行出资援助:"……《公约》附件二所列发达国家缔约方和其他发达缔约方应:①提供新的和额外的资金,以支付经议定的发展中国家为促进履行第十条(a)项所述《公约》第四条第 1 款(a)项规定的现有承诺而招致的全部费用;②并提供发展中国家缔约方所需要的资金,包括技术转让的资金,以支付经议定的为促进履行第十条所述依《公约》第四条第 1 款规定的现有承诺并经发展中国家缔约方与《公约》第十一条所指那个或那些国际实体根据该条议定的全部增加费用。这些现有承诺的履行应考虑到资金流量应充足和可以预测的必要性,以及发达国家缔约方间适当分摊负担的重要性。……"

(二)全球环境基金(GEF)

在气候变化谈判初期,发达国家的立场一直坚持减缓义务会付出较大成本,会影响本国经济发展,因此反对具体目标时间表。具体到资金援助上,关于是否使用全球环境基金(global environmental facility,GEF)的讨论就成了焦点。发达国家期望将其作为气候变化问题的资金机制,而发展中国家认为 GEF处于发达国家的控制之下,不利于发展中国家利益主张,认为要成立一个专门的资金机构。①虽然谈判的结果最后还是接受了 GEF 作为气候变化资金问题的实施机构,但 GEF 也作出了相应的改革。

作为一个国际资金机制,GEF 主要是以赠款或其他形式的优惠资助为发展中国家和部分经济转型国家提供关于生物多样性、气候变化、持久性有机污染物和土地荒漠化的资金支持,是应对全球环境问题多边援助渠道。GEF 通过其业务规划,支持发展中国家和经济转型国家在生物多样性、气候变化等领域开展活动,取得全球效益。一定程度上,GEF 是发达国家与发展中国家的链接桥梁。

从国际组织结构角度考察,GEF 的独特性不仅仅因为它专门处理环境问题,也因为它的独特治理结构。GEF 最早来自 1989 年法国的建议②,在其成立初期(1991—1994 年),它只是一个松散的协作组织,主要是世界银行、UNDP和 UNEP 的协作平台,主要接受世界银行和捐赠国的控制,发展中国家很少参与。1992 年环境发展大会以后,GEF 成为发达国家和发展中国家之间的环境论坛。由于《21 世纪议程》③没有达成新基金决议,发达国家又拒绝给《框架公约》设立基金,因此对 GEF 进行改革的呼声很高。发展中国家要求加大发展中国家在 GEF 的参与度,增加 GEF 治理的透明度,并且要将决策过程从世界银行风格的"一美元一投票权"(one dollar one vote)改革成更广泛的联合国的普遍决策过程。经过两年谈判,1994 年 3 月,机构经过重新组织,保留了初期阶段的基本元素,扩大了机构的参与度,向所有联合国会员国和专门机构开放。

---

① Friedrich Soltau. Fairness in International Climate Change Law and Policy. Cambridge University Press,2009:54.

② 在 1989 年的国际货币基金和世界银行发展委员会年会上,法国提出建立一种全球性的基金用以鼓励发展中国家开展对全球有益的环境保护活动。1990 年 11 月,25 个国家达成共识建立全球环境基金,由世界银行、UNDP(联合国开发计划署)和 UNEP(联合国环境规划署)共同管理。

③ 《21 世纪议程》(Agenda 21)是一份没有法律约束力、旨在鼓励发展的同时保护环境的全球可持续发展计划的行动蓝图,它于 1992 年 6 月 14 日在里约热内卢的环境与发展大会上通过。《21 世纪议程》载有 2500 余项各种各样的行动建议,包括如何减少浪费和消费形态、扶贫、保护大气、海洋和生活多样化以及促进可持续农业的详细提议。后来联合国关于人口、社会发展、妇女、城市和粮食安全的各次重要会议又予以扩充并加强。

GEF 从旧式的援助机制转向了新式的合作机制。[①] GEF 理事会共有 32 个席位,其中发达国家 14 个,发展中国家 16 个,经济转型国家 2 个。决策采用一致通过形式,在不能达成一致意见情况下,采取双重多数的原则,即满足 60% 的会员数和 60% 的捐赠数的条件即可。

在气候变化领域,GEF 通过其业务规划五、六、七和十一组成了气候变化问题的规划系列:①消除提高能效和节能的障碍;②通过消除障碍和降低实施成本来促进使用可再生能源;③降低温室气体排放能源技术的长期成本;④促进环境可持续发展。在其建立初期的 1991—2007 年,GEF 投入了 170 亿美元,其中的 24 亿元是自身投资,其余的 146 亿元来自于与世界银行、地区银行以及双边基金的合作。这些资金额的一半投向了可再生能源领域,另有相当部分进入了能效项目。在资金有限的情况下,GEF 目前主要将工作重点放在先进技术的传播上。[②] GEF 负责运作和管理特别气候变化基金和最不发达国家基金,接受《框架公约》的缔约方大会(COP)的指导,负责向 COP 报告和提出建议。对 GEF 的批评集中于以下几个问题:①部分小岛国和非洲国家批评 GEF 不听从指导;②GEF 只资助增量成本[③],这在实践中增加了困难和争议性;③仍然存在发达国家控制的慈善和自我利益驱动风格。

(三)气候变化四基金

在 2001 年马拉喀什的第七次缔约方大会(COP-7)上,设立了三个气候变化基金,分别是特别气候变化基金(special climate change fund,SCCF)、最不发达国家基金(least developed countries fund,LCDF)和适应基金(adaption fund,AF)。前两个在《框架公约》下建立,由 GEF 负责运作;后一个则在《京都议定书》下建立,由《京都议定书》缔约方大会(meeting of parties,MOP)直接领导。缔约方认为,适应基金应该由缔约方直接控制和指导并直接对缔约方负责。2009 年哥本哈根大会建立了"绿色气候基金"(green climate fund)。

1. 特别气候变化基金

SCCF 资助作为 GEF 常规项目的补充活动,资助以下四领域活动:适应;技术转让;能源、交通、工业、农业、森林和废物管理;石油出口发展中国家的经济多元化项目。在 2003 年的 COP-9 上,缔约方决定将适应项目列为优先资助对象,技术转让和能力建设也被认为是重要问题。决定列举了 SCCF 应当给予资

---

① Friedrich Soltau. Fairness in International Climate Change Law and Policy. Cambridge University Press,2009:220-221.

② Friedrich Soltau. Fairness in International Climate Change Law and Policy. Cambridge University Press,2009:201.

③ 类似于 CDM 项目中的额外性原则,可参考下一个注释。

助的具体领域,如水资源管理、基础设施建设、脆弱生态体系维护、传染病监测、预防措施的能力建设以及加强国家和地方的信息网络以应对极端气候。在COP的指导下,GEF确定了SCCF的资助对象为:"脆弱性国家遭受气候变化引致的实现可持续发展的额外成本。"由此SCCF就与GEF信托基金得到互补,因为后者的资助对象必须是能够实现"全球"环境利益项目,SCCF则能照顾到产生地方环境适应效益的项目。2006年的COP-6对GEF的资助工作作了进一步的指导。

关于出资的比例,为了简化项目谈判程序,同时遵循GEF的额外性资助原则[①],SCCF确立了一个共同出资的滑尺(sliding scale)比例表,例如在100万美元以下的项目,可以得到50%资本的援助,大于500万美元的项目,只能得到25%资本的援助。出资比例表的自动适用免去了基于项目的个别谈判,减少了成本,加快了项目进度。

截至2010年5月31日,SCCF收到的捐款承诺为来自14个国家[②]的1.48亿美元,实际到位资金1.1亿美元。[③]截至2010年7月,SCCF在适应领域的资助项目获得批准的有22个,总金额为92231370美元;在技术转让领域获批准的项目有3个,金额为14335000美元。[④]

2.最不发达国家基金

LDCF的资助对象针对最不发达国家[⑤]适应气候变化行动计划(national adaption programs of action,NAPA)的准备和实施活动。最不发达国家缺乏资金和人力,无论从自然条件还是自身能力讲,都是气候变化敏感度最高的脆弱性国家。为了获取LDCF的资助,最不发达国家需要向GEF提交NAPA,列明本国目前受气候影响最脆弱的部门和地区,以及哪些项目需要优先开展。GEF

---

① 额外性资助原则,举例来说,一国修建水坝抵挡常规洪水,该费用GEF不会承担,但是如果该水坝被设计成抵御由于气候变化引致的洪水或干旱,额外增加的设计和建造费用GEF会进行援助出资。

② 这14个国家为:加拿大、丹麦、芬兰、德国、爱尔兰、意大利、荷兰、挪威、葡萄牙、西班牙、瑞典、瑞士、英国和美国。

③ Prepared By The World Bank As Trustee, Status Report On The Least Developed Countries Fund And The Special Climate Change Fund, GEF/LDCF. SCCF. 8/Inf. 2/Rev. 1 May 31, 2010.

④ LDCF/SCCF Council Meeting, Progress Report On The Least Developed Countries Fund (LDCF) and the special climate change fund (SCCF), July 1, 2010, GEF/LDCF. SCCF. 8/Inf. 3.

⑤ 根据联合国发展计划委员会的规定,最不发达国家定义为那些长期遭受发展障碍的低收入国家,特别是人力资源开发水平低和有严重结构性缺陷的国家,其衡量标准为:①人均国内生产总值在905美元以下;②实际生活质量指数(包括营养、健康、教育和文化程度等)偏低导致的人力结构严重缺陷;③经济多种经营指数(包括制造业、工业就业比重等)偏低造成的经济脆弱性。全世界经联合国批准的最不发达国家有50个,共有7.5亿人口。(维基百科:http://en. wikipedia. org/wiki/Least_Developed_Country,2010年8月18日访问)

根据项目情况和资金要求,确定自己的共同出资比例。同 SCCF 一样,LDCF 同样也适用不同金额的不同比例尺度。在 300 万美元额度下,LDCF 可以达到全额出资。在 1800 万美元以上,LDCF 可以出资到 25%。同 SCCF 不同的是,LDCF 对共同出资的要求比较低,可以 100% 资助小规模的适应项目,这对最不发达国家来说十分重要。例如,针对某国进行的能力建设培训项目,完全符合 GEF 的"额外性"出资原则,因为没有气候变化,就不需要进行此类专门的能力培训,因此 GEF 同意全额资助也是考虑到这个原因。

截至 2010 年 5 月 31 日,LDCF 收到的来自 22 个国家[①]捐款承诺为 2.21 亿美元,实际到位资金 1.69 亿美元,其中 1.35 亿美元已经进入使用阶段。[②]截至 2010 年 4 月底,在 50 个最不发达国家里,已经有 44 个国家提交了 NAPA,38 个提交了 NAPA 的项目履行申请,36 个获得批准。[③]

3. 适应基金

适应基金根据《京都议定书》第十二条第 8 款的规定设立,其宗旨是为了资助议定书缔约国中的发展中国家的具体适应项目和计划,涉及自然资源管理、疾病和病菌监测以及预防措施和灾难应对的能力建设等项目。资金的来源跟 SCCF 和 LDCF 不同,AP 的资金来自于 CDM 项目的收益,根据《京都议定书》第十二条第 9 款的规定,CDM 项目收益的 2% 将进入 AP 的账户,在最不发达国家进行的 CDM 除外。AP 同样接受来自议定书附件 B 国家的捐款。AP 意图在"完整适应成本基础上"处理气候变化的负面后果。适应基金在 2008 年 12 月波兹南会议上正式启动。

AP 是直接由《京都议定书》缔约方大会 MOP 管理的基金,为此专门成立的机构为"适应基金董事会",由 16 名委员组成。董事会的构成秉持"一国一票"的原则,由于发展中国家数目占据多数,事实上发展中国家就享有了否决权。由于 CDM 和适应项目都是在发展中国家开展的事实,发展中国家拥有控制权是十分合理的。AP 的资金额并不能完全确定,一方面需要看 CDM 机制签发的 CERs 数量,另一方面需要考虑这些 CERs 兑现时的市场价值。可利用的资金预计在 2012 年前可以达到 2.5 亿~3.5 亿美元。[④]

---

① 这 22 个国家为:加拿大、丹麦、芬兰、德国、爱尔兰、意大利、荷兰、挪威、葡萄牙、西班牙、瑞典、瑞士、英国、美国、奥地利、比利时、捷克、法国、日本、卢森堡、新西兰和澳大利亚。

② Prepared By The World Bank As Trustee, Status Report On The Least Developed Countries Fund And The Special Climate Change Fund, GEF/LDCF. SCCF. 8/Inf. 2/Rev. 1 May 31, 2010.

③ LDCF/SCCF Council Meeting, Progress Report On The Least Developed Countries Fund (LDCF) and the special climate change fund (SCCF), July 1, 2010, GEF/LDCF. SCCF. 8/Inf. 3.

④ "适应基金"网站:http://www.adaptation-fund.org/howtoapply(2010 年 8 月 18 日访问)。

4."绿色气候基金"

2009 年的哥本哈根决议决定成立绿色气候基金,以帮助发展中国家适应气候变化。该基金最终在 2010 年坎昆大会上得到确认,并且由联合国亲自监督。该基金由 12 个发达国家和 12 个发展中国家各派一名代表负责管理。"绿色气候基金"的落实意味着发达国家将在 2013 到 2020 年间,每年拿出 1000 亿美元帮助发展中国家应对气候变化。"尽管基金很多细节还是模糊的、不确定的,如钱到底谁出,是不是额外的等。这些细节还没有得到非常明确的肯定。"但绿色和平中国项目负责人杨爱伦认为,在整个联合国气候谈判中能够成立一个基金,这还是比较重要的突破。①而 2010—2012 年需要筹措的 300 亿美元快速启动资金现在已经基本承诺到位。

(四)资金缺口与资金来源的多样化

发展中国家的适应成本目前仍然很难确定,但是根据气候变化经济学研究,应对气候变化风险的适应活动大概要花费 400 亿美元,上下浮动范围为 10 亿～100 亿美元。②目前气候变化三基金按照最乐观估计,总额也只有 7 亿美元左右。《框架公约》下的气候变化基金数额并不能满足现实中发展中国家的减缓和适应需要。2010 年坎昆大会确认的绿色气候基金的资金来源目前也没有完全确定,仍然存在很多变数。因此还需要联合其他渠道共同出资。

除《框架公约》和《京都议定书》框架下的资金援助制度外,国际资金机制也同样在气候变化领域中发挥作用。例如,发达国家一直在实施的官方发展援助(official development assistance,ODA)③中,与气候变化问题相关的 ODA 近年来有明显增长,援助金额从 2000 年的 10 亿美元提高到了 2006 年的 100 亿美元,援助项目主要集中于水电领域。OECD 跟踪数据库显示,2005 到 2007 年,投入到与气候变化相关的适应和减缓活动,总计有 72 亿美元资金。④ 而 OECD 的出口信用机构,每年有 900 亿美元的贷款,很多投入能源产业,例如,2000—2004 年,美国进出口银行 10％～14％投入能源产业。⑤

---

① 王静,李彤.杨爱伦."绿色气候基金"落实是坎昆峰会最重要成果.人民网:http://dt.people.com.cn/GB/13491702.html(2011 年 2 月 16 日访问)。

② Nicolas Stern,Stern Review. The Economics of Climate Change, Cabinet Office,HM Treasury, U. k., Friedrich Soltau,Fairness in International Climate Change Law and Policy. Cambridge University Press,2009:214-215.

③ 发达国家、OECD 成员国以及部分发展中国家,为维护本国利益而对外提供的政治性的官方发展援助资金。

④ Friedrich Soltau. Fairness in International Climate Change Law and Policy. Cambridge University Press,2009:200-201.

⑤ Friedrich Soltau. Fairness in International Climate Change Law and Policy. Cambridge University Press,2009:202.

四、技术问题——以 CDM 下技术转移问题为例

（一）法律依据

国际环境法发展初期，就环保型技术（environmental sound technology）[①]进行合作的重要性已经受到重视。主要的国际环境法律文本都明确提到了技术的研发、交流和传播问题，例如，《斯德哥尔摩宣言》的原则二十、《里约宣言》的原则九以及《21 世纪议程》的第 34 章等。

《框架公约》第四条第 5 款规定："附件二所列的发达国家缔约方和其他发达缔约方应采取一切实际可行的步骤，酌情促进、便利和资助向其他缔约方特别是发展中国家缔约方转让或使它们有机会得到有益环境的技术和专有技术，以使它们能够履行本公约的各项规定。在此过程中，发达国家缔约方应支持开发和增强发展中国家缔约方的自生能力和技术。有能力这样做的其他缔约方和组织也可协助便利这类技术的转让。"该条款有三个含义：①敦促发达国家向其他缔约方转让技术，但并非强制义务；②受让方包含所有缔约方，但以发展中国家为重点；③发展中国家接受技术只是第一步，发达国家还应帮助他们进行技术开发的能力建设。

《京都议定书》第 10 条（c）款重申了技术转让的普遍义务："合作促进有效方式用以开发、应用和传播与气候变化有关的有益于环境的技术、专有技术、做法和过程，并采取一切实际步骤促进、便利和酌情资助将此类技术、专有技术、做法和过程特别转让给发展中国家或使它们有机会获得，包括制定政策和方案，以便利有效转让公有或公共支配的有益于环境的技术，并为私有部门创造有利环境以促进和增进转让和获得有益于环境的技术……"

（二）缔约方大会和秘书处的工作

无论《框架公约》还是《京都议定书》都只是抽象而宽泛地规定了技术转让义务，并没有规定具体的履行程序。在其后一年一度的《框架公约》缔约方大会上，关于技术转让的机制被一次次地讨论并作出相关决定。按照实质内容的进展，可以将技术转让问题在 COP 的发展分为三个阶段：

（1）在 COP-1 的《柏林指令》中，提到了技术清查、融资、建立中心网络以及适应技术等问题。

---

① environmental sound technology，经常被翻译为"环境无害技术"，笔者认为翻译为"环保型技术"或"环境有益技术"更为合适。国际环境法所强调的应该是能够积极维护和改善环境的技术，而非简单消极的"无害"目的，如减少污染、以可持续方式使用资源、废物利用及无害环境回收。根据 21 世纪议程第 34 章的描述，环境有益技术不仅仅是技术本身，它应当是 know-how、程序、产品、服务、设备以及管理和运作程序的总体。

（2）在 COP-4 上通过的《布宜诺斯艾利斯行动计划》中，缔约方决定给予技术转让以新的动力，通过了 COP-4 的 4 号决定，要求《框架公约》附属科技咨询机构（SBSTA）建立一个有关技术转让的"咨询程序"，并且考虑列出问题清单作为决定的附件，并且在亚太、非洲、拉丁美洲和加勒比海地区设立了三个地区工作室以及设在美国的一个非正式工作室。

（3）在 2001 年的 COP-7 上，通过了《技术履行框架》，要求进行技术需求和需求评估、技术信息的转让和交流、扶持型环境（enabling environments）①、能力建设以及技术转让机制五个方面的工作。在技术转让机制实施框架中要求建立一个由 20 名成员②组成的技术转让专家小组（EGTT），就推进《公约》框架下环境有益技术的开发和转让提供科学和技术上的咨询意见，并制订和执行工作行动计划。

同时，公约秘书处也被要求采取一系列措施来帮助缔约方实现《框架公约》义务，包括对附件一国家进行的减缓或适应技术的转让信息进行汇编和综合；帮助缔约方评估其技术需求以及帮助他们拓宽获取相关信息的渠道。另外，一个比较有特色的项目是秘书处建立的技术信息交换系统（technology information clearing house，简称为 TT：Clear）。该系统基于网络，给使用者提供以下信息：技术转让项目及计划、成功技术转让案例分析、环境有益技术和 know-how、组织和专家、评估减缓和适应选择方案的方式方法和工具、技术转让的相关网址、缔约方和技术转让专家小组正在进行中的工作等。

2009 年的《哥本哈根协定》同意建立一个"技术机制"，以加快技术研发和转让。但是规定只用短短一句话进行描述，具体实施方案都未能确定。

（三）技术转让的实践问题

1. 知识产权和技术私有化问题

由于发达国家研发实力强和商业化程度高的原因，目前，国际技术转让的主体是大型的跨国公司和私人机构。目前全球技术研发的经费 80% 来自于私人部门，因此发达国家认为技术转让是属于私人产业领域的事务，很难用政府命令去干涉。发展中国家则认为，就全球共同面临的环境问题而言，技术研发和流动应该是政府和国家应当管辖的事项。发展中国家认为，现代商业社会的知识产权制度是当前国际技术转让的主要障碍。虽然 TRIPs 也在第 66 条规定了发达国家向最不发达国家转让技术的义务，但是毕竟它确立了知识产权保护

---

① 以政府行动为重点，为私营和公营部门转让技术创造有利的环境。例如，实行公平的贸易政策，消除技术转让面临的技术法律和行政障碍，健全的经济政策规章框架和透明度等。

② 亚洲、非洲和拉丁美洲各 3 名，小岛国 1 名，附件一国家 7 名，相关国际组织 3 名。

的最低标准。无论标准是高是低,它都把技术进行了私有化,而所有权一旦由私人掌握,政府使用的成本就大大增加,技术转移和传播就遇到了难以逾越的障碍。

2. 外国直接投资的效果

外国直接投资可以达到技术传播的目的,同时它还具有溢出效果,即通过人员培训和流动、仿制、引导当地供应商采用更高的标准等,将先进技术引入东道国市场。但就环境技术而言,目前可以开发的市场产品有限,而且成本过高。消费者对价格十分敏感,为了推行节能产品,政府应当提供资金,一方面解决投资不足,另一方面进行价格补贴,来刺激市场更新技术,同时加强政策引导。

3. 关于订立单独技术协定的建议

无论是《框架公约》还是《京都议定书》,都没有一个条款是关于促进技术研发的内容。有学者建议,应该订立一个单独的技术协议或者强制技术标准。虽然强制标准会增加成本,但是技术标准克服了市场交易屈从于消费者对价格变化的敏感度,会比交易市场要有效。[①]但协议必须有效、公平、效益,标准必须是在合理范围内。[②]

4.《框架公约》的作用和局限性

无论是订立单独的技术协定,还是通过投资等经济方式,关于环境友好型的技术转让问题,其实践效果都是差强人意的。最根本的原因如前所述,对技术的普遍私有化制度以及知识产权的高标准保护,使得发达国家拒绝技术流转有了依据和理由。要打破这层障碍,单靠一个国际法律机制进行鼓励和督促是远远不够的。比较理想的方式是在技术转让中引入市场机制,这其中也牵涉到资金的问题——如果能够给予私人研发者以足够的回报,技术拥有者自然愿意将技术转让。市场机制的建立,需要政府的投入和体制创新。此外,对于发展中国家来说,如何提升自己的技术研发水平,自给自足,也是一个非常关键的问题。

(四)CDM机制下技术转移问题及我国的应对

1. CDM机制的附带效益——技术转移

根据 IPCC 2007 年第四次报告的定义,技术是指实际应用知识,通过利用技术手段(硬件、设备)和(社会的)信息("软件",用于制造和使用产物的专门技

---

① 举例来说,虽然已经引入了节能灯,但是普通灯的市场份额还是很大,因为后者的价格较低。

② Friedrich Soltau. Fairness in International Climate Change Law and Policy. Cambridge University Press,2009:241.

能)完成各项特定的任务。而所谓的技术转让,是指在各利益攸关方之间知识、硬件和相关软件、货币和商品的交换,它可导致适应或减缓技术的推广,包括国家之间和国家内部的技术推广和技术合作。[1]实践中的技术转移途径包括:政府资助项目、直接购买、颁发特可、国外直接投资、合资、合作研究、合作生产协议、教育和培训以及政府直接技资等。[2]

CDM 机制本身并没有为发达国家设立技术转移的强制义务,相关的条款主要体现在公约和议定书的文本当中。《框架公约》第四条第 5 款规定:"附件二所列的发达国家缔约方和其他发达缔约方应采取一切实际可行的步骤,酌情促进、便利和资助向其他缔约方特别是发展中国家缔约方转让或使它们有机会得到有益环境的技术和专有技术,……"该条款有三个含义:①敦促发达国家向其他缔约方转让技术,但并非强制义务;②受让方包含所有缔约方,但以发展中国家为重点;③发展中国家接受技术只是第一步,发达国家还应帮助他们进行技术开发的能力建设。《京都议定书》第 10 条(c)款重申了技术转让的普遍义务:"合作促进有效方式用以开发、应用和传播与气候变化有关的有益于环境的技术、专有技术、做法和过程,并采取一切实际步骤促进、便利和酌情资助将此类技术、专有技术、做法和过程特别转让给发展中国家或使它们有机会获得……"

无论是《公约》还是《京都议定书》,其所规定的技术转移的义务都是抽象而弹性的,更类似于宣言和呼吁。CDM 机制虽然未在制度文本中设立技术转移义务,但通过发达国家向发展中国家减排项目的投资,实现了资金和技术的转移,切实促进了技术的交流和传播。宽泛地讲,任何有益于温室气体减排、回收和利用的技术,都能成为 CDM 项目的关联技术。

2.CDM 机制下技术转移的特点

(1)技术类型特定化。CDM 下的技术仅限于节能减排的清洁技术。目前可以通过 CDM 项目进行转移的环境友好型技术包括:①提高能源使用效率的节能技术,如在钢铁、水泥、化工等大型工业、建筑业和交通业进行节能的技术,以及废热、废弃回收技术;②新能源和可再生能源技术,如生物质能、核能、风能、潮汐能、太阳能、地热能、水能等;③高效洁净的发电技术及热电联产,如天然气-蒸汽联合循环发电,超临界燃煤发电等;④电力需求侧管理(DSM),如工业通用设备节电改造:变频调速高效马达,高效风机水泵,电热炉改造等;⑤温室气体回收利用技术,包括煤矿煤层甲烷气回收、垃圾填埋沼气回收;⑥植

---

① IPCC,第四次综合报告,术语表,2007 年。
② IPCC 第三工作组特别报告.技术转让的方法学与技术性问题.决策者摘要,2000 年 5 月。

树造林和再造林技术;⑦燃料替代项目,如用石油或天然气替代煤炭。

(2)转移方向单边性。根据《框架公约》秘书处 2010 年 11 月发布的报告,2010 年 6 月 30 日之前进入 CDM 流程的 4984 个项目[①]中涉及的技术,有 84% 来自于发达国家,而 58% 集中于五个大国:德国、美国、日本、丹麦和中国。德国是能效(家用)、风能、氧化亚氮、HFC 项目的主要技术来源国;美国是能源分布、逃逸气体、燃料转换、煤层甲烷、能效(供方)、太阳能、地热能、甲烷避免和填埋气技术的最大提供者;日本主要提供关于能效(自发电和工业)、HFC(氢氟碳化物)和 PFC(全氟化碳)的技术;丹麦是二氧化碳捕捉和生物能技术的最大提供方;中国则是水电技术的主要提供者。大多数技术转移都是由发达国家单向流向发展中国家,这个趋势在一段时间内不会发生大的改变。

(3)转移主体的复杂性。从宏观角度看,技术转移主要由发达国家向发展中国家流动,但实践操作中却十分复杂,私营部门事实上起到了非常重要的主体作用。IPCC 在报告里这样描述:"技术转让的主要参与者包括技术开发者、所有者,技术的供应者、购买者、接受者及使用者(如私营公司、国有企业和个人消费者),资助者和捐赠者,政府,国际机构,非政府组织和社会团体。……技术流动越来越多地依赖于多组织间的协作,如信息服务网商、商业顾问及金融公司,虽然各主要参与者所起的作用不同,但成功的转让需要各主要参与者之间良好的伙伴关系。"[②]

3.CDM 下技术转移存在的问题

(1)技术转移分布不均。根据《公约》秘书处 2010 年 11 月发布的报告,在不同类型的 CDM 项目中,涉及技术转移的比例差异较大。报告对 2010 年 6 月 30 日之前进入 CDM 流程的 4984 个项目的项目设计文件(PPD)进行了分析,发现氧化亚氮项目中技术转移比例最高,为 100%,接下去为垃圾填埋沼气回收的 82%,甲烷回收的 78%,提高能效的 39%,生物能和风能项目的 34%,水电项目中涉及技术转让的比例最低,只有 13%。总体来看,不同的减排技术对技术转移的需求程度不同,如再造林和恢复林、生物能、逃逸气体排放、水电、PFCs 和 SF_6 较少发生技术转移,而工业能效提高、HFCs、氧化亚氮、交通和风能项目技术转移比例较高。同时,根据该报告的结论,CDM 项目中的技术转移更可能发生在规模较大的减排项目当中,小规模项目和单边 CDM 项目[③]的技术转移

---

① 事实上截至 2010 年 6 月 30 日,共有 6556 个项目进入 CDM 的行政流程,但有 1572 个项目因为各种原因中断,因此报告只以剩余的 4984 个项目作为分析对象。

② IPCC 第三工作组特别报告.技术转让的方法学与技术性问题.决策者摘要,2000 年 5 月。

③ 传统的双边 CDM 项目需要先找到 CERs 的买家,由买家承担前期开发成本和风险;单边 CDM 项目是由项目业主自己承担前期开发成本和风险,将项目注册成功后再寻找买家。

比例较低,分别为 25％和 27％。[①]

(2)技术转移比例低,核心技术未实质转移。根据《公约》秘书处的报告,2010 年 6 月 30 日之前进入 CDM 流程的 4984 个项目中,只有 30％的项目发生了技术转移。即使在发生技术转移的项目里,核心技术转移的质量并不高,相当比例的技术转移都是通过设备购买实现,而关于设备的制造、核心技术的研发等信息,并没有实质性地转移。根据复旦大学知识产权研究中心 2011 年 1 月发布的调研报告数据,在我国生物质能的 CDM 项目中,技术转移比例为 32.14％,但大多数为设备转移;甲烷回收项目涉及的均为设备转移,除了一个项目是设备和技术相结合的转移;风能、水电项目的技术转移的比例和质量均不高。[②]

(3)技术受让国的技术水平限制。目前发展中国家技术研发起点较低,对环境保护方面的技术研发在近些年才开始得到重视。技术水平的落后不仅使得发展中国家在技术转移和国际合作中处于被动地位,同时也影响到其对引入技术的消化、吸收和后续研发。如果技术出让国和技术受让国之间的技术水平差距过大,就无法得到有效对接,从而影响技术效果的发挥。同时,如果技术受让国的水平长期处于低水平状态,就会使得引入的先进技术无法长时间、广范围地得到应用,技术的散播和推广都会遇到现实的障碍,无法充分发挥先进技术的价值。

4. 我国 CDM 机制下技术转移的现状与完善

我国目前已经成为 CDM 项目的头号东道国,无论是注册项目的数量,还是签发的 CER 数额,均为世界第一,且占据了相当的比例。截至 2011 年 1 月 19 日,全球共有 2826 个项目在联合国《气候变化框架公约》的 CDM 执行理事会(EB)获得注册,其中我国已注册的项目有 1213 个,占项目总量的 42.9％。已获得核准签发的 CERs 为 548385733,我国签发的 CERs 为 300731372,占签发总量的 54.8％。[③]但是当前 CDM 项目下技术转移存在的问题在我国也同样存在,根据《公约》秘书处的报告,我国 2004 年和 2005 年的 CDM 项目涉及技术转移的比例为 90％,而 2009 年和 2010 年该比例急剧下跌至 14％。同时,涉及转移的技术自身含金量也难以令人满意,所谓的技术转让,更多的只是技术载体——设备的转移,等同于技术和产品贸易,并没有实现先进技术的获取。涉

---

① Christiana Figueres, Forward. The Contribution of the CDM under the Kyoto Protocol to Technology Transfer. the UNFCCC Secretariat, November 2010.

② 复旦大学知识产权研究中心. 中国清洁发展机制项目技术转移问题之研究. 调研报告,2011 年 1 月 8 日。

③ http://cdm. unfccc. int/Statistics/index. html(2011 年 2 月 16 日访问)。

及的设备运行与维护培训,也没有关键技术的输入。[1]有业内人士评论说,我国目前的 CDM 项目数量虽然在不断增加,但引进的主要是资金,相当于我国将二氧化碳指标廉价卖给了国外公司。[2]虽然技术转移中存在的问题有众多的客观因素,例如,发达国家技术转让的意愿和主动性欠缺、资金不足、技术水平差距、项目申请程序的和方法学的复杂性,[3]但我们仍然能在自身能力范围内进行主动的引导、促进和完善工作。主要包括以下几个领域:

(1)完善开展 CDM 项目的法律、政策和信息环境。主要通过保护知识产权、增强环境保护,为私营企业和利益相关者提供资金和政策上的便利和帮助,并提供相应的信息和渠道安排。政府应当制定鼓励技术转让的政策,例如给予企业财政补贴、税收减免和信贷优惠,在不增加企业经济负担的前提下,引入国外先进的清洁技术。按照技术的先进性、地区和企业的经济发展水平和规模、技术的本土化程度划分技术转让的优先领域。[4]政府从国家利益出发,需要引入优质有效的先进技术,但企业是以经济利益为主要驱动力,技术引进并非其活动的宗旨,但企业又是 CDM 项目的主要参与者,因此需要政府进一步完善法律制度和政策体系,鼓励环境友好型技术的转移,利用市场经济手段引导和指挥企业进行项目的开展和国际合作,形成以政府为主导、以市场为导向、多主体参与的 CDM 项目的技术转移模式。

(2)建立技术需求评估(TNAs)体系。对我国拟引入的技术进行分析,主要通过以下三个角度进行:①对该技术的需求程度进行评估,进行迫切需要、一般需要和不需要的分类;②衡量技术引入之后所得到的收益是否足够支付必要的经济成本,如技术许可费用、知识产权障碍等;③考虑该技术对于减少温室气体排放的贡献程度,如 HFCs 和 SF_6 之类的化工项目技术含量较低,不应列入优先发展项目,而应该鼓励和引导与提高能效技术和可再生能源技术相关的 CDM 项目的发展,引入更多技术含金量高、推广效果好的 CDM 项目。[5]在综合分析基础上,应当建立一份明确的技术需求清单,按照特别需要、一般需要和不需要等情况进行大致分类,并定期更新。政府应加强对技术转让的监管和引导,确保 CDM 项目中实际技术转让情况与 PPD 信息相符合。

2010 年 11 月,联合国开发计划署(UNDP)环境与能源组联合《联合国气候

---

① 田春秀,李秀平,Nannan Lundin. CDM 项目中的技术转让:问题与政策建议. 环境保护,2008 年 11 月。

② 周晓芳. 推进 CDM 项目不能短视повис重点引进国外技术. 中国高新技术产业导报,2008 年 5 月 19 日。

③ 郑思海,王宪明. CDM 国际合作中的技术交流障碍与对策研究. 特区经济,2010 年 2 月。

④ 田春秀,李秀平,Nannan Lundin. CDM 项目中的技术转让:问题与政策建议. 环境保护,2008 年 11 月。

⑤ 郑思海,王宪明. CDM 国际合作中的技术交流障碍与对策研究. 特区经济,2010 年 2 月。

变化框架公约》(UNFCCC)秘书处、技术转让专家组发布了第二版的《应对气候变化技术需求评估手册》,该手册在过去 10 多年的相关经验基础上,针对减缓和适应措施中对技术需求的评估提供了一系列的方法,来达到对相关技术的确定、评估和甄选,并且帮助技术使用国搭建框架,提高能力建设和建立国家行动计划。我们也可以参考该文本推动相关工作的进行。

(3)注重技术合作研发,提高自身的技术吸收和再开发能力。通过 CDM 项目,建立与发达国家技术提供方的合作关系,共同研发切合中国实际情况的先进技术,通过合作,不仅可以共享知识产权,也可以提高自身的技术研发水平,提高研发人员的业务素质,为先进技术引进的消化吸收和后续开发打好基础。政府应有意识培养环境保护方面的技术人才,快速提高我国的清洁技术研发水平,在技术方面逐步减少对发达国家的依赖性,因为自主创新才是可持续发展的真正原动力。目前实践中也在摸索一些技术发展模式,例如将一些节能减排大企业与上游进行节能减排技术研发的中小企业联合起来,形成产业和规模效应,如果有好的技术和项目,可以借助政府的支持和推动进行合作。[①]

《框架公约》技术转让专家组主席 Bruce Wilson 认为:"如果技术的发展、推广和转让都能得到有效的设计和实施,这将给南北国家就应对气候变化、推动可持续性和创新性发展等议题提供一个非常有意义的机会。"[②]技术转移的背后是发达国家与发展中国家的对立立场和利益博弈,发展中国家如何在复杂的利益交换中获取有利于自身可持续发展的先进技术,是一项极富挑战性的工作。在依赖发达国家先进技术的同时,增强自主创新能力,研发出属于自己的节能减排技术,才是真正的发展之道。国务院已经提出,到 2020 年把节能环保技术和相关产业发展成为国民经济的"支柱产业",把新能源和新能源汽车产业发展成为国民经济的先导产业。对节能环保技术的重视,不仅是环境保护的需要,也是国民经济可持续发展的动力。

五、对四支柱问题的系统分析和工作思路

(一)四支柱问题之间的关系

减缓、适应、资金和技术虽然是四个相对独立的问题,《框架公约》和《京都议定书》也分别进行了规定和制度设计,但是在整个气候变化问题框架下,这四个问题的互相联系显而易见:①增强减缓行动,减少温室气体排放,减少气候变

---

① 周晓芳.推进 CDM 项目不能短视应重点引进国外技术.中国高新技术产业导报,2008 年 5 月 19 日。

② 联合国开发计划署:《应对气候变化技术需求评估手册》,前言,2010 年 10 月。

化对地球生态的影响程度,会相应地减少对适应工作的要求和强度;②改变人们的生产生活方式,积极进行适应性应对,能够减轻减缓工作的压力,同时减少对更多资金和技术的需求;③无论是减缓还是适应行动,都需要大量资金的投入;④无论是减缓还是适应行动,减缓和适应,都需要环境型技术的研发和广泛传播,其中尤以减缓对技术的要求为高;⑤技术的发展和转让,需要资金的注入和支持。

气候变化四支柱问题之间相辅相成,相互促进。处理得好,能够形成良性循环,整体提升;如果一个环节处理不好,就会影响其他问题的应对效果。由于发展中国家和发达国家的经济实力和技术水平差距,在技术转让存在私权化障碍进展不大的情况下,发达国家能够做的、也是立刻可以实施而没有困难的就是加大资金投入,帮助发展中国家进行减缓和应对,同时也能帮助购买技术,促进转让。所以在当前阶段,资金问题应该是四问题中的关键,是整个气候变化国际机制发展的动力来源,应该作为国际谈判的重中之重。

(二)处理四支柱问题的工作思路

减缓和适应是所有工作的目的,技术和资金则是工具、手段和物质基础。要把工作做好,要设立明确的目标,要协调不同目标之间的关系,合理分配资源,达到支出相同情况下收益最大的结果,这也是经济效益的基本原则。从四支柱问题的关系考察,当前我们的工作,应当从两个角度切入:

1. 积极准备、搜集、积累各种资源,创造良好的工作环境,提供工作的物质基础,这里主要指资金,同时也包含技术。有的技术用再多的金钱都无法研发出来,但好的技术一旦问世,通过资金的利益交换,将其转让和传播是完全可能的,因此资金是基础,是前提,是条件。

2. 合理协调减缓和适应两大目标之间的关系,减缓是全体人类必须要做的工作,它是一项长期的任务,并且在短期内看不到明显效果,但是一项必须坚持下去的工作,如果因为其短期效果不明显而放弃行动,对我们的后代是不公平的,因为他们的环境权被当代人侵犯了。在照顾代际公平的同时,我们也要关注我们这代人的生存、生活和生产,适应工作就是从这个角度出发进行的工作。我们要帮助气候脆弱性国家、地区的居民,改变生活方式、生产方式,甚至改变他们的居住地,以适应气候变化带来的一切地理、生态环境的变化。从当代人角度看,适应工作可能比减缓工作更为迫切、更为重要,这关乎我们这代人的生存和发展问题,不容轻视。在减缓和适应两大目标都不能忽视的情况下,我们只能尽可能合理地协调和安排有限的资源,将工作进行优先排序,将资源用到最需要、最有效益的领域和部门当中。这项工作难度很大,考虑决策者的眼光、魄力和勇气。但由于其关于人类的生死存亡,在这个大背景下,一切困难都不应该是不可逾越的大山。人类是有主观能动性的智慧生物,我们应该有信心也有能力完成这项工作。

第三节　气候变化国际法的履约前景与遵约机制

一、不容乐观的减排履约预测

表 3-3 所示的是根据 OECD 下属国际能源组织（IEA）提供的世界主要国家二氧化碳排放量数据制作的对比表格。从此表可以看出，1990—2008 年主要发达国家排放量均呈增长趋势。从增长幅度看，澳大利亚、新西兰、挪威、加拿大都达到 20％以上，澳大利亚和挪威更是达到了 50％以上的增长速度，完全与其在《京都议定书》下的减排义务背道而驰。欧盟 15 国虽然总体只增长了 1.25％，但其在《京都议定书》下的减排任务为－8％。美国虽然退出了《京都议定书》，但其 16.9％的增排幅度也十分引人注目。俄罗斯的排放总量下降约 28％，这主要是由于苏联国家在 1990 年后的经济衰退导致，这也使俄罗斯拥有了大量可在国际排放交易市场贩卖的"热气"。

表 3-3　1990—2008 年世界主要国家二氧化碳排放量　（单位：百万吨）

年份 国别	1990	2005	2006	2007	2008	2008 较 1990 排放变化比例/％	京都议定书 减排目标/％
美国	4860.4	5843.9	5764.3	5850.8	5684.1	＋16.9	－7(已退出)
加拿大	423.6	545.4	533.0	545.5	530.4	＋25.2	－5
澳大利亚	260.9	368.5	377.1	381.3	400.9	＋53.7	＋8
新西兰	23.0	32.1	32.8	31.9	32.0	＋39.0	0
日本	1074.1	1229.5	1219.6	1241.6	1197.8	＋11.5	－5
挪威	28.5	37.5	39.5	38.8	44.3	＋55.5	＋1
瑞士	42.1	43.4	44.2	40.4	42.8	＋1.7	－8
冰岛	2.0	2.2	2.2	2.3	2.2	＋12.3	＋10
欧盟 15 国①	3128.3	3290.8	3272.7	3222.1	3167.5	＋1.25	－8
俄罗斯	2337.2	1579.8	1629.1	1611.3	1662.8	－28.9	0

①《京都议定书》下的欧盟 15 国包括：奥地利、比利时、德国、丹麦、意大利、卢森堡、荷兰、英国、芬兰、法国、希腊、爱尔兰、葡萄牙、西班牙、瑞典。

国别排放数据来源：国际能源组织（IEA）于 2010 年 10 月 6 日发布的报告：CO_2 Emission From Fuel Combustion Highlights（2010 Edition），http://www.iea.org/co2highlights/（2010 年 10 月 8 日访问）。

截至 2008 年的数据并不能完全确定《京都议定书》第一阶段的减排履行情况,但承诺期之前年份的排放量预示了《京都议定书》承诺期的减排趋势和完成减排义务的难度大小。2010 年 4 月 13 日,中国外交部发言人姜瑜在例会上表示,《京都议定书》明确规定了发达国家在 2008—2012 年(第一承诺期)应承担的量化减排义务。第一承诺期即将结束,大部分发达国家不仅没有完成这一减排任务,而且排放量还有较大幅度增长。①日本寄希望于通过 CDM 机制购买减排额度(CERs)来完成减排义务。而加拿大政府承认几乎肯定完不成减排目标。②《议定书》要求发达国家整体至少减排 5.2%,但其实际增长却达到了11.2%。美国虽未签署《京都议定书》,但仍是《框架公约》缔约方,其排放增长约 17%。③

从目前数据来看,在《京都议定书》第一阶段结束后,出现部分国家无法完成减排义务情况的可能性很高。对于公约和议定书的履约和遵约控制来说,是否可以提前做些工作来尽量减少这种可能性或者减少未履约的额度和差距,同时在 2012 年后如何处理未完成义务的情况,保证将来可能的第二阶段的实施效果,对于整个气候变化国际法的实施意义重大。对这两方面问题进行预测和分析,首先需要了解《框架公约》和《京都议定书》关于履约义务以及遵约机制的内容。

二、《框架公约》和《京都议定书》关于提交履约报告的规定

(一)为促进履约而设立的二级义务——提交国家报告

作为一个框架性文件,《框架公约》并未对缔约方设定具体的减排义务,但为了保证公约的宗旨实现,仍然设计了一套履约制度,包括针对不同类型缔约方的区别义务及机构建立。在履约义务设定上,《框架公约》第四条第 2 款 b 项和第十二条是主要的条款依据,这些条款要求缔约方定期通报信息,以说明该国在履行该公约问题上的总体状况和进展,包括国内已经采取的政策和措施内容等。报告需要符合统一的形式要求,同时要符合缔约方会议出具的报告指南。需要说明的是,要求缔约方提交履约报告的义务,在性质上具有双重性质。一方面,提交报告本身即为国际公约缔约方需要履行的义务之一;另一方面,提交报告的真正目的是为了了解和督促缔约方是否在真正履行公约的实质义务,

---

① 环球网:http://china.huanqiu.com/roll/2010-04/776813.html(2010 年 8 月 19 日访问)。

② http://www.forestry.gov.cn/portal/jjyj/s/1583/content-265937.html(2010 年 8 月 19 日访问)。

③ 21 世纪经济报道.哥本哈根"窄门":定义后京都时代.2009 年 12 月 8 日,http://nf.nfdaily.cn/epaper/21cn/content/20091208/ArticelJ06004FM.htm(2010 年 8 月 19 日访问)。

在气候变化问题上，就是减排义务。因此，减少温室气体排放等义务可称为"一级义务"或者是"实质上的义务"，而提交报告义务是保证实质义务履行的监督机制，类似于"二级义务"或者"形式上的义务"。

（二）《框架公约》第十二条关于提交报告义务的规定

根据第十二条的规定，所有缔约方都需要遵守的一般义务为："每一缔约方应通过秘书处向缔约方会议提供含有下列内容的信息：（a）在其能力允许的范围内，用缔约方会议所将推行和议定的可比方法编成的关于《蒙特利尔议定书》未予管制的所有温室气体的各种源的人为排放和各种汇的清除的国家清单；（b）关于该缔约方为履行公约而采取或设想的步骤的一般性描述；（c）该缔约方认为与实现本公约的目标有关并且适合列入其所提供信息的任何其他信息，在可行情况下，包括与计算全球排放趋势有关的资料。"

而对于附件一缔约方，其义务内容在前面一般义务基础上又要承担特别义务："附件一所列每一发达国家缔约方和每一其他缔约方应在其所提供的信息中列入下列各类信息：（a）关于该缔约方为履行其第四条第 2 款（a）项和（b）项下承诺所采取政策和措施的详细描述；（b）关于本款（a）项所述政策和措施在第四条第 2 款（a）项所述期间对温室气体各种源的排放和各种汇的清除所产生影响的具体估计。"另外，"附件二所列每一发达国家缔约方和每一其他发达缔约方应列入按照第四条第 3、第 4 和第 5 款所采取措施的详情"。

在提交信息时间上，不同缔约方的要求也有所区别："附件一所列每一发达国家缔约方和每一其他缔约方应在公约对该缔约方生效后六个月内第一次提供信息。未列入该附件的每一缔约方应在公约对该缔约方生效后或按照第四条第 3 款获得资金后三年内第一次提供信息。最不发达国家缔约方可自行决定何时第一次提供信息。其后，所有缔约方提供信息的频度应由缔约方会议考虑到本款所规定的差别时间表予以确定。"

（三）《京都议定书》对报告内容和提交时间的要求

《京都议定书》第五条第 1 款规定："附件一所列每一缔约方，应在不迟于第一个承诺期开始前一年，确立一个估算《蒙特利尔议定书》未予管制的所有温室气体的各种源的人为排放和各种汇的清除的国家体系。

而《京都议定书》第七条则详细规定了在根据《框架公约》履行报告义务时，要将特定的内容和信息列明："附件一所列每一缔约方应在其根据《框架公约》缔约方会议的相关决定提交的《蒙特利尔协定书》未予管制的温室气体的各种源的人为排放和各种汇的清除的年度清单内，载列将根据下述第 4 款确定的为确保遵守第三条的目的而必要的补充信息。""附件一所列每一缔约方应在其依《框架公约》第十二条提交的国家信息通报中载列根据下述第 4 款确定的必要的补充信息,以示其遵守本议定书所规定承诺的情况。"

关于提交信息的时间,《京都议定书》规定:"附件一所列每一缔约方应自本议定书对其生效后的承诺期第一年根据《框架公约》提交第一次清单始,每年提交上述第 1 款所要求的信息。每一此类缔约方应提交上述第 2 款所要求的信息,作为在本议定书对其生效后和在依下述第 4 款规定通过指南后应提交的第一次国家信息通报的一部分。其后提交本条所要求的信息的频度,应由作为本议定书缔约方会议的《框架公约》缔约方会议予以确定,同时考虑到《框架公约》缔约方会议就提交国家信息通报所决定的任何时间表。"

(四)报告的审查

在专门机构设立上,《框架公约》第十条专门设立了附属履行机构(SBI)来协助缔约方会议评估和审评本公约的有效履行。该机构由作为气候变化问题专家的政府代表组成。该机构定期就其工作的一切方面向缔约方会议报告,主要职责包括:(a)对各缔约方所采取步骤的总体合计影响作出评估;(b)协助缔约方会议进行第四条第 2 款(d)项所要求的审评;(c)酌情协助缔约方会议拟订和执行其决定。

根据《京都议定书》第八条的规定:"附件一所列每一缔约方依第七条提交的国家信息通报,应由专家审评组根据《框架公约》缔约方会议相关决定并依照作为本议定书缔约方会议的《框架公约》缔约方会议依下述第 4 款为此目的所通过的指南予以审评。……"而专家评审组则"应根据《框架公约》缔约方会议为此目的提供的指导,由秘书处进行协调,并由从《框架公约》缔约方和在适当情况下政府间组织提名的专家中遴选出的成员组成"。审评过程"应对一缔约方履行本议定书的所有方面作出彻底和全面的技术评估。专家审评组应编写一份报告提交作为本议定书缔约方会议的《框架公约》缔约方会议,在报告中评估该缔约方履行承诺的情况并指明在实现承诺方面任何潜在的问题以及影响实现承诺的各种因素。此类报告应由秘书处分送《框架公约》的所有缔约方。秘书处应列明此类报告中指明的任何履行问题,以供作为本议定书缔约方会议的《框架公约》缔约方会议予以进一步审议"。

三、《京都议定书》遵约机制述评

(一)遵约机制的产生

无论是《气候变化框架公约》还是《京都议定书》,都没有明确规定缔约方如果没有完成条约义务应承担的责任和后果。《框架公约》作为一个典型的软法文件,没有规定具体的遵约机制容易理解。但《京都议定书》明确规定了缔约方减少温室气体排放的目标和实施国内政策措施的义务,为保证议定书的实施,遵约机制不可缺少。由于短时间内无法设计出一个完善的制度,《京都议定书》将这个问题留待以后的会议通过修正案的形式制定和实施,因此在《京都议定书》第十八条中规定:"作为本议定书缔约方会议的《框架公约》缔约方会议,应在第一届会议上通过适当且有效的程序和机制,用以断定和处理不遵守本议定书规定的情势,包括就后果列出一个示意性清单,同时考虑到不遵守的原因、类别、程度和频度。依本条可引起具拘束性后果的任何程序和机制应以本议定书修正案的方式予以通过。"

《京都议定书》签订后,1998 年在 COP-4 上成立的"遵约问题联合工作组"的工作效率令人满意,在议定书未生效之前就初步设计了遵约机制。2001 年的《框架公约》第七次缔约方大会(COP-7)上通过的《马拉喀什协定》给予《京都议定书》的生效和实施确立了详细的可操作框架,其中的第 24 号决定规定了《京都议定书》的遵约机制(compliance mechanism)。2005 年《京都议定书》生效后,该机制被议定书第一次缔约方会议(MOP-1)进行了修正并正式通过。《京都议定书》下的遵约机制被认为是当前国际环境法领域最为复杂且具自身特色的遵约机制。

(二)遵约机制简介[①]

1.目标和机构设置

COP-7 第 24 号决定的名称是"与《京都议定书》规定的遵约有关的程序和机制",其附件详细规定了遵约程序和机制。文件确认设立遵约制度的目标是为了"便利、促进和执行根据《京都议定书》作出的承诺"。

缔约方同意为此设立遵约委员会(compliance committee)。委员会下设全体会议(plenary)、主席团(bureau)和两个分支机构(促进事务组和执行事务组)等机构。委员会由 20 名委员组成,委员及候补委员由缔约方会议选出,应在气候变化及相关领域,如科学、技术、社会经济或法律等领域,具有公认的专业能力,并以个人身份任职。[②] 其中 10 名在促进事务组任职,10 名在执行事务组任职。每个事务组从其成员中选出一名主席和一名副主席,分别来自附件一缔约方和非附件一缔约方,任期两年。事务组主席应由附件一缔约方和非附件一缔约方轮流担任。委员会应尽量以协商一致方式得出决议,如果无法争取协商一致结果,以出席并参加表决委员的至少 3/4 通过决定。委员会应每年至少举行两次会议。事务组的主席和副主席组成委员会主席团。主席团的任务是将履

---

① FCCC/CP/2001/13/Add.3;FCCC/KP/CMP/2005/8/Add.3.

② 中国国家发展改革委应对气候变化司长苏伟现为强制执行事务组委员。苏伟曾任 2009 年哥本哈根国际气候会议中国政府代表团副团长、中国首席谈判代表。

行问题分配给适当的事务组。

委员会 20 名成员组成全体会议,两个事务组主席担任全体会议的联合主席。全体会议的职能包括:①向缔约方会议报告;②进行一般政策指导;③向缔约方会议提交委员会行政和预算事项建议;④拟定议事规则等。第一次会议于 2006 年 3 月在德国波恩举行,至 2010 年 9 月,遵约委员会总共举行了 8 次全体会议。

促进事务组成员构成为:①5 个联合国区域集团①各 1 名,小岛屿发展中国家 1 名;②附件一缔约方 2 名;③非附件一缔约方 2 名。成员构成均衡地反映科学、技术、社会经济或法律领域的专业能力。促进事务组的总体工作职责为"依据共同但有区别责任和各自能力的原则,负责向缔约方提供执行议定书的咨询和便利,并负责促进缔约方遵守承诺。并预先警报可能出现的不遵约情况"。促进事务组有权决定是否采取宣布不遵约或者要求缔约方拟订遵约计划等不遵约措施。至 2010 年 9 月,促进委员会总共举行了 9 次全体会议。

执行事务组的构成依据与促进事务组相同,但选举出的成员应具备法律经验。执行事务组的工作职责分为:①确定缔约方是否遵守议定书的相关承诺;②决定是否对相关清单、数据核算进行调整和纠正;③对不遵约情况适用有关后果,如扣减第二承诺期排放配额、取消排放交易资格等。至 2010 年 9 月,执行委员会总共举行了 11 次全体会议。

2. 运作流程

(1)初步分析(preliminary examination)。在发生某值得关注的遵约情势时,委员会主席团将该问题分配给适当的事务组。有关事务组先对履行问题进行初步分析,主要审查该问题是否具备充足佐证、根据和议定书依据。初步分析报告得出是否进行进一步处理的结论后,通过秘书处以书面形式告知有关缔约方。

(2)信息审议(information consideration)。在初步分析报告决定进一步处理结论后,事务组根据专家评审组报告、缔约方提交的信息、缔约方会议或附属机构报告、另一个事务组提供的信息等进行审议。审议信息一般情况下应予公布。有关的政府间组织和非政府组织可向有关事务组提交相关的事实和技术信息。

(3)最终决定(final decision)。促进事务组在信息审议后可作出以下决定:

---

① 联合国区域集团是对联合国会员国的一种非官方划分方式,按照地理区域划分为西欧和其他国家集团、东欧集团、拉丁美洲和加勒比国家集团、亚洲集团和非洲集团。联合国在分配相关职位选举时,按照该区域集团进行地域代表性基础分配。大洋洲的澳大利亚和新西兰为西欧集团成员。美国、以色列等个别国家未包含在内。

①提供咨询意见和提供协助；②促进资金和技术援助；③拟定对有关缔约方的建议。执行委员会在信息审议后可以作出以下内容的决定：①针对缔约方违反《京都议定书》第5条和第7条承诺①的情况，可以作出"宣布不遵约情况"以及"要求该缔约方提交遵约计划"的决定；②针对违反《京都议定书》第③条排放目标承诺、超额排放的缔约国，可以实施以下决定：扣减该缔约方在第二承诺期中等于其超额排放量1.3倍的排放配额、要求缔约方拟订遵约行动计划、取消排放交易资格。最终决定应包含结论与理由，并通过秘书处以书面形式告知有关缔约方。

（4）上诉（appeals）。如果一缔约方认为执行委员会作出的最终决定未经正当程序，可向议定书缔约方会议提起上诉。议定书缔约方会议可由出席会议并参加表决的缔约方3/4否决执行事务组的决定。在就上诉作出决定之前，仍应维持执行事务组的决定。如45天内对执行事务组的决定未提出上诉，则该决定即为最终决定。

（三）遵约委员会的活动②

至2010年9月，遵约委员会主要在以下案例中正式展开遵约程序。促进事务组方面，主要对77国集团主席南非以及中国以77国集团和中国的名义提交的题为"《京都议定书》第三条第1款的遵守情况"材料进行了初步审查。该程序主要是针对奥地利、保加利亚、加拿大、法国、德国、爱尔兰、意大利、拉脱维亚、列支敦士登、卢森堡、波兰、葡萄牙、俄罗斯联邦、斯洛文尼亚、乌克兰等15个国家未按时提交国家信息通报及进展报告事项而正式启动，后因事务组委员就是否进一步审议未达成一致结论而中止。执行事务组方面，正式启动的程序有：①针对希腊没有遵守《京都议定书》第五条第1款之下的国家体系指南和第七条所要求的信息的编制指南的程序；②针对加拿大没有遵守《京都议定书》第七条所要求的信息的编制指南和第七条第4款之下配量的核算模式，以及各登记制度之间数据交换的技术标准要求的程序；③针对克罗地亚没有遵守《京都议定书》第三条第7款和第8款，以及第七条第4款之下配量的核算模式的程序；④针对保加利亚未遵守《京都议定书》第五条第1款估算温室气体人为源排放量和汇清除量的国家体系指南的程序。

---

①　《京都议定书》第57条是关于确立估算温室气体人为源排放量和汇清除量的国家体系的义务；第7条关于在清单内载列相关信息的义务。

②　http://unfccc. int/kyoto_protocol/compliance/questions_of_implementation/items/5451. php（2010年10月10日访问）。

四、对《京都议定书》遵约机制实施问题的评论

国际习惯法上有一条古老的、获得普遍公认的基本原则："条约必须遵守" (pacta sunt servanda)。1969 年维也纳《条约法公约》第 26 条规定："凡有效之条约对其各当事国有拘束力,必须由各该国善意履行。"但是《条约法公约》第 54 条同时规定："在下列情形下,得终止条约或一当事国得退出条约:(甲)依照条约之规定;或(乙)无论何时经全体当事国与其他各缔约国协商后表示同意。"

根据《京都议定书》第 27 条的规定,当事国在 2005 年京都议定书生效三年之后可以无理由退出议定书:"①自本议定书对一缔约方生效之日起三年后,该缔约方可随时向保存人发出书面通知退出本议定书。②任何此种退出应自保存人收到退出通知之日起一年期满时生效,或在退出通知中所述明的更后日期生效。③退出《框架公约》的任何缔约方,应被视为亦退出本议定书。"而事实上,美国在《京都议定书》生效之前就已经退出了该机制。

国际法并不存在高于任何国家的强制实施机构,缔约方遵守国际义务的动因往往来自于利益交换、国际声誉等抽象而复杂的背景因素。气候变化问题尤其如此。履约是行为,遵约是结果,两者在实质上是同一的问题。在国际环境法的履约问题上,面临的最大障碍就是各国可以通过国际合作在未来获得长期的环境利益,但是在短时期内需要付出很大的成本,而该成本有可能会因为其他国家未参与该机制导致搭便车,以及环境效益减弱,从而使得现有缔约方履约积极性下降。因此,气候变化国际法的履约或者遵约问题是一个难题,一方面要保证正在履行义务的国家保持积极态度,另一方面又不能对他们过于苛责,因为他们有权利无理由退出。

虽然 2001 年的《马拉喀什协定》规定了目前在国际环境法领域最为复杂而有特色的履约机制,但是根据目前的数据推测,到 2012 年 12 月底《京都议定书》的第一阶段结束,仍然会有部分国家无法达成减排义务。根据相关规定,未完成义务的缔约方在第二阶段不仅要将超额排放量额外扣减,同时剥夺其继续参加国际减排交易市场的资格。但是就现有的国际谈判情势来看,特别是哥本哈根会议之后,国际社会对短期内达成新的后续协议信心不大。如果协议出台如此缓慢和困难,出现 2012 年后的法律真空期的可能性很大。在这种情况下,在第一阶段没有完成减排义务的国家是否仍然会按之前的规定承担更多的义务,接受一些负面后果呢?如果由于没有后续协议而"逃脱"了制度规定的"惩罚",这会导致缔约方对于法律制度的权威性大打折扣,对气候变化国际机制将来的发展极为不利。因此,如何在当前尚不明朗的发展前景下,维持《京都议定书》的法律高度,维护义务和责任的重要地位,是一项十分重要的工作。这项工

作开展的前提是后京都机制的确立。如果真的无法达成 2012 年后的减排安排，出现法律真空期，京都议定书的遵约机制仍然有重要的参考价值和意义，成为将来谈判的基础。无论如何，在现有法律文件框架下，缔约方认真履行、行政机构认真执行，都是维持和发展气候变化国际法的需要，不应停止，不应减损。

本章小结

气候变化国际法的灵活履约机制一直为各界所称道，在实践中也的确取得了良好的效果。然而世上没有完美的事物，任何制度一旦开始实施，就很可能出现利益分配不够均衡的局面，这是由多种客观因素造成的，最主要的原因就是参与主体自身条件的差异。灵活履约机制在实施中存在的成本高、项目分配不均衡、部分国家受益较多的情况，需要在后期通过制度修正逐渐遏制与完善，但灵活履约机制本身是一个正确的设计和决定，这是必须承认和坚持的。

巴厘岛会议成果往往被集中在巴厘岛路线这个主题上，事实上，在该次会议上综合提出气候变化国际法的四支柱问题，也是该次会议的一大成果。减缓、适应、资金和技术，这四个词组已经涵盖了气候变化国际法的所有内容。更为复杂的是，这四个问题之间的关系十分复杂，有的相互冲突（减缓和适应），有的需要共同促进（技术和减缓），有的成为所有工作的基础（资金）……四支柱问题之间的复杂联系使得问题似乎很难处理，但实际上并没有那么困难，归根到底，任何一个因素的进步都将有利于其他三个因素的共同发展。

在国际法领域，履约和遵约问题是制度实施中最有风险也是最关键的环节。在缺乏国际权威机构和强制力的情况下，国际法制的履行和遵守，更多地依赖于利益交换、力量对比和道德压力。气候变化国际法复杂而完整的遵约程序已经尽最大可能在制度设计上保障义务的履行和实现，但实际的效果如何，并不取决于这个遵约机制的完善与否，这是一个令人遗憾的现实。

第五章　气候变化与其他国际法部门
的交叉问题评述

第一节　与其他国际环境公约的协同关系

《气候变化框架公约》要求缔约方努力将温室气体排放降到 1990 年水平，虽然拥有 190 多个成员国，但是公约没有规定具体的减排义务，也没有强制的法律约束力，因此并不能产生直接的法律和环境效果。《京都议定书》明确了 5.2% 的减排目标，并为义务国分配了具体的量化目标，但是参与国数量过少，排放大国美国又拒绝承担减排义务，即使议定书缔约方都完成了各自义务，在短期内也无法改变全球变暖的趋势，甚至不能减少全球的温室气体排放量，因此《京都议定书》的效果客观上也无法令人满意。

从另一个角度来说，气候变化是一个全球性的环境问题，如果要达到《框架公约》的"足以使生态系统能够自然地适应气候变化、确保粮食生产免受威胁并使经济发展能够可持续地进行的时间范围内实现"的目标，就需要处理与气候变化有交互作用的其他环境问题，如生物多样性流失、土地荒漠化、森林砍伐、湿地退化等。在《气候变化框架公约》无法全面覆盖相关问题的情况下，加强气候变化国际机制与其他相关国际环境公约的协同作用，将有助于气候变化问题的积极应对。下面将集中讨论与气候变化国际机制联系最紧密的几个公约：《生物多样性公约》、《防治荒漠化公约》、《湿地公约》、《世界遗产公约》、《森林原则宣言》、《迁移物种公约》、《海洋法公约》等。

一、里约三公约的联合履行机制

1992 年 6 月，在巴西里约热内卢召开的联合国环境与发展大会[①]上通过了

---

① 1992 年于巴西里约热内卢举行的联合国环境与发展会议的成果包括：《联合国气候变化框架公约》(《气候变化公约》)，《生物多样性公约》，《21 世纪议程》，可持续发展委员会的成立，《关于环境与发展的里约宣言》，《关于所有类型森林管理、养护和可持续开发全球共识的无法律约束力权威性原则声明》(也叫做《森林原则》)。环发会议还牵头发起了针对《联合国防治荒漠化公约》的谈判。

两个著名的国际环境公约：《联合国气候变化框架公约》、《生物多样性公约》。同时，该次会议表达了对荒漠化问题的关注，大会支持用新的、综合性的方法应对荒漠化问题，强调在社区层面的可持续发展行动。会议呼吁联合国大会成立一个政府间谈判委员会来完成防治荒漠化公约的文本。1992 年 12 月，联合国大会的 47/188 决议同意了该项建议。①虽然《联合国防治荒漠化公约》在 1994 年才获得通过，但一直被认为是里约首脑会议的一项成果②。在其后的公约协作工作中，《联合国防治荒漠化公约》与《联合国气候变化框架公约》、《生物多样性公约》一起，并称为"里约三公约"。

(一)《生物多样性公约》

1. 生物多样性与《生物多样性公约》

根据《生物多样性公约》(convention on biological diversity, CBD) 第 2 条，所谓生物多样性，就是指"所有来源的形形色色生物体，这些来源除其他外，包括陆地、海洋和其他水生生态系统及其所构成的生态综合体；这包括物种内部、物种之间和生态系统的多样性"。生物多样性包含三个层次：遗传多样性、物种多样性和生态系统多样性。生物多样性既包括最简单的细菌基因，也包括广袤和复杂的亚马逊雨林，是整个生态圈的所有单位总和。各物种和生态系统内部和彼此之间的多样化，对于地球、人类福祉以及人们的生计和文化的完整性都具有基础意义。多种因素导致的生物多样性逐渐丧失是一个悄然出现的紧急情况，会对全世界消除贫穷和实现可持续发展的努力产生负面影响。

联合国环境规划署于 1987 年承认有必要对当时分散型保护生物多样性的架构进行审查。一个专门工作小组拟定的条约草案经规划署秘书修改后作为正式草案提交讨论。在 1992 年的里约环境与发展大会上，尽管美国等少数国家拒绝签字，但仍有 157 个国家签署了该公约。《生物多样性公约》于 1993 年 12 月正式生效。该公约为减缓和遏制生物多样性的丧失提供了一个全面的框架纲领，其缔约方承诺致力于贯彻公约的三项目标：保护生物多样性、可持续地利用自然资源、公正和公平地分享利用遗传资源所产生的惠益。截至 2010 年 9 月，生物多样性公约的成员国已经达到 193 个（包括一个区域性组织——欧盟），成为范围最广、普遍性最强的少数几个国际公约之一。

---

① 《联合国防治荒漠化公约》官方网站：http://www.unccd.int/convention/menu.php(2011 年 2 月 24 日访问)。

② 《联合国防治荒漠化公约》第八次缔约方大会决议文件：ICCD/COP(8)/16/Add.1，第 3 号决定，附件。

2. 生物多样性与气候变化的联系

生物多样性与气候变化的联系可以分为减缓和适应两个方面。从减缓角度来说,蕴含了大量碳的生态系统[①]在全球碳循环以及适应气候变化方面发挥着关键作用。但诸多生态系统的退化正在大幅减少其碳储存和碳固存的能力,导致温室气体在大气中的浓度增加和在基因、物种及生态系统层面上生物多样性的丧失。维持生态系统的完整性和多样性,不仅是维持碳源和碳汇功能平衡的需要,也是为碳汇的开发和增强提供未来发展的可能性和选择空间。正在加剧的气候变化对生态系统的压力正在快速增加,生态系统的退化反过来加剧气候变化的后果,形成恶性循环。从另一个角度分析,人类应对气候变化所采取的减缓措施,也会对生物多样性造成影响,例如为减少化石能源的使用,而提倡开发生物能,使得部分国家大面积种植棕榈油和玉米,不仅使得作物生态系统单一化,而且侵占了当地的森林面积,对当地的生态系统造成破坏。

针对气候变化的适应活动同样与生物多样性存在十分紧密的联系。"生物多样性本身就是适应气候变化战略的一个不可或缺的要素。如果社会生态系统要保持其适应能力,生态系统的恢复力——依此由生物多样性的结构和功能所支配就是一个基本因素……生态系统的恢复力越强,越能够在为社会提供必不可少的服务的同时适应气候变化。"[②]人类所采取的针对气候变化的适应活动,有可能对生态系统养护产生积极作用,也可能打破其自身的平衡,产生不利影响。例如修建堤坝,生态迁徙,用耐温和抗热性强的植物取代对温度敏感的植物,建立新的水利工程防洪抗旱等,都会对当地的生态系统造成影响。

3. CBD 在气候变化问题上的工作

2000 年 5 月,CBD 第五次缔约方大会(COP)在内罗毕举行,会议在处理珊瑚和森林多样性问题中第一次提出了气候变化与生物多样性之间的联系问题,在 V/4 号决定中要求"科学、技术与工艺咨询附属机构"(SBSTTA)对气候变化与生物多样性之间的联系进行广泛的评估。SBSTTA 于 2001 年 3 月成立了生物多样性与气候变化问题特设技术专家组,主要审议气候变化相关活动对生物

---

① 陆地生态系统中储存了大约 2500 千兆吨的碳,另有 38000 千兆吨以上的碳存于海洋中(37000 千兆吨存于深海,需要相当长的时间才能返回到大气过程中,超过 1000 千兆吨存于海洋上层),大气中约有 750 千兆吨的碳。大概有超过 160 千兆吨的碳在生物圈(包括海洋和陆地生态系统)和大气之间自然循环。因此,海洋和陆地作为碳源和碳汇,其发生的微小变化都会对大气中的二氧化碳水平造成极大影响。(生物多样性和气候变化问题第二特设技术专家组的报告:《将生物多样性与减缓和适应气候变化联系起来》,《生物多样性公约》技术丛书第 41 号,第 8 页,http://www.cbd.int/ts,2011 年 2 月 27 日访问)

② 《生物多样性公约》科学、技术和工艺咨询附属机构. 气候变化:特设技术专家组的职权范围. UNEP/CBD/SBSTTA/10/18.

多样性的可能负面影响,以及查清生物多样性在减缓气候变化方面的作用。该小组于 2002 年和 2003 年期间提交了题为"生物多样性与气候变化之间的相互联系:关于在实施联合国气候变化公约及其京都议定书的过程中考虑到生物多样性问题的建议"的报告(《生物多样性公约》技术丛书第 10 号)。第一个特设技术专家组的工作使得关于生物多样性和气候变化两者之间关系的信息和确定性大为增加。①

2004 年 2 月,在公约第七次缔约方大会上通过了Ⅶ/15 号决定,邀请《气候变化框架公约》、《京都议定书》与 CBD 之间建立联系,鼓励气候变化机制缔约方使用 CBD 的相关技术报告,注意到气候变化与生物多样性之间的交互关系,并将这种关注和理解加入到《气候变化框架公约》的相关活动当中。2006 年 3月,公约的第八次缔约方大会又通过了Ⅷ/30 号决定,着重强调了为应对气候变化,应将生物多样性因素放入到相关国家政策、规划和项目当中,同时需要确定里约三公约的秘书处、缔约方和相关组织可以采取的相互支持行动。

2008 年 5 月,公约的第九次缔约方大会通过Ⅸ/16 号决定。其中的 A 部分提出了将气候变化活动融入到生物多样性公约的工作规划当中,B 部分提出在里约三公约之间进行相互支持行动的备选方案。为了能够给更多与气候变化相关工作提供技术支持,根据 CBD 第九次缔约方大会的第Ⅸ/16 B 号决定,公约于 2008 年召集了生物多样性和气候变化问题第二个特设技术专家组,目的是向气候变化机制进程提供与生物多样性有关的信息,提供关于将保护和可持续利用生物多样性纳入减缓和适应气候变化活动的技术咨询意见和评估。②

(二)《联合国防治荒漠化公约》

《联合国防治荒漠化公约》的全称为《联合国关于在发生严重干旱和/或沙漠化的国家特别是在非洲防治沙漠化的公约》,是 1992 年里约环境与发展大会框架下的三大国际环境公约之一。该公约于 1994 年 6 月 7 日在巴黎外交大会上通过,1996 年 12 月正式生效。截至 2010 年 8 月,公约共有 193 个缔约方(含一个区域组织)。常设秘书处设在德国波恩。公约的核心目标是由各国政府共同制定国家级、次区域级和区域级行动方案,并与捐助方、地方社区和非政府组织合作,以应对荒漠化的挑战。

根据公约的定义,荒漠化是指包括气候变异和人类活动在内的种种因素造成的干旱、半干旱和亚湿润干旱地区的土地退化。这种退化会造成土壤产力和

---

① 生物多样性和气候变化问题第二特设技术专家组的报告:《将生物多样性与减缓和适应气候变化联系起来》,《生物多样性公约》技术丛书第 41 号,http://www.cbd.int/ts(2010 年 9 月 3 日访问)。

② 生物多样性和气候变化问题第二特设技术专家组的报告:《将生物多样性与减缓和适应气候变化联系起来》,《生物多样性公约》技术丛书第 41 号,http://www.cbd.int/ts(2010 年 9 月 3 日访问)。

营养成分的减少,地上和地下生物量的减少,从而减弱碳吸收的能力,加剧土壤的退化,并且影响植物和土壤有机物的多样性生存。气候变化对生态的影响会又反过来加剧土地退化的程度。土地的持续退化造成的碳质底土的暴露会向空气释放出更多的碳质。因此,土地荒漠化与气候变化以及生物多样性都有着直接联系。而土地退化可以同时被看作是气候变化的原因和结果。①

2008 年 1 月,由联合国经济社会事务部和中国国家林业局联合举办的以"防治荒漠化、促进可持续发展"为主题的防治荒漠化国际会议在北京召开,会议重点研讨荒漠化成因、防治荒漠化中遇到的困难和取得的成功经验,以及能力建设等问题,并通过了《北京宣言》。宣言认为"加强里约三个公约(防治荒漠化、气候变化和生物多样性)的履约协作,将有助于采取协调行动,在保护干旱地区生态系统、减缓气候变化影响方面实现共赢"。

在 2009 年 9 月布宜诺斯艾利斯举行的公约第九次缔约方会议上,举行了三个主题的交互式对话(圆桌会议),其中一个主题就是"荒漠化/土地退化与气候变化——当前在哥本哈根新的气候制度谈判中土地起什么作用"。会议认为,在采取的同时应对两种现象的最适当的协同应对办法时,必须把握住气候变化与荒漠化/土地退化之间的联系。会议同时强调,"处理荒漠化/土地退化和干旱问题是处理气候变化问题最重要的方式之一,采用这种方式,能够促成旱地居民的抗御力,增强他们适应气候变化的潜力"。发言者呼吁加强与《联合国气候变化框架公约》和《生物多样性公约》的合作,以期通过整体的框架,避免里约各公约之间的冲突。在适应和土壤固碳问题上加强与《气候变化框架公约》的工作,必须继续以旱地为重点,进一步探索旱地的潜力和机会。与会者认为,土壤固碳是适应气候变化的重点问题,应将其作为参与气候变化和《气候变化框架公约》进程的切入点。②

(三)里约三公约的联合履行机制

在里约三公约间建立一个联合履行机制的建议首先由 CBD 的科学、技术和工艺咨询附属机构提出,随后得到了《气候变化框架公约》的附议。该机制的工作目的是将气候变化适应、防治荒漠化和生物多样性保护以及资源可持续利用三个问题联系起来,加强三个公约之间的协同和合作。支持者认为三公约通过协同方式可以扩大政策措施的效果,起到催化剂的增效作用。2001 年,里约三公约联合联络小组(The Joint Liaison Group,JLG)建立并举行了第一次会

---

① Jeffrey A. McNeely. Applying the Diversity of International conventions to Address the Challenges of Climate Change. Michigan State University Journal of International Law, Vol. 17:1, 2008:128-129.

② 《联合国防治荒漠化公约》缔约方第九次会议报告。

议,小组成员由三个公约的行政秘书、附属机构官员以及主要职员组成。小组常会在三公约开会时间以外进行。JLG 的工作得到了联合国大会的认可,认为其工作"在尊重三个秘书处独立地位的同时促进了互补作用"。① JLG 的初期工作主要集中在三个秘书处的信息交流、制定联合日历以及交换专家等方面。后期的工作逐步深入到履行公约领域,对一些跨领域的问题进行了探讨,如技术转让、教育和公共意识、报告、研究和适应气候变化等。各秘书处还互相参与对方的会议,并对自己的工作内容作出声明。②

根据 CBD 第九次缔约方大会的决定内容,目前里约三公约框架内已在展开的活动或已要求展开的活动有:①把关于相关联合优势活动或方案讨论情况和决定随时通知其他秘书处的工作人员;②秘书处工作人员在诸如《生物多样性公约》技术转让问题特设技术专家组和《气候变化框架公约》技术转让问题专家组或其继任机构等论坛内交流有关经验;③各秘书处按照各自公约附属机构的要求,提供关于森林问题和适应问题的观点;④交流缔约方所汇报的有关传播、教育和公众意识活动的经验。③文件同时给出了《促进里约三公约之间的联合优势的活动指示性清单》,要求在国家协调人之间、国家一级规划之间、公约机构和秘书处一级之间加强协同工作,并在技术转让、森林与气候变化、适应气候变化、能力建设、研究监测、信息交流和外联、统一报告等继续深入工作。④

由于里约三公约的任务规定差异很大,联合联络组的资源又有限,为了提高该小组的工作效率,CBD 第九次缔约方大会的第Ⅸ/16 号决定选定了四项优先实施的活动:①出版关于里约三公约协同增效的电子通讯,包括缔约方提出的进度报告;②制作向缔约方通报关于生物多样性的保护和可持续利用、防治环境退化、荒漠化/土地退化和气候变化的有关活动的工具,包括更新现有工具和出版物,如公约资料交换机制和国家生物多样性信息系统;③根据文化状况制作教育材料和依照目标用户的需要制订交付方法;④制定网络通讯工具。生物多样性公约网站在基于生态系统的适应方面进行了更新和重新设计,以便囊括若干项新特点,其中包括关于气候变化影响和与生物多样性有关的应对活动

---

① Farhana Yamin and Joanna Depledge, The International Climate Change Regime-A Guide to Rules, Institutions and Procedures, Cambridge University, 2004:526.

② Farhana Yamin and Joanna Depledge, The International Climate Change Regime-A Guide to Rules, Institutions and Procedures, Cambridge University, 2004:526-527.

③ 《生物多样性公约》缔约方第九次会议决定 IX/16:"生物多样性与气候变化"附件一,UNEP/CBD/COP/DEC/IX/16。

④ 《生物多样性公约》缔约方第九次会议决定 IX/16:"生物多样性与气候变化"附件二,UNEP/CBD/COP/DEC/IX/16。

的专家数据库和国家概况。更新后的网址于 2010 年年初开放。①

2010 年 5 月,CBD 的 SBSTTA 第十四次会议给出了里约三公约联合工作方案草案(UNEP/CBD/SBSTTA/14/6/Add. 2)。CBD 期望草案能在《气候变化框架公约》科学和技术咨询附属机构(SBSTA)第三十二次会议和《联合国防治荒漠化公约》缔约方大会第十届会议上提交讨论,并在 2010 年召开的里约三公约各缔约方代表的筹备会议上审议该草案,最后可以在 2012 年举行里约三公约各缔约方大会的联席会议,作为《里约宣言》二十周年庆典活动的一部分。CBD 编制的里约三公约联合工作方案草案全称为《关于生物多样性、气候变化和土地荒漠化的里约三项公约之间联合工作方案的拟议内容》,该草案认为里约三公约的目标相辅相成,无法独立实现。草案确定的联合行动包含四个要素,每个要素下面分化为若干个具体的行动内容。

方案要素一:与生物多样性、气候变化和土地退化相关联的综合/协调的国家规划;具体行动为促进关于生物多样性、气候变化、土地退化和可持续发展的国家规划中的一致性与协同增效。方案要素二:解决导致生物多样性丧失、气候变化和土地退化/荒漠化的共同因素;具体行为包括:通过停止或减少自然栖息地(特别是森林)的丧失和退化,保持或增强碳储存和碳封存与通过保护和恢复遭到破坏的地貌景观来维护或增强生态系统的复原力。方案要素三:了解、监测、评估并报告生物多样性、气候变化、土地退化/荒漠化和可持续发展之间的关系;具体行为包括:建立对生物多样性、气候变化,土地退化/荒漠化和可持续发展之间相互关系的认识、确定监测并评估生物多样性、气候变化、土地退化/荒漠化与可持续发展之间的相互联系(包括开发数据库)和协调报告。方案要素四:促进良好的赋能环境;具体行为包括:加强沟通、教育和公众意识、加强(人力和财政)能力建设和参与、提供正面的激励措施等。②里约三公约的联合机制鼓励受影响国家缔约方酌情建立机制,促进协同执行《联合国气候变化框架公约》国家适应行动计划、《生物多样性公约》国家生物多样性战略和《荒漠化公约》国家行动方案,③以达到互相促进的良性互动。

二、《国际湿地公约》与气候变化问题

(一)湿地与气候变化

根据《国际湿地公约》的定义,湿地是指"不问其为天然或人工、长久或暂时

---

① UNEP/CBD/SBSTTA/14/6.

② UNEP/CBD/SBSTTA/14/6/Add. 2.

③ ICCD/COP(8)/16/Add. 1,第 4 号决定.

之沼泽地、湿原、泥炭地或水域地带,带有或静止或流动,或为淡水、半咸水或咸水水体者,包括低潮时水深不超过 6m 的水域"。湿地与森林、海洋同称为"调节自然生态功能的三大资源",具有维系水循环、降解污染、蓄洪防旱、保护珍稀动物等方面具有重要功能。更关键的是,作为"地球之肾",湿地能减缓气候变化的速度和强度,对气候具有调节功能,并缓解日益严重的全球温室效应。[①] 2010年"世界湿地日"的主题是:湿地、生物多样性与气候变化。

全世界所有湿地面积之和仅占地球陆地面积的 6%,但它却拥有陆地生物圈碳素的 35%,是全球最大的碳库,碳总量约 770 亿吨,超过农业生态系统(150亿吨)、温带森林(159 亿吨)和热带雨林(428 亿吨)。同时,湿地也是温室气体的重要释放源。湿地中有机残体的分解过程产生大量的二氧化碳和甲烷。如果温度升高、降雨减少或土地管理措施引起湿地土壤变化,这些碳库就会源源不断地向大气层释放大量的二氧化碳和其他温室气体。[②]湿地对于全球生态系统的碳循环具有重大的影响。

(二)《国际湿地公约》与《气候变化公约》的工作联系

《国际湿地公约》全称为《关于特别是作为水禽栖息地的国际重要湿地公约》。1971 年 2 月 2 日订于伊朗的拉姆萨,1975 年 12 月生效,后经 1982 年 3 月12 日议定书修正。截至 2010 年 8 月,该公约共有 160 个成员国。《国际湿地公约》的宗旨是保护和合理利用湿地,要求各缔约方指定其领土内适当湿地列入《国际重要湿地名录》,并给予充分有效的保护。截至 2010 年 8 月,全世界已有1896 个湿地被列入保护名录。[③]

《国际湿地公约》第 6 条第 2 款(e)"要求有关国际机构就影响湿地、本质上属于国际性的事项编制报告和统计资料",该条款是公约科学和技术审查小组为缔约方大会提供建议和咨询的法律依据。考虑到湿地公约的悠久历史,公约文本本身没有提到气候变化问题容易理解。最早提及气候变化问题的文件是1996 年第六次缔约方大会上通过的《拉姆萨战略计划(1997—2002)》的第7.2.7 行动计划,该计划提到了气候变化对湿地的潜在影响。[④]在 1999 年公约第七次缔约方大会上通过的关于与其他公约的伙伴和合作关系的Ⅶ.4 号决定

---

① 刘书艳.湿地,正在消失的"地球之肾".中华工商时报,2010 年 9 月 3 日。

② 《全球气候比与湿地》,来源于《中国绿色时报》2004 年 1 月 1 日,中国气候变化信息网:http://www.ccchina.gov.cn/cn/NewsInfo.asp? NewsId=3709(2010 年 9 月 3 日访问)。

③ 《世界湿地公约》网站:http://www.ramsar.org(2010 年 9 月 3 日访问)。

④ IUCN,Wetlands and Climate Change—Exploring collaboration between the Convention on Wetlands and the UN Framework Convention on Climate Change,October 1999. http://www.ramsar.org(2010 年 9 月 5 日访问)。

中,包含了与《联合国气候变化框架公约》的合作备忘录,强调了小岛国应对气候变化的直接和迫切的利益,以及湿地在处理这类风险中的重要作用。《湿地公约》2002 年的第八次缔约方会议专门通过了Ⅷ/3 号决议,阐述了气候变化与湿地的联系问题,呼吁缔约方加强湿地和水域的管理和保护,以提高湿地应对气候变化的弹性。[①]公约的科学技术审查小组审查了气候变化对湿地提供生态服务的潜在影响,以及湿地对气候变化效应的改善作用。[②]

2008 年 10 月到 11 月,在韩国昌原举行的《国际湿地公约》第十次缔约方大会上,对气候变化与湿地的一个决议进行了讨论。决议意图提升湿地在应对气候变化中的重要地位,并且考虑湿地和泥炭地如何成为在减缓和适应气候变化进程中的关键工具。[③]在该次缔约方大会上通过的第三份《拉姆萨战略计划(2009—2015)》中,九次提到"气候变化",[④]强调了湿地在应对气候变化中的重要作用,并且要求在必要时加入到里约三公约的协同履行机制当中。[⑤]会议在第十一号"与多边环境条约和其他机构的伙伴关系和协作"决定中,要求公约秘书处继续利用其在里约三公约协同机制中的观察员身份以及联合国环境规划署环境管理团体(EMG)[⑥]的成员身份,与相关公约保持紧密联系。[⑦]

三、《世界遗产公约》与气候变化问题

(一)气候变化对世界遗产的破坏与威胁

气候变化对自然生态系统的巨大影响毋庸置疑,而对于自然基础脆弱、历史悠久的自然和人类文化遗产来说,气候变化可能带来灭顶之灾的风险。以1995 年被列入《世界遗产名录》的沃特顿(Waterton)冰川国际和平公园(美国与

---

① Resolution Ⅷ. 3: Climate change and wetlands: impacts, adaptation, and mitigation,8th Meeting of the Conference of the Parties to the Convention on Wetlands. http://www. ramsar. org(2010 年 9 月 5 日访问)。

② CBD, Biodiversity and Climate Change-International Day for Biological Diversity,2007. http://www. cbd. int/doc/bioday/2007/ibd-2007-booklet-01-en. pdf(2010 年 9 月 3 日访问)。

③ Jeffrey A. McNeely,Applying the Diversity of International conventions to Address the Challenges of Climate Change,Michigan State University Journal of International Law, Vol. 17:1,2008:132.

④ 分别在主要问题、目标、战略内容等部分提及气候变化与湿地的联系。

⑤ The Ramsar Strategic Plan 2009—2015,Strategy 3. 1-Synergies and Partnerships with MEAs and IGOs.

⑥ EMG 是联合国体系内的协调机构,目的是促进环境领域的机构间合作。EMG 的成员包括联合国的专门机构、项目和组织,包括多边环境协议的秘书处,以及布雷顿森林机构和 WTO。

⑦ Resolution X. 11,Partnerships and synergies with Multilateral Environmental Agreements and other institutions,10th Meeting of the Conference of the Parties to the Convention on Wetlands. http://www. ramsar. org(2010 年 9 月 5 日访问)。

加拿大共有)为例,该区域在 1850 年时大约有 150 架冰川,而现在只留存了 27 架(美国境内)。从 1850 年起到现在,该公园内被冰川覆盖的土地面积减少了 73％。[1] 2005 年,世界遗产中心(World Heritage Center)[2]发起了一个针对《世界遗产公约》缔约方的问卷调查,在 83 个国家给出的 110 个回复中,72％的回复认为气候变化对其自然和文化遗产造成了影响,125 个世界遗产保护点被指明受到威胁。据观察,气候变化对其中的 79 个自然遗产的影响主要源于:冰川融化威胁、海平面上升、生物多样性流失、物种迁移和森林界限转移、雨量分布变化与洪灾、野外火灾、珊瑚白化、海岸侵蚀、海水温度和盐度变化、飓风、风暴和旋风。而气候变化对另外 46 个文化遗产的影响主要集中于风暴闪电、海平面上升、风和水的腐蚀、洪水、雨量增加、干旱、沙漠化、温度升高等原因。[3]

2004—2006 年,数个国家的非政府组织(NGO)向世界遗产委员会递交了四份请愿书和一份报告。在列举了气候变化导致世界遗产退化的事实后,请愿书要求《世界遗产公约》的缔约方应积极履行他们的国际义务,建立一个气候变化减缓战略,从而遏制气候变化对世界遗产的破坏和威胁。[4] 2006 年在内罗毕举行的气候变化大会上,联合国教科文组织和环境规划署共同发布的一份报告说,世界自然和文化遗产正受到气候变化带来的严重威胁。例如,泰国东北部素可泰古城遗址和大城就曾遭到洪水破坏,洪水也给捷克的音乐厅、剧院和图书馆带来巨大损失,一些珍贵档案无法恢复;另外,如埃及亚历山大纪念碑、南非西海岸国家公园、洪都拉斯珊瑚礁等都受到了气候变化带来的严重威胁。[5]

(二)《世界遗产公约》概况

1972 年 10 月至 11 月,联合国教科文组织在法国巴黎举行了第十七届会议,大会"注意到文化遗产和自然遗产越来越受到破坏的威胁,一方面因年久腐变所致,同时变化中的社会和经济条件使情况恶化,造成更加难以对付的损害

---

① Erica J. Thorson. The World Heritage Convention and Climate Change：The Case for a Climate-Change Mitigation Strategy beyond the Kyoto Protocol，William C. G. Burns，Hari M. Osofsky ed. ，Adjudicating Climate Change. Cambridge University Press，2009：269.

② 相当于《世界遗产公约》的执行秘书处,于 1992 年正式设置。该中心协助缔约方具体执行《世界遗产公约》,对世界遗产委员会提出建议,执行世界遗产委员会的决定。

③ 世界遗产委员会 2006 年第 30 次会议：WHC-06/30. COM/7. 1，ANNEX 4：Predicting and managing the effects of Climate Change on World Heritage，para. 40-44.

④ Erica J. Thorson. The World Heritage Convention and Climate Change：The Case for a Climate-Change Mitigation Strategy beyond the Kyoto Protocol，William C. G. Burns，Hari M. Osofsky ed. ，Adjudicating Climate Change. Cambridge University Press，2009：255.

⑤ 气候变化严重影响世界遗产保护. 中国气候变化信息网：http://www. ccchina. gov. cn/cn/NewsInfo. asp？NewsId＝6296(2010 年 9 月 2 日访问)。

或破坏现象"①。大会于 1972 年 11 月 16 日通过了《保护世界文化和自然遗产公约》(Convention Concerning the Protection of the World Cultural and Natural Heritage),也称为《世界遗产公约》。公约规定了以下几方面内容:文化遗产和自然遗产的定义;文化和自然遗产的国家保护和国际保护措施;世界遗产委员会的设立;世界遗产基金的设立;国际援助的条件和安排;公众的教育宣传;缔约国的报告义务及条约技术条款。至 2010 年 8 月,《世界遗产公约》已经拥有 187 个成员国,成为被广泛接受的国际公约之一。②

《世界遗产公约》的管理机构是联合国教科文组织的世界遗产委员会,该委员会于 1976 年成立,由 21 个缔约国代表组成。公约同时建立《世界遗产名录》。列入《世界遗产名录》的条件有四个:①具有突出普遍价值;②有充足的法律依据;③历史比较久远;④现状保护较好。程序上先由缔约方自行确定本国领土内的自然和文化遗产,向世界遗产委员会递交其遗产清单,由世界遗产大会审核后列入《世界遗产名录》。列入《世界遗产名录》的地方,可以受到世界遗产基金提供的资金援助,并借助该机制提高国际声名度和关注度。截至 2010 年 8 月,世界遗产总数 911 处,包括文化遗产 704 处、自然遗产 180 处以及自然与文化混合遗产 27 处。中国已有 40 处项目被列入《世界遗产名录》。③

公约还规定,委员会应在必要时制定《濒危世界遗产目录》,其中所列财产要符合以下三个要求:①已载于《世界遗产目录》之中;②需要采取重大活动加以保护;③为根据本公约要求给予援助的财产。遗产中受到下述严重的特殊危险的威胁,这些危险是:蜕变加剧、大规模公共或私人工程、城市或旅游业迅速发展计划造成的消失威胁;土地的使用变动或易主造成的破坏;未知原因造成的重大变化;随意拔弃;武装冲突的爆发或威胁;灾害和灾变;严重火灾、地震、山崩、火山爆发;水位变动、洪水和海啸等。④截至 2010 年 8 月,被列入《濒危世界遗产名录》的项目共有 34 处。⑤

(三)《世界遗产公约》的义务与减缓气候变化

《世界遗产公约》对缔约方的义务主要体现在第 4 条、第 5 条和第 6 条中。《世界遗产公约》第 4 条要求缔约国承认"……本国领土内的文化和自然遗产的确定、保护、保存、展出和遗传后代,主要是有关国家的责任",并且要求"该国将为此目的竭尽全力,最大限度地利用本国资源,必要时利用所能获得的国际援

---

① 《世界遗产公约》,序言。
② 《世界遗产公约》网站:http://whc. unesco. org/en/list/(2010 年 9 月 2 日访问)。
③ 《世界遗产公约》网站:http://whc. unesco. org/en/list/(2010 年 9 月 2 日访问)。
④ 《世界遗产公约》第 11 条第 4 款。
⑤ 世界遗产公约网站:http://whc. unesco. org/en/list/(2010 年 9 月 2 日访问)。

助和合作,特别是财政、艺术、科学及技术方面的援助和合作"。《世界遗产公约》第 5 条要求缔约国视本国具体情况尽力做到:(a)通过一项把遗产保护工作纳入全面规划计划的总政策;(b)建立负责文化和自然遗产的保护、保存和展出的机构;(c)发展科学和技术研究;(d)采取适当的法律、科学、技术、行政和财政措施;(e)促进建立或发展国家或地区培训中心。《世界遗产公约》第 6 条要求缔约国承认"这类遗产是世界遗产的一部分",并且"整个国际社会有责任合作予以保护"。而"国际保护应被理解为建立一个旨在支持本公约缔约国保存和确定这类遗产的努力的国际合作和援助系统"。《世界遗产公约》第 6 条特别强调:"本公约各缔约国不得故意采取任何可能直接或间接损害本公约其他缔约国领土的、第 1 条和第 2 条中提及的文化和自然遗产的措施。"

结合《世界遗产公约》序言的表述对上述条款进行分析,我们可以清楚地看到本公约的宗旨是为了保护"具有突出普遍价值"的自然和文化遗产,而这种保护将通过两种途径,一种是缔约方国内的积极保护,另一种是在承认世界遗产对全体人类的重要意义以及一国能力有限基础上,要求国际社会提供"集体性援助来参与保护具有突出的普遍价值的文化和自然遗产";而"这种援助尽管不能代替有关国家采取的行动,但将成为它的有效补充"。也就是说,根据本公约的缔约意图,一国国内首先要"竭尽全力"采取措施,然后再利用国际合作补充相关工作。

气候变化对世界遗产的破坏已经实际发生,如何避免风险、减少损失,是世界遗产保护工作中的一项紧迫任务。在《世界遗产公约》与气候变化国际法之间建立联系,应当是工作的重要内容之一。《世界遗产公约》给缔约方规定的义务可以分为两类:一类是第 4 条和第 5 条规定的国内义务;另一类是第 6 条的国际合作义务。前者可以被理解为各国为保护本国和他国的自然和文化遗产,应积极减少温室气体排放,改革能源使用模式,倡导低碳经济;后者可被理解为积极参与气候变化国际合作机制。由于《世界遗产公约》的成员国有 187 个,与《气候变化框架公约》缔约国大致重合,因此可以通过两个公约的行政机构进行信息交流与合作,组织专家进行交叉问题的评估和建议。由于气候变化是一个全球性的环境问题,即使在一个地点达到零排放,其也会受到其他国家温室气体排放的影响。应对气候变化单靠少数国家的努力是无法奏效的,因此更需要《世界遗产公约》这样具有普遍参与性的国际公约参与协调和合作。

从条约措辞分析,《世界遗产公约》的第 4 条和第 5 条比《气候变化框架公约》义务内容具有更强的约束力,虽然内容仍带有抽象和建议性质,但根据与此案有关的唯一一个司法案例的判决,《世界遗产公约》的第 4 条和第 5 条是具有法律约束力的。澳大利亚最高法院在"联邦诉塔斯马尼亚"一案①中认为,如果认为这两个条款不存在约束性义务,那么第 5 条中的量化内容就显得多余了。Mason 法官在其意见中承认,这两个条款的内容定义宽泛,给予了缔约方很大的执行自由裁量权。但是法官强调说:"在履行方式方面的裁量权与是否履行的裁量权之间有着明显区别。"②法官最终确认了这两个条款有约束力的结论,但是如何判断缔约方是否真实履行了义务,就要依据国际法的标准进行判断。

根据国际条约"约定必须遵守"原则,缔约方应该"诚信善意"地履行《世界遗产公约》所规定的义务,以保护世界遗产为目的,积极减少温室气体排放,减缓和遏制气候变化对世界遗产的影响和破坏。根据《世界遗产公约》第 6 条规定,本公约各缔约国不得故意采取任何可能直接或间接损害本公约其他缔约国领土的文化和自然遗产的措施,这就给履行第 4 条和第 5 条义务提供了法律依据和实施标准。因为继续增加温室气体排放,就是加深气候变化的程度,必然会影响其他缔约国领土内的自然文化遗产,因此,无论从国内义务还是从国际义务分析,《世界遗产公约》都能够通过规定缔约国的义务,与气候变化国际法义务建立联系。实践中需要做的是如何在联合国框架下进行交流和合作,发挥公约间的协同作用。主要的方式可以参考里约三公约的联合履行机制,例如通过双方秘书处的信息交流,成立专家小组对公约之间的交叉问题进行调查研究,建立一种合作模式提供框架建议等。

四、其他相关公约与气候变化问题

(一)《物种迁徙公约》

《物种迁徙公约》,全称为《保护野生动物迁徙物种公约》,又名《波恩公约》。1979 年 6 月签订,1983 年 11 月生效。截至 2010 年 8 月,共有 114 个成员国。该公约的目的是在国际范围内保护陆生、海洋和鸟类迁徙物种,在全球范围内保护野生动物及其栖息地。《物种迁徙公约》附录 1 列举了濒危的物种,缔约方需要严格保护这些物种,保护或恢复栖息地,减少迁徙途中的障碍和控制其他

---

① 即著名的"富兰克林河大坝案"。富兰克林河流域在澳大利亚塔斯玛尼亚州的西南部。1973 年,塔斯玛尼亚电力集团 HEC 计划在该流域修建一个水坝。该坝如果建成,将会获得极大的电力收益,但有可能大面积地淹没野生动植物区和土著人的史前遗址。塔斯玛尼亚野生动植物保护协会随即发起了保护富兰克林河的环保运动,宣传联合国教科文组织对富兰克林河流域是世界遗产的认定,反对修建大坝计划。1983 年 6 月,澳大利亚最高法院根据澳大利亚承担的《世界遗产公约》的国际义务,宣布停止建坝,富兰克林河得以保护。

② Erica J. Thorson. The World Heritage Convention and Climate Change: The Case for a Climate-Change Mitigation Strategy beyond the Kyoto Protocol, William C. G. Burns, Hari M. Osofsky ed. , Adjudicating Climate Change. Cambridge University Press, 2009:261-262.

危险因素。《物种迁徙公约》附录 2 列举了保护状态不佳,需要签订国际协定来加强保护和管理的物种。该公约鼓励缔约国就此类物种签订保护协定。该公约鼓励缔约方之间签订就特定迁徙物种的专门保护协定,如瓦登海的海豹、波罗的海和北海的鲸类等。大多数的迁徙物种在近些年越来越受到气候变化带来的威胁。全球变暖导致的温度、洋流、风力、水量分布、冰川融化的生态变化,给迁徙动物带来了栖息地、气温模式的改变,迁徙的气候障碍,疾病的传播,以及其他自然因素都可能影响迁徙模式。因此,如何鼓励《物种迁徙公约》缔约方积极加入到减缓气候变化,保护迁徙动物的工作中来,是《物种迁徙公约》的重要工作之一。《物种迁徙公约》第八次缔约方大会要求其科学理事会将气候变化列为将来活动规划的优先问题,并呼吁缔约方尽可能实施适应措施。

(二)关于森林的国际文件

森林生态系统是地球陆地生态系统的主体,它具有很高的生物生产力、生物量以及丰富的生物多样性。虽然全球森林面积仅占地球陆地面积约 26％,但其碳储量占整个陆地植被碳储量的 80％以上,而且森林每年的碳固定量约占整个陆地生物碳固定量的 2/3。土地利用、土地利用变化与林业(LULUCF)一直是全球气候变化谈判的重要议题之一。联合国政府间气候变化专家小组(IPCC)的历次评估报告都证实,毁林排放的温室气体约占全球温室气体总排放量的 20％左右,超过全球交通部门的总排放量。一些热带地区的发展中国家希望将减少发展中国家毁林排放(REDD)纳入气候公约谈判进程,并希望借助某种激励机制和政策,来促进这些发展中国家因避免或减少毁林导致的排放而获得补偿资金。①

虽然森林对减少温室气体排放和应对气候变化如此重要,但国际社会目前并没有一个有法律约束力的协定来协调各国的森林管理政策。目前只有两个比较重要的但没有法律约束力的文本:《关于森林问题的原则声明》和《关于所有类型森林的无法律约束力文书》。1992 年 6 月 14 日,在里约热内卢举行的联合国环境与发展大会通过了全称为《关于所有类型森林管理、养护和可持续开发全球共识的无法律约束力权威性原则声明》,简称为《关于森林问题的原则声明》。这些原则的指导目标是要促进森林的管理、保存和可持续开发,并使它们具有多种多样和互相配合的功能与用途。2007 年,联合国经社理事会通过了《关于所有类型森林的无法律约束力文书》,确认森林及林区外树木提供多种经济、社会及环境效益,并强调可持续森林管理对可持续发展和消灭贫穷大有助

---

① 2009 年的国际气候变化谈判最新进展. 中国气候变化信息网:http://www.ccchina.gov.cn/cn/NewsInfo.asp? NewsId=22593(2010 年 9 月 5 日访问)。

益。该文书的目的是：①加强所有级别的政治承诺和行动，以有效实行所有类型森林的可持续管理，实现共同的全球森林目标；②使森林为实现包括千年发展目标在内的国际商定发展目标作出更大贡献，尤其是在消除贫穷和环境可持续性方面；③为国家行动和国际合作提供一个框架。

虽然 2007 年《关于所有类型森林的无法律约束力文书》的序言中确认了"气候变化对森林和可持续森林管理的影响，以及森林对解决气候变化问题的推动作用"。但是，由于没有一份完整的有约束力的法律文书，也没有机构和机制的建立，在森林问题上缺乏国际公约的法律支持，目前只能在《气候变化框架公约》的机制下进行相关问题的谈判和开展工作。

第二节 气候变化与国际法律责任

一、国际法上的国际法律责任

(一)基本概念和分类

法律责任是指因违反了法定义务或契约义务，或不当行使法律权利、权力所产生的，由行为人承担的不利后果。法律责任的构成要件包括主体、行为、主观状态、损害事实和因果关系五个方面。法律责任是法律制度必不可少的组成部分，法律规定了权利和义务，并对违反义务的行为进行惩罚，才能保障法律的顺利实施，体现法律的强制性和约束力。同理，国际法为各个国家、国际组织和其他国际法主体规定了国际法上的权利和义务，也需要对违反义务的行为规定负面的法律后果，这就是所谓的国际法律责任。国际法律责任是国际法的重要制度和重要组成部分。由于国际法没有一个凌驾于各国的统一权威机构，缺乏外在和客观的强制约束力，国际法律责任呈现出与国内法律责任不同的特点。

国际法律责任可以分为两大部分：一是国家责任，即一国违反国际法义务（国际不法行为）导致的责任；二是国际损害赔偿责任，是由于一国从事国际法不加禁止的行为而给他国带来损害，进行赔偿的责任。以国内法律责任的概念分析，前者类似一般的过错责任，后者则是行为并未违法但需承担后果的无过错责任。

(二)国家责任

与国家责任（state responsibility）直接相关的国际文件是"联合国国际法委员会"于 2001 年 11 月通过的《国家对国际不法行为的责任条款草案》(Draft Articles on Responsibility of States for Internationally Wrongful Acts)（以下简称《草案》)。该草案是以 1979 年《关于国家责任的条款草案》为基础的完善版本。《草案》虽然并非正式生效文本，但"草案的某些部分对在国家实践和司法判决中所广泛依据的现行法进行了编纂，而且草案的大部分已被援引为习惯国际法"。①因此，草案是国际法关于国家责任制度的主要法律依据。《草案》共有四个部分59条，由国际不法行为、国际责任确定以及履行等内容组成。

确立国家责任必须满足两个要素：行为依国际法归于该国并且该行为构成对该国国际义务的违背。①行为归因于国家是国家责任的主观要素。根据《草案》第二章的规定，归于国家的行为包括：国家机关的行为；国家元首、政府首脑和外交使节的行为；国家官员的公务行为；经授权行使政府权力要素的个人或实体的行为；由另一国交由一国支配的机关的行为；国家机关或授权行使政府权力要素的实体以权力行使主体名义实施的逾越权限或违背指示的行为；新成立国家或新政府的叛乱行为。②行为违背国际义务是国家责任的客观要素，是指一国的行为不符合国际义务对它的要求，而不论该义务的起源或特性。根据《草案》第三章的规定，在行为发生时义务必须是有效的约束。行为可以是作为，也可以是不作为；可以是即时的，也可以是持续性的。定性某种行为是否是国际不法行为的依据是国际法，即使国内法认为该行为合法也不影响国际法的判断结论。部分国家行为虽然表面上已违反其国家义务，但特殊情形下可以解除行为的不法性。这些特殊情形包括：行为实施对象的同意、一国的自卫行为、对另一国的国际不法行为采取的反措施、不可抗力、危难和紧急情况。

国家责任的承担形式主要有：继续履行、停止违法行为以及不重复该行为的承诺、恢复原状、物质损失的金钱补偿、非物质损失的抵偿（如承认不法行为、赔礼道歉、象征性金钱赔偿等）。承担形式可以单独或合并采取。

（三）国际损害赔偿责任

人类文明的进步、工业化的飞速发展、科学技术的深入开拓，使得人类对环境的改造能力以及对自然资源的利用能力大大提高。伴随着原子能研发和利用、航空航天器的发射与运行、海洋运输与环境污染、危险废弃物的越境转移以及能源勘探等活动，相关国家和运作实体的高风险行为开始跨越国界，给其他国家的人身和财产利益带来了损害风险。损害事件一旦发生，就产生了责任承担和赔偿问题。在这种大背景下，国际损害赔偿责任（international compensation responsibility）制度应运而生。

国际损害赔偿制度的法律依据是无过错责任——一国的行为并未违反国际法义务或者并不为现行国际法所禁止，但客观上造成了他国的利益损害，需

---

① Christine Chinkin. A Critique of the Public/Private Demension. European Journal of International Law,vol. 10,1999:387. 转引自邵沙平. 国际法. 北京：中国人民大学出版社，2007:255.

要承担损害赔偿的责任。国际损害赔偿制度相对于传统的国家责任而言,是现行国际法对国际社会出现的新问题的反映,是在衡量跨国行为与损害后果之间的利益关系基础上,以严格责任为主、公平原则为辅的归责原则。国际赔偿责任目前主要集中于核动力、油污损害、海洋和空气污染、空间损害等领域。已经实施国际赔偿责任的专门条约有:《关于核损害的民事责任的维也纳公约》、《核动力船舶经营人的责任公约》、《核能方面第三者责任公约》、《关于油污损害的民事责任公约》、《防止船舶造成污染的国际公约》、《远程跨界空气污染公约》、《及早通报核事故公约》、《空间实体造成损害的国际责任公约》、《联合国海洋法公约》等。①

国际法委员会早在 1978 年就将该问题列入了会议议程,其后也多次制定特别报告员、设立工作组,但在最开始的 20 年中,工作进展缓慢。② 1996 年,国际法委员会终于一读通过了《国际法不加禁止行为所致有害后果之国际责任条文草案》,对跨境环境损害的预防和赔偿问题首次作出全面规定。其后,委员会考虑到“预防”和“赔偿责任”两个问题虽然相互联系但又相对独立,决定将这两个问题分开研究。相关工作在 2001 年二读通过《关于预防危险活动的越境损害的条款草案案文》(Prevention of Transboundary Harm from Hazardous Activities)(以下简称《预防草案》)以及 2006 年二读通过《关于危险活动造成的跨境损害案件中损失分配的原则草案案文》(Draft Principles on the Allocation of Loss in the case of Transboundary Harm Arising out of Hazardous Activities)(以下简称《损失分配原则草案》)后告一段落。两草案虽然没有法律约束力,但给相关问题的立法和实践提供了框架和原则基础,同时也成为习惯法的证明文件。

《预防草案》由 19 个条文组成。《预防草案》首先确认文本的适用范围是国际法不加禁止但可能引致严重跨境损害的行为。然后要求行为国采取一切适当措施预防跨境损害或者将损害风险最小化,包括进行必要的立法、行政措施以及适当的检测机制,并且要求活动的开展必须取得先期授权(prior authorization)。对活动的授权决定必须在对可能的跨境损害风险进行评估基础上作出。如果发现行为有损害风险,应及时通知可能受影响国,在未收到受影响国回复的最多 6 个月内,暂停对该活动的授权批复。国家之间应考虑活动利益与活动风险的公平衡量,进行充分沟通和协商。国家、国际组织之间应进行信息交换,共同预防风险的发生。

---

① 王虎华. 国际公法. 杭州:浙江大学出版社,2007:184.

② 韩燕煦.“国际法不加禁止的行为所产生的损害性后果的国际责任”的最新发展及几个问题. 内蒙古财经学院学报(综合版),2006(1).

《损失分配原则草案》由 8 条原则性规定构成。制定文本的目的是保障对跨境损害受害者的及时充足赔付，以及在跨境损害发生时保护环境，特别是减少损害以及环境的恢复等（原则 3）。草案要求各国应采取所有必要措施保证在本国领土的行为造成他国损害后，受害者能够获得及时和充分的赔偿。这些措施包括确立运营者的责任承担、资金担保、产业基金。责任承担不需要过错证明。如果前述责任不足以负担全部赔偿，国家应保证额外的资金来源（原则 4）。一旦发生导致或可能导致跨境损害的危险行为，行为国必须立即通知受影响国并与之协商，并保证本国运营者已采取最佳应对手段；而受影响国也应采取一切手段尽量减少损失；双方都应寻求可利用的国际帮助（原则 5）。相关国应提供国内有管辖权的司法和行政机构加入赔偿程序中；行为国应保证跨境受害者得到与本国相同事件下受害者的同等待遇；受害国在行为国之外的救济途径不受影响；各国应保证相关信息的可获得性（原则 6）。鼓励建立全球性、地区性或双边协议来处理跨境损害的赔偿问题；该协议尽量提供产业或国家资金，作为赔偿资金的补充（原则 7）。

（四）国际环境法文件中的国际法律责任

作为国际法分支的国际环境法在 20 世纪中期以后迅速发展成为一个独立的法律部门，发展势头至今未减。大规模的环境破坏可能造成跨国界的影响和损害，而环境的污染和破坏责任往往归于无过错责任的范畴，因此就国际法律责任而言，国际赔偿责任是处理国际环境损害赔偿的核心制度。

1. 1972 年《斯德哥尔摩宣言》

《斯德哥尔摩宣言》原则第二十一条规定了各国不得损害他国利益的责任："按照联合国宪章和国际法原则，各国有按自己的环境政策开发自己资源的主权；并且有责任保证在他们管辖或控制之内的活动，不致损害其他国家的或在国家管辖范围以外地区的环境。"原则第二十二条进一步规定了损害赔偿的问题："各国应进行合作，以进一步发展有关他们管辖或控制内的活动对他们管辖以外的环境造成的污染和其他环境损害的受害者承担责任赔偿问题的国际法。"

2. 1992 年《里约宣言》

《里约宣言》原则第二条重申了《斯德哥尔摩宣言》的预防损害原则："各国根据联合国宪章和国际法原则有至高无上的权利按照它们自己的环境和发展政策开发它们自己的资源，并有责任保证在它们管辖或控制范围内的活动不对其他国家或不在其管辖范围内的地区的环境造成危害。"原则第十条提出公众参与与建立赔偿机制的要求："环境问题最好在所有有关公民在有关一级的参加下加以处理。在国家一级,每个人应有适当的途径获得有关公共机构掌握的环境问题的信息,其中包括关于他们的社区内有害物质和活动的信息,而且每个人应有机会参加决策过程。各国应广泛地提供信息,从而促进和鼓励公众的了解和参与。应提供采用司法和行政程序的有效途径,其中包括赔偿和补救措施。"原则第十三条要求建立环境损害赔偿国内和国际法律:"各国应制订有关对污染的受害者和其他环境损害负责和赔偿的国家法律。各国还应以一种迅速的和更果断的方式进行合作,以进一步制定有关对在它们管辖或控制范围之内的活动对它们管辖范围之外的地区造成的环境损害带来的不利影响负责和赔偿的国际法。"原则第十六条强调了污染者付费原则:"国家当局考虑到造成污染者在原则上应承担污染的费用并适当考虑公共利益而不打乱国际贸易和投资的方针,应努力倡导环境费用内在化和使用经济手段。"原则第十九条规定了及时通知和协商的义务:"各国应事先和及时地向可能受影响的国家提供关于可能会产生重大的跨边界有害环境影响的活动的通知和信息,并在初期真诚地与那些国家磋商。"

二、气候变化国际法律责任的法律依据

气候变化是一个范围广、规模大的跨境环境问题。来自人类的温室气体大量排放到大气当中,引起温室效应,导致全球变暖及一系列的生态变化,这种变化波及地球上每个角落,没有一个国家可以避免,区别只是影响大小不同而已。当然有些国家,如俄罗斯、加拿大等可能受益于气温升高,但大部分的国家都可能承担气候变化带来的极端气候和海平面上升的不利后果。那些受到海平面上升威胁的岛屿国家是气候变化的最大受害者,他们可能面临失去居住地的风险。气候变化给特定区域带来的健康和财产损害,是否可以要求救济和赔偿?赔偿到何种程度? 赔偿是否基于预防环境风险的义务? 这些问题就是气候变化的国际法律责任问题。前文所述,国际法律责任有国家责任与国际赔偿责任之分,前者是违反国际义务产生的责任,后者则是由于损害后果产生的责任。气候变化影响导致损害是否构成这两种责任,需要考察该行为是否符合相关责任要件。

(一)气候变化的国家责任

1.《框架公约》中的法律依据

判断温室气体排放大国是否承担国家责任,首先要看其是否承担了相关的预防损害义务。缔约方在谈判期间将主要精力集中于"减缓"努力上,但是《框架公约》还涉及预防损害问题。①《框架公约》序言规定:"各国根据《联合国宪章》和国际法原则,拥有主权权利按自己的环境和发展政策开发自己的资源,也

有责任确保在其管辖或控制范围内的活动不对其他国家的环境或国家管辖范围以外地区的环境造成损害。"②第二条的目标是："将大气中温室气体的浓度稳定在防止气候系统受到危险的人为干扰的水平上。这一水平应当在足以使生态系统能够自然地适应气候变化、确保粮食生产免受威胁并使经济发展能够可持续地进行的时间范围内实现。"③第四条第 2 款提出：附件一国家"应制定国家政策和采取相应的措施，通过限制其人为的温室气体排放以及保护和增强其温室气体库和汇，减缓气候变化。这些政策和措施将表明，发达国家是在带头依循本公约的目标，改变人为排放的长期趋势⋯⋯"

预防全球变暖的目标是"防止气候变化受到危险的人为干扰的水平上"。排放温室气体导致全球变暖和气候变化，符合"在其管辖或控制范围内的活动"对"其他国家的环境或国家管辖范围以外地区的环境造成损害"。如何预防全球变暖，各国应该通过"制定国家政策和采取相应措施⋯⋯减缓气候变化⋯⋯"《框架公约》分别规定了预防义务的目标、行为内容以及结果，构成了完整的逻辑结构，可以认为相关缔约国通过《框架公约》确立了预防损害的义务，文本中的预防规定可以作为承担气候变化国家责任的法律基础。也就是说，如果缔约国在批准该公约后仍然持续增加温室气体的排放量，就可以认定为违反了该公约义务。但是也有不同的意见认为，《框架公约》只是表达了缔约国的共同目标和利益，具体的权利和义务留由各国自己决定，因此公约文本并未产生具体的义务。事实上，部分受到气候变化极大威胁的岛国，在批准公约时，已经意识到气候变化国家责任的追究对他们的重要意义。瑙鲁、图瓦卢、斐济、巴布亚新几内亚等国在批准《框架公约》时都做出了保留，要求公约不能排除气候变化影响引致的国际责任的法律适用。①

2.《京都议定书》的法律依据

《京都议定书》为附件一国家确立了具体的减排义务，如果该国未完成减排目标，可视作违背国际义务，可以作为承担气候变化国家责任的依据。但是参与京都议定书减排目标的国家有限，美国作为减排大国甚至退出了，因此对于没有加入本议定书的国家来说，因为没有承担义务，也就不存在所谓的承担国家责任之说了。对于那些作出了减排承诺但未完成义务的国家来说，他们的违背义务行为是否构成国家责任的基础也有一定争议，毕竟全球变暖来自于温室气体的增加，即使他们完全履行了减排义务，也不能遏制近段时间的变暖趋势。从另一个角度分析，附件一国家未完成义务是否与某些国家遭受气候变化损害

①　Christina Voigt. State Responsibility for Climate Change Damages. Nordic Journal of International Law，Vol. 77，2008:4.

的结果存在因果关系,也是一个复杂且难以定论的问题。全球变暖是历史和现在长期积累的结果,如果仅仅因为加入《京都议定书》的减排承诺,而承担国家责任,对于积极减排的国家来说并不算公平。如果能够扩大京都承诺的覆盖范围,那么《京都议定书》也可以作为追究国家责任的法律依据之一。

(二)气候变化的国际赔偿责任

国际赔偿责任不需要行为国承担具体的条约义务,该行为即使并不为国际法所禁止,只要造成跨境损害,就要承担赔偿责任。在相关活动运营者无力承担赔偿费用时,该国政府应当作为补充赔偿主体。《气候变化框架公约》和《京都议定书》都没有专门规定气候变化影响的赔偿问题。但是气候变化符合跨境损害的基本要素:在本国领域内的温室气体排放,造成全球变暖,最终造成其他国家的气候灾害。温室气体的排放本身并不是违法行为,但是造成了境外的人身和财产损害,因此温室气体排放大国应当承担气候变化的国际赔偿责任。

虽然气候变化损害可以适用国际赔偿责任,但在实践中很难实施。国际赔偿责任的承担需要订立专门的多边或双边条约确立,赔偿责任理念本身无法自动适用。气候变化领域目前并没有这样的国际文件,在可预见的将来也不会有。发达国家不会签订这样的条约,这对他们的利益是一个很大的风险。

三、"无害规则"与适当谨慎义务

国际法上的"无害规则"(no-harm rule)来自于一国领土的完整性理念,该规则最初发端于 1939 年特雷尔冶炼厂(Trail Smelter)仲裁案,案由是位于加拿大不列颠哥伦比亚省的一家冶炼厂排放的二氧化硫烟雾给邻近的美国华盛顿州农民的农田和庄稼造成了损害。审理该争议的仲裁庭认为:"根据国际法以及美国法律的原则,任何国家也没有权利这样地利用或允许利用它的领土,以致其烟雾在他国领土或对他国领土或该领土上的财产和生命造成损害,如果已产生后果严重的情况,而损害又是证据确凿的话。[①]"仲裁庭最终裁定加拿大对美国的损失给予赔偿。1949 年联合国在《国际法调查》一文中指出:"已经被普遍承认的规则是一国的领土不能被用来以违反国际法的形式伤害其他国家的利益。"[②] 1996 年国际法院在"使用核武器或核武器威胁的合法性的咨询意见"中认为,"国家应当保证在其管辖或控制区域内的活动尊重其他国家或没有主

---

① 张望英,谷德近.关于沙尘暴防治的国际环境法的发展//适应市场机制的环境法制建设问题研究——2002 年中国环境资源法学研讨会论文集(下册).2002.

② U. N. Doc. A/CN. 4/1/Rev. 1,para. 57,p. 34. http://untreaty. un. org/ilc/documentation/english/a_cn4_1_rev1. pdf(2010 年 9 月 10 日访问)。

权管辖区域的环境,该义务已经成为关于环境的国际法的一部分"①。1972 年的《斯德哥尔摩宣言》原则第二十一条、1992 年的《里约宣言》第二条和《气候变化框架公约》的序言事实上都是无害规则的体现(见上文)。无害规则已被国际社会普遍承认并获得"法律确信"(juris opinio),属于国际习惯法的规则之一。国际习惯法的内容带有一定的模糊性,缺点是在法律适用时不够确定清楚,优点是可以根据不同的情况作出灵活处理。

无害规则给国际法主体设定了一个预防义务,即防止本国领土内的行为给他国利益造成损害。如何判定相关国家是否违法预防义务,需要考虑两种情况:一种是不管行为国主观状态如何,只要造成他国利益损害,就视作违反了预防义务,就要承担责任,即国际赔偿责任;另一种情况是尽管已经造成损害,但如果行为国已经尽到注意义务(standard of care)或者是适当谨慎义务(due diligence),就视作完成了预防义务,从而免除责任的承担;但如果行为国未达到适当谨慎的标准,就视作违反了预防义务,应承担国际法律责任中的国家责任。

前一种责任的判定比较简单,只需要行为的产生与行为的损害性后果之间建立联系即可成立。需要讨论的是后一种类型的责任判定标准,而其中的关键问题是"适当谨慎"义务的衡量。根据现行的标准,以下三种情形视为未完成适当谨慎义务:①预防行为可为而不为,即相关国本可以采取也有能力和机会采取行动进行损害预防但未采取;②风险可预见但未预见,即行为国应该在客观上可以预见到自己的行为可能造成其他国家的损害但未预见导致后果的发生;③为采取适当行动,即如果行为国可以采取预防行动,也预见到了损失的可能性,但未采取适当的行动进行预防或减少风险,适当的标准应当与发生损害的风险相适应。

很明显,气候变化的后果属于行为国的活动造成其他国家利益损失的范畴,接下去的问题是如何判断某一国是否完成了适当谨慎义务从而决定其是否承担国家责任。以上述三个标准为依据进行分析,可以发现目前大多数的温室气体排放大国都未完成"适当谨慎"义务这一国际习惯法规则。首先,排放国本来可以采取积极措施,包括制定和实施政策和措施减少排放,但采取积极措施的国家并不多;其次,气候变化的负面影响在 20 世纪 90 年代已经得到了国际社会的普遍承认,各国都可以正常预见到气候变化给人类社会带来的后果;再次,各国预见到了气候变化的后果,也有可能采取积极措施,但是没有实施合适的行动。综上,如果从"适当谨慎"义务标准衡量,大多数的温室气体排放大国都需要对部分气候变化脆弱性国家的损失承担责任,无论从国家责任角度还是国际赔偿责任角度。

---

① Nuclear Weapon, 1996 ICJ Report, p241.

四、气候变化国际法律责任实施的困难性及原因

虽然在气候变化领域设定国际法律责任具备一定的法律依据,很多气候变化脆弱性国家也有这样的需求,但是真正要实现气候变化法律责任的追究,存在较大的困难和挑战。

(一)法律依据的不充分性

《框架公约》虽然设定了义务内容,但是对它的法律约束力存在不同的意见,并且没有强制履行和惩罚机制。《京都议定书》虽然规定了具体的减排义务,但是,减排承诺期目前到 2012 年为止,今后的减排承诺仍然看不到发展的方向,而且美国等国家未加入《京都议定书》,这些国家不存在明确的减排义务。

无害原则虽然成为国际习惯法,可以成为确立国家责任的一级规则,但在早期的温室气体排放中,发达国家并没有明确意识到气候变暖与人类活动的关系,因为那时候气候变暖问题只是一个科学研究的命题,并未获得普遍共识。也就是说,当时的排放国并未违反适当谨慎义务。

至于在气候变化问题上适用国际赔偿责任的可能性问题,如前所述,由于缺乏专门的条约和承诺,无法自动适用,而愿意签订这类条约的发达国家也几乎没有,所以即使有法律理念的支持也无法实现。

(二)因果关系的复杂性

因果问题无论在民事责任还是刑事责任中都是核心问题,国际法上的赔偿责任也不例外。决定法律问题往往依靠线性推理和逻辑,但是决定事实和现实往往需要依赖一系列的假设,进行非线性的思考。[1]科学无法 100% 确定因果关系,气候变化也是如此。气候变化的原因、过程和结果都是非线性的多因素合力造成的,在客观上无法设计一个专门针对某种因素的模型来计算其对气候变化的贡献比例,因此确定行为和结果的因果关系十分困难。气候本身就是一个复杂多变的自然系统,我们可以得出人类活动对全球变暖有增进作用的结论,但是增进的程度是多少,每一个活动者的贡献比例是多少,不同的科学家和研究者会得出完全不同的结论。如果在事实问题上无法达成共识,法律的分析、权利和义务的设定就缺乏了前提和基础,无法进行下去。

(三)责任承担的不现实性

传统的国家责任承担形式包括:停止侵害行为、赔偿损失。实践中大部分的跨境损害都通过外交方式解决,法律的作用具有局限性。就气候变化而言,

---

[1] Roda Verheyen. Climate Change Damage and International Law-Prevention Duties and State Responsibility. Martinus Nijhoff Publishers,2005:249.

一方面,在当前仍然极度依赖化石能源的背景下,导致全球变暖的温室气体排放是人类生产和生活活动的必然附带品,任何一个国家都无法达到零排放,能够努力的空间就是尽量减少排放。另一方面,要求赔偿损失是另一项更加困难的工作:谁要求赔偿,由谁来赔偿,赔偿数额如何确定,时间范围是否持续,这都是客观上无法解决的问题。如果受害者采取反措施进行交叉报复,该方案也并不可行。目前气候变化的受害国往往是那些实力薄弱的小国弱国,既没有能力也没有必要去跟发达大国进行对抗。

(四)确定责任承担者的困难性

气候变化是大量排放者排放温室气体的后果。如果一国向另一国要求气候变化损害赔偿,那么如何认定其他未被申诉的排放国的角色,是同时都负连带责任,还是被告自认倒霉,没有被告的暗自庆幸? 在国际赔偿责任中,国家承担为运营者补足的赔偿责任。在气候变化中,作为主要排放者的产业界,例如汽车、能源行业,是否可以成为被告? 如果法院受理,他们是否有能力赔偿? 气候变化的损害,无论是直接还是间接,损害数额难以估计。而且,作为经济实体的产业界,只是生产和制造产品的经济环节,产品最终为消费者所购买和使用,生产的目的和动力来自于消费市场的需求,那么消费者是否也应该为该产品的排放量承担责任?

在其他环境污染中,可以直接认定污染者向之提出索赔,污染者在付出相应代价后,可以将赔付成本摊入到产品价格中,最终由消费者承担,并且通过价格的提高调节市场需求,从而减少市场对高污染产业的需要。但是对于气候变化来说,化石能源消耗目前仍然是人类经济活动的主要动力,而由于因果关系的复杂性,立法机构和政府都无法明确将排放温室气体定性为需要遏制的污染行为。政府无法采取禁止和限制的措施,只能采取引导和鼓励减排的方式,这就使得市场价格机制在减排中无法发挥市场调节的作用。

(五)申诉平台的欠缺

与气候变化相关的司法诉讼已经不是新鲜事。2003 年美国马萨诸塞等 12 州、3 个城市和一些环保组织等 29 个原告向美国联邦法院提起诉讼,要求法院裁决美国联邦环保局履行制定限制汽车二氧化碳排放的规章职责。[①] 2005 年 12 月,在因纽特极地委员会的帮助下,63 名因纽特人以分布于北极以狩猎海豹为生的美国和加拿大 15.5 万因纽特人的名义,向美洲国家组织的附属机构"美洲国家间人权委员会"提交了申诉书。极地委员会主席瓦特·克劳狄尔和部落代表们在申诉书中声称,美国的温室气体排放导致了气候变化,损害了作为因纽

---

① 蔡守秋. 环境法案例教程. 上海:复旦大学出版社,2009:60-61.

特文化特征的生存文化环境,对因纽特人的环境、经济和文化造成了极大的破坏,侵犯了因纽特人的基本人权。[1]令人遗憾的是,该委员会拒绝了这一请求,但准许他们 2007 年 3 月在华盛顿举行的简短听证会上作陈述。[2]

上述案件不是国内法诉讼,就是通过人权国际保护机制提出申诉,直接在国际法领域从气候变化损害角度要求侵权赔偿的司法诉讼并没有出现。客观的障碍有两点:①国际法院只受理以国家为当事人的诉讼,私人或地方行政单位无法向国际法院提起诉讼;②受到气候变化伤害最大的国家实力弱小,无力承担国际诉讼的人力和财力。2002 年,太平洋的珊瑚礁岛国图瓦卢、吉里巴斯、马尔代夫曾声称要在国际法院起诉美国和澳大利亚,但最后也不了了之。

(六)认定行为归因国家的困难性

如果要一国承担国家责任,即违反国际义务,必须要求该行为归因于国家,即行为反映的是国家的权威和意志。但是,19 世纪工业革命开始的长时期的排放温室气体行为,或者对碳汇的破坏行为,大多数是各国的私人企业和个人所为,无法追究到国家的责任。唯一可以追究的是国家在签订《气候变化框架公约》和《京都议定书》之后的表现,即是否积极履行制定和实施减排政策和措施的义务。但是该公约给予缔约国的自由度又十分宽松,并没有具体的标准。《京都议定书》的覆盖范围和时间又十分有限。各国的国情差异巨大,也很难说该国的政策和措施是否符合标准。因此行为归因国家这个条件限制了国际法律责任的判断和确立。

总而言之,对气候变化造成的其他国家的利益损害,从责任主体、行为性质、损害后果等方面已经符合了国际法律责任的要件。但是,要实现对责任主体的责任追究,目前的客观条件和技术问题并不具备,令人遗憾而无奈。

第三节 气候变化与国际人权保护

一、国际人权保护概述[3]

(一)人权的概念

人权,是在一定的社会和经济条件下,每个个体作为人所享有或应当享有

---

① 吴琼.国际法视角下气候变化争端的困境与出路——关注因纽特人的申诉//2008 年全国博士生学术论坛国际法论文集。

② 常旭旻.欺骗公民影响气候,埃克森美孚等公司成被告.人民网:http://env.people.com.cn/GB/6955616.html(2010 年 9 月 24 日访问)。

③ 曾文革,杨树明.国际法.北京:中国政法大学出版社,2010:186-203.

的基本权利,是人生存和在社会中生活发展所必需的、基本的、固有的、不可剥夺的精神和物质上的权利。人权在几个世纪前以道德观念的形式产生,在西方资产阶级革命时形成政治上和法律上的范畴,人权发展到今天,已成为现代文明社会一个重要的标志和内容。

关于什么是人权,在不同的历史阶段,在不同阶层的价值观中,具有不同的内涵和外延。人权的概念是在不断发展、充实、完善中的。人权概念发展初期,以公民的政治权利和公民权利为中心,例如,1776 年美国《独立宣言》中规定的"生命权、自由权和追求幸福的权利",1789 年法国《人权和公民权利宣言》宣布,"人们生来就是自由平等的,人的自然权利就是自由、财产、安全和反抗压迫"。到 20 世纪初,特别是在两次世界大战之后,随着经济社会的巨大变化,人权概念逐渐向集体人权、普遍性人权倾斜,发展出民族自决权、发展权、环境权、国际和平和安全权等新的人权内容。

(二)人权的历史发展

人权和人权法的发展进程大致可分为以下三个阶段:

第一阶段是 17、18 世纪西方资本主义革命时期,在原先粗糙模糊的人权道德观念基础上,在革命大环境的刺激和促动下,人权作为清晰的法律概念登上历史舞台。被马克思誉为"第一个人权宣言"的美国 1776 年《独立宣言》,在人类历史上第一次以政治纲领的形式确立"天赋人权"和"人民主权"的原则。法国 1789 年的《人权和公民权利宣言》成为法国大革命后第一部法国宪法的序言,从而在世界历史上第一次以根本大法的形式确立了人权原则,称为"第一部人权法典"。总的来说,第一阶段的人权主要是国内法问题,并且以公民权利和政治权利为主要内涵。

第二阶段是第一次世界大战结束到第二次世界大战爆发前。由于在战时和战后发生了一系列的违反人权的行为,人权的保护开始为国际社会关注。同时,由于国际联盟的成立和一系列国际条约的通过,也有了一定的组织和法律基础。例如,1926 年在国际联盟主持下签署了《国际禁奴公约》,1929 年国际法研究院通过的《国际人权宣言》。国际联盟在实践中也建立了对少数者实施保障的一系列制度及程序,如请愿制度、少数者委员会等。人权发展第二阶段的主要特点是:人权开始由国内法领域向国际法领域拓展,国际社会开始以全球性和全人类的眼光审视人权问题,并着手人权保护的积极实践。

第三阶段的人权发展是在第二次世界大战期间及战后,该发展阶段有两大特点:一是以联合国为基本平台,人权全面进入国际法领域;二是人权内容大大充实和丰富,产生了全新的权利概念。1945 年的《联合国宪章》是第一次将"人权"写入一普遍性国际组织文件的国际公约,并把尊重全人类的人权及基本自由作为联合国的宗旨和国际法的基本原则,这对人权国际保护的发展具有极其重要的意义。在其后的几十年中,联合国及其各专门机构、各主要区域性国际组织分别通过了综合性、专门性保护人权的宣言、公约、条约、议定书和决议,涉及人权保护的主要方面。集体人权的概念被提出后逐步得到充实,包含了生存发展权、民族自决权、环境权、安全权等新的人权形式。

随着人权内涵和外延的逐步丰富和充实,人权在国际社会上的地位也越来越高。2005 年 3 月,联合国秘书长安南在关于联合国改革的报告——《大自由:为人人共享安全、发展和人权而奋斗》中提出发展、和平与安全、尊重人权为联合国三大支柱,并提出设立人权理事会的建议。2006 年 3 月,人权理事会正式成立,取代了之前已运作了半个世纪之久的人权委员会。这体现了国际社会对人权发展的信心以及进一步深入和强化人权保护事业的决心。

(三)国际人权法律文件

在人权保护进程中,人权问题逐渐脱离国内法的国界限制,国际人权法逐步形成并成为国际法的一个重要分支。1945 年《联合国宪章》和 1948 年《世界人权宪章》标志着人权问题全面进入国际法领域,而后者与 1966 年的《经济、社会及文化权利国际公约》、《公民权利和政治权利国际公约》构成的"国际人权宪章",标志着国际人权法的基本形成。其后大量的全球性和区域性国际人权保护文件同上述几个主要的国际公约一起,构成了比较完整的国际人权法体系。国际人权法的主要渊源是国际人权条约,也包括相关的国际习惯。

1.《世界人权宣言》

依据《联合国宪章》成立的联合国人权委员会,为将《联合国宪章》中"人权与基本自由"的概念具体化,经过三年努力,起草了一份"国际人权法案"。1948 年 12 月 10 日,联合国大会在该法案基础上,以 48 票赞成、0 票反对、8 票弃权通过了《世界人权宣言》(Universal Declaration of Human Rights)。

《世界人权宣言》由序言和 30 条条文组成。在其正文中,《宣言》宣告了人权的基本内容,将基本权利划分为两个大的权利范畴,即公民和政治权利,以及经济、社会和文化权利。第 1 条到第 21 条阐述了公民和政治权利的内容,包括:自由权、平等权、生命和人身安全权、公平审判权、无罪推定权、隐私权、人格权、法律平等保护权、禁止歧视、禁止奴隶制、禁止酷刑和不人道待遇、禁止任意逮捕、自由迁徙和居住权、寻求庇护权、国籍权、婚姻自由平等权、财产权、言论自由权、信仰自由权、集会和结社权、自由选举和担任公职的权利、宗教自由权等。第 22 条到第 29 条关于经济、社会和文化权利的内容,包括:工作权,同工同酬权,适当的生活水平权,参加工会权,休息权,社会保障权,对母亲、儿童、老人、残疾人的特殊保护权,受教育权,参加社会文化生活权等。

《世界人权宣言》是第二次世界大战后第一个专门针对人权问题的国际文件，是对《联合国宪章》关于人权条款的权威性解释和拓展，是国际人权法领域的纲领性文件，其为以后国际人权保护机制的发展奠定了基础，在国际人权法的发展中具有历史性的里程碑意义。其不足之处有二：《世界人权宣言》本身只是联合国通过的一个声明和宣告，并不是一个有法律拘束力的文件，只能看作是一个国际习惯法规范；在内容上，偏重于西方社会传统的人权观念和国内法律实践，只强调了个人权利和公民权利，并未对民族自决权等集体人权作出规定，内容上具有一定的历史局限性。

2. 1966 年联合国两项人权公约

1954 年，《经济、社会、文化权利国际公约》和《公民权利和政治权利国际公约》草案完成，1966 年 12 月在联合国第二十一届大会上获得一致通过，并开放给各国签字、批准和加入。两项公约均于 1976 年生效，截至 2010 年 8 月，《经济、社会、文化权利国际公约》的成员国为 160 个，《公民权利和政治权利国际公约》的成员国达到 166 个。

《经济、社会、文化权利国际公约》规定的经济、社会和文化权利包括：工作权、公正良好的工作条件权、组织和参加工会权、社会保障权、保护家庭权、相当的生活水准权、健康权、受教育权、逐步实行初等义务教育、参加文化生活和享受科学进步及其运作所产生的利益权。

《公民权利和政治权利国际公约》规定应受保护的人权包括：生命权，免于酷刑、残忍和不人道待遇的自由，免于奴役和强迫劳动的自由、人身自由和安全权，被剥夺自由者享有人道待遇权，免于因债务而被监禁的自由、迁徙自由、外国人免于非法驱逐的自由，公正公开审判权，无罪推定，刑事被告最低限度保障权，禁止刑法的溯及效力，法律前的人格权，私生活不受干扰，思想良心和宗教自由，自由发表意见权，禁止鼓吹战争的宣传或煽动民族、种族或宗教仇恨，和平集会权和自由结社权，婚姻和家庭权，儿童受保护权，选举和被选举权，参政权，法律前平等和受法律平等保护，保护人种、宗教或语言的少数者的权利等。

二、气候变化对人权的侵害

对气候变化与人权的关系探究，可以从两个起点进行分析。一是气候变化在客观上会损害一系列受到国际保护的人权，从健康权到生命权，从食物、水获取权到庇护权和财产权,从谋生权到文化权,从迁移权到重新安置权等。①二是已经在发生或者将来可能发生的气候变化的巨大冲击往往出现在那些相对贫穷、落后、对气候变化脆弱的国家和地区,他们没有能力去适应气候变化,而发生在他们周围的环境变化往往程度最为严重,甚至产生灾难性后果,从而导致人权侵犯程度的进一步加深。

(一)生命权

《公民权利和政治权利国际公约》第六条第 1 款规定:"人人有固有的生命权。这个权利应受法律保护。不得任意剥夺任何人的生命。"该条规定用否定式的禁止方式规定了义务,而且对禁止内容作了"任意性"的规定。也就是说,条款并未规定人的积极权利,只规定了对他人的禁止义务。气候变化对生命权的侵犯的情形包括:气候变化带来了极端气候灾害频率增加,如飓风、暴风雨、洪水、泥石流等,这些气候和地质灾害对人的生命带来直接威胁和伤害。IPCC第三次报告宣称:委内瑞拉在 1999 年因为洪水和泥石塌方造成 3 万人死亡;2000—2001 年,莫桑比克有 1813 人在洪水中死亡。在气候变化导致的极端气候中,高温热浪同样对人类生命造成极大威胁。2003 年的欧洲热浪造成 3.5 万人死亡,其中大部分为年迈体衰的老人。② 2010 年夏季,热浪再度席卷法国、德国、意大利和西班牙等国家,部分地区的气温高达 40℃。而在东欧的罗马尼亚则遭遇暴雨天气,持续洪灾造成至少 23 人死亡。③气候变化对生命权的影响还在于饥饿和营养不良以及影响儿童成长和发育的相关疾病的增多,以及与地面臭氧相关的心肺疾病发病率和死亡率的上升。④ 由于人类活动导致的全球变暖和气候变化毫无疑问对人类自身的生命权造成了侵犯。

(二)健康权

与健康权相关的国际义务主要体现在《经济、社会和文化权利国际公约》中,该公约第十二条规定:"缔约各国承认人人有权享有能达到的最高的体质和心理健康的标准。……本公约缔约各国为充分实现这一权利而采取的步骤应包括为达到下列目标所需的步骤:……(乙)改善环境卫生和工业卫生的各个方面;……"而 1990 年生效的《儿童权利公约》第二十四条也强调了儿童的健康权:"缔约国确认儿童有权享有可达到的最高标准的健康,并享有医疗和康复设

---

① Stephen Humphreys. Introduction: Human Rights and Climate Change, Stephen Humphreys ed.. Human Rights and Climate Change. Cambridge University Press,2010:1.

② 化石网探索频道:http://www.uua.cn/Discovery/show-6794-1.html(2010 年 9 月 19 日访问)。

③ 欧洲西北部热浪滚滚 东欧暴雨成灾. 中国天气网:http://www.weather.com.cn/index/gjtq/07/665574.shtml(2010 年 9 月 19 日访问)。

④ IPCC AR4 Working Group II (WGII) Report.

施；……缔约国应致力于充分实现这一权利，特别是应采取适当措施，……消除疾病和营养不良现象，包括在初级保健范围内利用现有可得的技术以及提供充足的营养食品和清洁饮水，要考虑到环境污染的危险和风险；……"

IPCC 2007 年的评估报告估计会有数百万人的健康状况将受到气候变化的影响，其原因有：因极端天气事件导致死亡、疾病和伤害增加；腹泻疾病增加；由于与气候变化相关的地面臭氧浓度增加，心肺疾病的发病率上升；某些传染病的空间分布传播媒介发生变化；北半球中高纬度地区的季节性花粉过敏提早开始并呈增加趋势；适应能力低的人群的身体健康；更多、更强、更长时间热浪的袭击对健康造成的不利影响；传染病、呼吸道疾病和皮肤病的风险；粮食和水短缺的风险；营养不良的风险；水源性和食源性疾病的风险；创伤后压抑症候群的风险；与人口迁移有关的健康问题。虽然气候变化在温带地区将带来某些正面效益，如因寒冷所造成的死亡减少，但总体上说，这些效益预计将会被温度升高对健康带来的负面影响所压过，特别是在发展中国家。① 总体而言，对健康的不利影响将波及撒哈拉以南非洲地区、南亚和中东地区。健康状况差和营养不良会加剧个人和群体的脆弱性，并降低他们适应气候变化的能力。② 应对气候变化带来的人类健康问题，需要做的工作包括制订热相关的健康行动计划，提供医疗急诊服务，改善对气候敏感的疾病监测和控制，提供安全饮用水和改善卫生条件，加强卫生服务和区域与国际合作等。

（三）生存权（获得适足食物权）

所谓生存权，是指任何人都不应被剥夺赖以谋生的手段和环境。生存的基本前提是获得足够的食物来维持生命，即获得适足食物权，其中包括要有可能利用自然资源养活自己。生存权同时还包含在恶劣条件下，获得社会救助和保障的权利。无论是《世界人权宣言》还是《经济、社会和文化权利国际公约》都明确规定了获得基本生存条件的人权内容。《世界人权宣言》第二十五条第 1 款规定："人人有权享受为维持他本人和家属的健康和福利所需的生活水准，包括食物、衣着、住房、医疗和必要的社会服务；在遭到失业、疾病、残废、守寡、衰老或在其他不能控制的情况下丧失谋生能力时，有权享受保障。"

《经济、社会和文化权利国际公约》第十一条第 1 款规定："本公约缔约各国承认人人有权为他自己和家庭获得相当的生活水准，包括足够的食物、衣着和住房，并能不断改进生活条件。"第 2 款要求缔约国"确认人人免于饥饿的基本

---

① IPCC 第四次评估报告：《综合报告》，2007 年。

② 联合国人权事务高级专员. 关于气候变化与人权的关系问题的报告. 2009 年 1 月 15 日，A/HRC/10/61。

权利"，并要求缔约国："个别采取必要的措施或经由国际合作采取必要的措施，包括具体的计划在内：(甲)用充分利用科技知识、传播营养原则的知识和发展或改革土地制度以使天然资源得到最有效的开发和利用等方法，改进粮食的生产、保存及分配方法；(乙)在顾到粮食入口国家和粮食出口国家的问题的情况下，保证世界粮食供应，会按照需要，公平分配。"

气候变化从四个方面对人类获取食物的能力造成了极大的影响，包括：①温度上升导致干旱盛行，从而减少粮食产量，威胁粮食安全；②海平面上升导致土地丧失，从而减少可耕种面积；③洪水频发影响粮食生产；④极端气候也会严重影响农业产量。生活在发展中国家的穷人处于特别脆弱的地位，这是因为他们的粮食和生计在比例上都过于依赖气候敏感型资源。[1]因此，人类行为导致或加剧的气候变化影响了其他人的正当生存权，侵犯了相关利益者的人权，这是毋庸置疑的。

(四)发展权

发展权作为所有个人和全体人类应该享有的自主促进其经济、社会、文化和政治全面发展并享受这一发展成果的人权，最初是由塞内加尔第一任最高法院院长、联合国人权委员会委员凯巴·姆巴耶于1970年在题为《作为一项人权的发展权》的演讲中正式提出的。[2] 1979年，第三十四届联合国大会在决议中指出，发展权是一项人权，平等发展的机会是各个国家的天赋权利，也是个人的天赋权利。1986年，联合国大会通过了《发展权利宣言》，对发展权的主体、内涵、地位、保护方式和实现途径等基本内容作了全面的阐释。[3]发展权既属于个人人权，也属于集体人权。从这个概念提出的本意来说，发展权更注重的是一个国家或者一个民族的经济、社会、文明的全面发展需求，而经济发展则是其他方面发展的物质基础和前提。

气候变化对很多国家和地区造成了经济发展上的威胁，包括由于土地丧失、极端气候频发、干旱、洪水、水土流失、气候变暖、环境恶化等原因导致的经济发展障碍，尤其是对农业等基础产业的影响极大。大部分气候脆弱性国家往往是发展中国家，本身经济基础薄弱，农业在一国经济产业中占有相当重要的比例，也是一国居民的生存基础。气候变化导致的农业发展受阻，进一步加剧了一国经济发展的停滞与后退，使得一国经济发展失去第一原动力，经济陷入恶性循环和维持生存的低谷。

---

[1]　IPCC AR4 WGII, p.359.

[2]　米兰·布拉伊奇.国际发展法原则.北京：中国对外翻译出版公司,1989：364；转引自汪习根.发展权法理探析.法学研究,1999(4).

[3]　什么是发展权.人民日报,2005年5月20日.

（五）适足住房权与避免强迫迁离权

《经济、社会和文化权利国际公约》第十一条第 1 款规定："适当住房的权利"："本公约缔约各国承认人人有权为他自己和家庭获得相当的生活水准，包括足够的食物、衣着和住房，并能不断改进生活条件。"该条款包含了在特定地理地点定居的含义。《21 世纪议程》声称："人民应受到法律保护，不得不公平地从他们的家中或土地上被逐出。"①《人类住区议程》要求各国政府"保护所有人不受违法的强迫迁离，提供法律保护并对违法的强迫迁离采取补救措施，同时考虑到人权情况，如果不能避免迁离，则酌情确保提供其他适当的解决办法"。②人权委员会也确认"强迫迁离做法构成对人权的严重侵犯"。③

"强迫迁离"可定义为：个人、家庭乃至社区在违背他们意愿的情况下被长期或临时迁离出他们所居住的房屋或土地，而没有得到或不能援引适当的法律或其他形式的保护。禁止强迫迁离不适用于按照法律并符合国际人权盟约规定所执行的强迫迁离。④强迫迁离不但明显地侵犯了《经济、社会、文化权利国际公约》所体现的住房权利，同时也违反了相关公民权利和政治权利，如生命权，人身安全权，私人生活、家庭和住宅不受干涉权，和平享用财产权等。

气候变化导致的海平面上升、海岸线侵蚀、土地盐碱化和极端气候导致的居住地环境恶化都是现在以及将来大规模人口迁离原住所的原因。太平洋岛国图瓦卢，最高海拔不到 4.5 米，因为海平面上升导致陆地面积缩小，图瓦卢甚至有可能成为第一个被海水淹没的国家。图瓦卢已经同新西兰达成了居民安置的协议，从 2002 年开始有计划地迁移居民。未来生态移民的热点区域包括非洲的干旱地区，亚洲的内河系统、墨西哥的海湾、加勒比海、印度洋和太平洋上的小岛区域。国际移民组织认为，到 2050 年，将会有 2 亿人因气候变化而迁移。⑤

（六）适宜环境权

关于人权体系中是否包含适宜环境权，学界说法并不统一。主要有三种观点：第一种认为，如果没有适宜的环境权，就无所谓人权；第二种认为，适宜环境权已经包含在人权的当然含义当中；第三种认为，适宜环境权应当是生命权、健

---

① 《21 世纪议程》，第一章，7.9(b)项。

② 《联合国人类住区（生境二）报告》，1996 年，A/CONF.165/14，第一章，决议 1，附件二，第 40(n)段。

③ 联合国人权委员会 1993 年 3 月 10 日第 1993/77 号决议，第 1 段。

④ 联合国人权事务高级专员办公室：《经社文权利（ESCR）委员会一般性意见第 7 号》（E/1998/22），附件四"适足住房权利（《盟约》第 11 条第 1 款）：强迫迁离"。

⑤ 刘硕.关注生态移民.世界环境，2009(4).

康权和信息权等基本人权的衍生权利。[①]

1972年《斯德哥尔摩宣言》是第一份承认个人人权与环境质量之间存在联系的国际环境文件。《斯德歌摩宣言》第一条认为："……人类获得了以无数方法和在空前的规模上改造其环境的能力。人类环境的两个方面,即天然和人为的两个方面,对于人类的幸福和享受基本人权,甚至生存权利本身,都是必不可少的。"第二条则强调："保护和改善人类环境是关系到全世界各国人民的幸福和经济发展的重要问题,也是全世界各国人民的迫切希望和各国政府的责任。"宣言第六条认为："为了在自然界里取得自由,人类必须利用知识在同自然合作的情况下建设一个较好的环境。为了这一代和将来的世世代代,保护和改善人类环境已经成为人类一个紧迫的目标,这个目标同争取和平、全世界的经济与社会发展这两个既定的基本目标共同和协调地实现。"《斯德哥尔摩宣言》虽然并没有法律约束力,但使得国际社会意识到了环境与人权的问题。

1966年的《经济、社会和文化权利国际公约》和《公民权利和政治权利公约》并没有包含适宜环境权的内容,但是其所列明的生命权、健康权的含义部分覆盖了环境权的基本理念。另外,通过《公民权利和政治权利公约》的第一任择议定书程序[②],人权委员会在 Lubicon 案[③]和 Port Hope,Ontario[④] 案中确认了环境权可以作为人权的结论。

1981年的《关于人权和人民权利的非洲宪章》则在区域性公约层面明确认可了环境人权。该宪章第二十四条规定："所有人民应当享有有利于他们发展的普遍满意环境的权利。"1999年的《美洲人权公约附加议定书》(又称为《圣萨尔瓦多议定书》))也包含了适宜环境权的规定。而在议定书生效之前,美洲间人

---

① Sueli Giorgetta. Chapter 16-The Right to Healthy Environment, Nico Schrijver & Friedl Weiss ed. , International Law and Sustainable Development-Principle and Practice. Martinus Nijhoff Publishers, 2004:382.

② 《公民权利和政治权利国际公约》包括两个任择议定书。第一个议定书构建了一个独立的申诉机制以便成员国内个人能够提交申述,这种沟通最终将到达人权委员会。第二个任择议定书废止了死刑。

③ 即 1990 年的卢比肯族诉加拿大案,卢比肯湖印第安国族是在加拿大的阿尔伯塔省北方的克里国族的一群,该族群因为土地等问题与加拿大政府纠纷近十年。

④ 即 1980 年安大略希望港案,该案是有关大规模倾倒核废料导致的纠纷。加拿大安大略希望港的一个环境组织主席向联合国人权事务委员会提出申述,认为希望港今世后代的生命和健康遭到威胁,宣称加拿大政府没有尽到保护《公民和政治权利国际公约》规定的生命权的义务。

权委员会也在 Yanomami[①] 等判例中肯定了环境与人权的联系。[②]著名的因纽特人在美洲间人权委员会提起的申述也以温室气体排放国侵犯申诉人人权为依据(请参看本章第二节相关内容)。

由上可见,适宜环境权已经基本获得了国际人权领域的认可,并已在司法实践中得到确认。全球变暖造成了全球气候变化,引致了一系列的生态变化和环境变迁。毫无疑问,由全球变暖导致的环境恶化侵犯了特定人群的适宜环境权,应当列入人权侵犯的范畴。

三、应对气候变化与人权保护的相互促进

在目前的气候变化国际机制或国际文件中,人权问题并不是一个受重视的问题。谈判者与决策者们更注重的是如何减缓和适应气候变化。但是气候变化对人权的侵害后果的严重程度事实上远远超过了气候变化对经济发展的阻碍。当然,减少温室气体排放和增强气候变化适应能力,本身对人权的保护是起促进作用的。但是,如果在制定气候变化应对政策和措施时,能够多从人权角度来考虑问题,可能会引致更多的关注和思考。毕竟,人权理念和保护制度是人类社会引以为傲的文明成果。

(一)处理气候变化人权问题的理念与出发点

处理气候变化问题中的人权损害问题,首先需要确定一个正确的正义理念和公平诉求,可以从四个角度进行思考:①矫正公平,大量排放温室气体造成气候变暖的国家和人群,需要对气候变暖的受害地区和受害人群进行救济和补偿,也就是所谓的"污染者承担责任"原则;②实质公平,经济发展迅速国家大量排放二氧化碳,从而获得了该国经济实力的增长,而那些经济落后国家受到气候变化的影响,在经济基础本身薄弱的情形下,更加缺乏发展经济的条件和环境,气候变化问题加剧了富者越富、穷者越穷的不公平现象,这对实质公平是一个极大的挑战;③程序公平,必须保证一个公平的全球应对气候变化决策机制,能够反映各方利益相关者的相对公平立场;④形式公平,即所谓的以人均排放量为依据的政策制定,而非按国别分配。如果当前人类的经济发展仍然高度依赖碳密集能源,对于大多数发展中国家来说,气候变化并不能超越经济发展需

---

① 雅诺马马(Yanomami)是生活在巴西和委内瑞拉的印第安族群。在该案中,美洲间人权委员会认为,考虑到在雅诺马马的领地里修筑公路给当地人带来的不良的环境和社会影响,该族群享有的包括生命权和保全健康和福利的权利在内的被《美洲人的权利和义务宣言》承认的若干人权遭到了违背。

② Sueli Giorgetta. Chapter 16-The Right to Healthy Environment, Nico Schrijver & Friedl Weiss ed.. International Law and Sustainable Development-Principle and Practice. Martinus Nijhoff Publishers, 2004:386-387.

求成为优先问题,两者应该是互相协调、兼顾发展、相互联系的辩证关系。不能因为发达国家已经达到了经济成熟阶段,而要求发展中国家放弃排放和发展的权利。[1]

牛津大学教授 Simon Caney 认为,气候变化中的人权问题需要从人权角度进行矫正,应该从以下五点出发:①需要采取非歧视的态度和原则处理气候变化当中的人权问题;②不能因为减少温室气体排放和减缓气候变化的成本巨大就拒绝采取应对气候变化的措施和政策,而应该合理安排成本分担,进行国际合作;③在减缓和适应气候变化未取得明显成效情况下,气候变化仍然会在一段时间内造成显著的伤害和人权侵害,需要确立明确的国家责任和赔偿制度进行救济;④人权必须得到原则上的尊重,不能以为在侵害他人权利之后愿意提供赔偿,就认为他人的权利可以侵犯,也不能认为赔偿就能将该侵权行为正当化;⑤以人权的角度评估气候变化对人类人权的侵害范围和程度,以此为依据对减排和适应义务进行分担。[2]

(二)人权作为判断标准对应对气候变化的意义

《联合国气候变化框架公约》第二条规定:"本公约以及缔约方会议可能通过的任何相关法律文书的最终目标是:根据本公约的各项有关规定,将大气中温室气体的浓度稳定在防止气候系统受到危险的人为干扰的水平上。这一水平应当在足以使生态系统能够自然地适应气候变化、确保粮食生产免受威胁并使经济发展能够可持续地进行的时间范围内实现。"人类应对气候变化的最终目标是免受气候变化对人类的负面影响。关于人类应该将全球气温增值控制在多少度的问题上,科学并不能给我们明确的答案,即使目前被普遍引用的控制在工业化前气温的 2 摄氏度以内的说法,也不见得合理和准确。

温室升高多少是安全的,到多少度是到了对人类危险的程度,在科学界无法给出准确的答案的时候,人权标准给出了一个道德起点。如果气候变化导致的人类生存、生活和发展已经严重威胁到人的基本权利,那么全球温度就到了问题的转折点和临界点。将人权门槛放入到气候变化政策目标当中,有助于我们重新审视气候变化的现状和图景,对不同地区、不同国家、不同民族的特定情况进行辨识,以人权保护为判断标准,从而分别做出有区别的针对性应对,能够优化资源配置,提高行动的经济性和效率。

人权标准和原则不仅符合而且还进一步强调了《联合国气候变化框架公

---

① Stephen Humphreys. Competing Claims: Human Rights and Climate Change, Stephen Humphreys ed.. Human Rights and Climate Change. Cambridge University Press,2010:40-42.

② Simon Caney. Climate Change. Human Rights and Moral Thresholds, Stephen Humphreys ed.. Human Rights and Climate Change. Cambridge University Press,2010:86-90.

约》规定的"共同但有区别的责任原则"。根据该原则,发达国家缔约方承诺协助发展中国家缔约方支付适应气候变化不利影响的费用,并充分考虑到最不发达国家在资金和技术转让方面的具体需要。人权框架则对该公约又有补充,强调"人是发展的主体",国际合作不仅在于一国对其他国家的义务,而且在于国家对个人的义务。①

(三)利用国际人权公约处理气候变化问题

在与气候变化相关领域内,《世界人权宣言》宣称了生存权,《经济、社会和文化权利国际公约》强调了健康权、生存权、居住权,《公民权利和政治权利公约》则明确了生命权,即使上述三人权公约都未明确规定发展权,但发展权本身已经获得了国际社会的普遍承认,也有了相应的国际文件作为依据和支持。《公民权利和政治权利公约》和《经济、社会和文化权利国际公约》都拥有了相当数量的缔约国(分别为 166 个和 160 个),《世界人权宣言》也是国际人权法领域的宪章性文件。从国际人权保护角度出发,利用国际人权法律制度处理气候变化问题具有理论意义和实践意义。

作为国际人权公约的缔约国,需要在公约约定的范围内履行保护特定人权的义务。排放温室气体造成温室效应和全球变暖,进而侵害到特定区域人群的生存权、生命健康权和居住权,毫无疑问属于侵犯人权的行为,即使在行为作出时并无恶意,也不具有违法性,但行为的确造成了侵犯人权的后果,排放温室气体大国没有理由推卸自己的责任。一方面,应当立即采取一切措施减少排放,开发新能源,增加碳库,开发捕碳和固碳技术;另一方面,应该积极提供资金和技术帮助受害群体适应气候变化,或者帮助其恢复原来的生活状态。

从制度操作层面来说,需要加强《气候变化框架公约》与国际人权保护机制之间的联系,双方交换信息和工作理念,探索双方合作的途径和平台。目的是使同时是两方缔约国的国家积极承担义务,鼓励缔约国从人权角度出发思考气候变化的减缓和适应问题,同时将人权标准加入到气候变化影响的认定和判断当中,帮助缔约国对全球气候变化导致的自然环境、地理环境变化是否到了需要采取措施进行测算和辨识,利用人权标准确立行动宗旨、方向和方法。当前气候变化国际合作和工作的最终目的是为了当代人类能够获得健康的环境和良好的经济发展,同时保证后代人类也同样享有相应的权利,因此,气候变化应对工作归根结底是为了人类的福祉,为了人民可以获得更富有、更有质量的优质生活,这其实就是根本的人权问题。从这个角度说,气候变化问题就是人权

① 联合国人权事务高级专员.关于气候变化与人权的关系问题的报告.2009 年 1 月 15 日,A/HRC/10/61。

问题,两者在工作理念和目标上完全契合,相辅相成。因此,将人权与气候变化问题结合,是工作的需要,也是逻辑的必然,应当在将来的工作中得到贯彻和实践。

(四)《关于气候变化与人权的关系问题的报告》的结论

2008 年,在马尔代夫等国家的相关要求下,联合国人权理事会通过第 7/23 号决议要求联合国人权事务高级专员办事处听取各国和其他利害关系方的意见,对气候变化与人权之间的关系作详细的分析性研究。2009 年 1 月 15 日,联合国人权事务高级专员发布了《关于气候变化与人权的关系问题的报告》。该报告对气候变化对人权的影响作出了系统详细的分析,并在报告结尾提出了一系列的结论和建议,摘录如下:

> 92. 政府间气候变化专门委员会评估报告所指出的与气候变化有关的效应会对人权的享受产生一系列影响。对人权的影响既可以是直接的,如极端天气事件可对生命权构成的威胁,但往往也可以是对人权的间接和逐渐的影响,如对保健系统的压力以及与气候变化所致迁徙相关的脆弱性的加剧。……
>
> 95. 气候变化对人权的影响往往是非气候因素决定的,包括歧视和不平等的力量关系。这就着重表明必须通过符合总体人权目标的适当的政策和措施处理气候变化对人权的威胁。人权标准和原则应作为气候变化领域政策措施的参考并起到加强作用。
>
> 96. 不易将气候变化的物理影响定为对人权的侵犯,其中颇重要的原因是,往往无法明确地将与气候变化有关的损害归因于具体国家的作为或不作为。然而,处理这种损害仍是至关重要的人权关切和国际法之下的义务。所以,法律保护仍有其相关性,是一种保障,以防与气候变化有关的风险和国家一级为应对气候变化而采取的措施对人权造成的侵犯。……
>
> 99. 只有通过国际社会的所有成员一起合作才能应对气候变化。同样,需要提供援助,以确保发展中国家走上可持续发展的道路,并使之能够适应现已不可避免的气候变化。国际人权法对《联合国气候变化框架公约》具有补充作用,因为它着重表明国际合作不仅是有利的,而且是一项人权义务,其中心目标是实现人权。[①]

---

① 联合国人权事务高级专员.关于气候变化与人权的关系问题的报告.2009 年 1 月 15 日,A/HRC/10/61。

本章小结

　　气候变化是一个综合性问题，这直接导致了气候变化国际法成为国际法体系中与其他相关问题联系最为紧密的问题之一。里约三公约的协同机制，是一个值得肯定的创意，行政机构上的相似性和沟通的方便性，使得该协同机制可以有较大的发展空间，其实际效果令人期待。相对于气候变化国际法在国际环境法领域的轻松融入，气候变化与国际法律责任建立联系显得不那么容易。由于国际责任问题本身的理论性强、实践性弱的特点，气候变化适用国际责任显得尤其困难，其中最大的问题就在于气候变化是集体合力结果，而这是归责逻辑中最大的障碍。但是理论的讨论能够给予实践中的司法处理以引导和依据，因此对其的讨论仍有其实际价值。由于人权本身覆盖范围的宽泛性，气候变化与人权问题的联系无需否认，实践中的司法案例也确立了用人权作为依据控诉气候变化责任者的可行性。需要做的工作是，如何强化人权保护的观点，为气候变化损害赔偿提供标准和操作框架。

第六章　对 2012 后气候变化国际法发展的展望

第一节　2012 后气候变化国际法的发展障碍及关键议题

在回顾了气候变化国际法将近二十年的历史演变和现状后,我们有必要对这个制度做一番客观的分析和审视。气候变化作为一个特殊的环境问题,体系庞大、价值多元、议题零散,要继续发展气候变化国际法的制度和体系,需要首先明确哪些问题成为障碍,哪些困难需要克服,哪些问题亟须解决、确定和突破。

一、气候变化国际法发展的客观背景和障碍

(一)南北矛盾尖锐,处处需要妥协

以 OECD 为代表的发达国家以及以中国和 G77 集团为代表的发展中国家的南北矛盾在国际政治舞台上持续了 20 多年,至今仍没有大的改观。虽然谈判本身就是一系列的妥协与交换,但是对南北矛盾而言,对立的立场时常引发尖锐的冲突,而过于激烈的冲突会逐步消磨谈判的友好气氛和双方的信任度。在目前的气候变化谈判桌上,发达国家和发展中国家之间的不信任氛围十分明显,这是谈判方之间的一道鸿沟。精力的付出、时间的延长,只带来了一些次要的进展。发达国家与发展中国家集团之间立场强硬,互相指责、不肯妥协、拒绝让步的情况屡屡出现。发展中国家认为,发达国家理论上承认气候变化问题的道德责任以及帮助发展中国家的义务,但实际行动却与承诺有很大差距,即不愿意对国际机制进行大的改革,也不愿意在国内采取更多积极的措施;发达国家则认为发展中国家不应当游离在减排强制义务范围之外。从双方对问题性质的理解来看,存在较大的差距。发达国家把气候变化看作是一个技术问题,而发展中国家认为全球变暖是发达国家过度消费的后果,气候变化实质上是一

个利益再分配的问题。[①]必须承认,即使有联合国的拉拢和欧盟的中间调解,南北矛盾在相当长时间内仍将持续,南北国家集团的对立和矛盾将始终贯穿气候变化国际法的发展过程。如何让南北双方平心静气地探讨妥协方案,在谈判中达到利益交换,这将是一项艰苦而漫长的工程。

(二)参与主体众多,利益集团多元

截至 2011 年 2 月,《框架公约》共有 194 个成员方;《京都议定书》共有 193 个成员方。[②]如此庞大的谈判主体数量,如此普遍适用的法律框架,在这么多国家之间要达成统一的意见,谈判的难度可想而知。国家有强有弱、有大有小、有富有穷,有不同的政治立场和价值观,再加上纷繁复杂的经济政治外交背景,基本上每个国家都有自己独特的利益考量。在这种情况下,不同的利益集团逐渐形成。目前主要有以下几个主要的国家集团:

①伞形国家集团,包括美国、加拿大、日本、澳大利亚、新西兰、瑞士、挪威,共 7 个国家。这些国家的意见主要由美国引导,坚持发展中国家也加入强制减排的立场;②欧盟国家集团,包括欧盟 27 国,坚持积极减排的环境政策,并充当发达国家和发展中国家之间的中间人,努力在国际环境领域充当领导者作用;③基础四国,包括中国、巴西、印度和墨西哥,由于本国都处于较快经济发展阶段,对温室气体强调自主排放,坚持发展和环境平衡的立场,拒绝发展中国家承担强制减排义务的要求;④小岛国联盟(Alliance of Small Island States,AOSIS),是受全球变暖威胁最大的几十个小岛屿及低海拔沿海国家组成的国家联盟,他们对气候变化的减缓和适应努力愿望最为强烈;[③]⑤OPEC 国家,即以石油出口为主要经济支柱的发展中国家,该集团并不乐于见到石油能源需求急剧下降的局面,地位比较微妙;⑥经济转型期的中东欧国家,部分已被纳入欧盟体系,目前以俄罗斯为主要带头国。另外,还有一些小型的国家联盟,如墨西哥、瑞士和韩国组成的环境整体性集团(environmental integrity group)等。

类型复杂的国家集团,加上私人和民间领域的决策者、游说者、能源产业经营者、环保 NGO、气候变化怀疑论者,组成了形形色色、大大小小的利益集团。每个集团都在努力按照自己的立场和价值观去影响政策的天平,最终导致气候变化谈判的低效率和无成果。

---

① Margaret M. Skutsch and Hans Th. A. Bressers, Power. Motivation and Cognition in the Construction of Climate Policy: The Case of Tropical Forestry, Velma I. Grover ed.. Global Warming and Climate Change-Ten years after Kyoto and Still Counting. Science Publishers, Vol. 1,2008:351.

② 《联合国气候变化框架公约》网站:http://unfccc.int(2011 年 2 月 28 日访问)。

③ 小岛屿发展中国家和地区共有 51 个,大多数分布在太平洋和加勒比地区,地理面积总和约为 77 万平方千米,人口总和为 4000 多万人。

(三)谈判议题泛化,覆盖领域广泛

气候系统是一个大的生态环境,人类的生产和生活时时刻刻都在这个环境中进行。即使对气候生态进行微小的改变和引导,也会产生一系列的后果,大范围影响人类的基本生活。改变能源使用模式,就会改变生产的格局,进而改变人们的消费状态;对森林、土地的管理和规划,会影响当地人口的生产和生活;对气候变化的预防性适应,涉及人口迁移和生存,而人口的迁移会影响文化的传承和发展……概括来说,气候变化政策和法律的制定与实施,不仅会影响生态系统,同时会影响一国的能源生产、交通运输、农业工业、发展规划、人口计划、社会分配、个人自由与全球责任等,种种后果牵涉到一国的经济、政治、外交、社会、教育、文化等方方面面,覆盖领域十分广泛。决策者要在有限资源的前提下,将气候变化风险与社会和经济的发展进行权衡,这给各国政府带来了巨大的挑战。

(四)科学结论不确定,成本付出巨大

气候变化本身就是多因素共同作用的结果,关于气候变化的幅度和潜在风险存在科学上的不确定性,而人们根深蒂固的含碳生活方式,以及高度依赖碳能源的经济发展模式,都决定了改变当前发展模式的成本十分庞大。拥有大量人口的发展中国家急需脱贫和发展经济,制定和实施应对气候变化机制有着很多客观障碍。对气候变化的科学研究持续了上百年,而对气候变化的政策研究只有短短十几年的历史,人类并没有一个成熟的理念可以参照。新主题的谈判、新制度的创立,都需要大量的资源。在科学还不确定的背景下,运作高成本的国际协调机制,会影响机制内主体的参与积极性,进而影响谈判的进展和制度的实施。

(五)环境问题的公共性与搭便车行为

公有物品的悲剧,主因是人本性的自利驱使,从经济学角度分析,则是"成本外化"导致的结果。气候属于自然环境的一部分,它没有固定的疆土和边界,也没有可以明确辨别的原因和结构,温度、风力、降雨、洋流、冰川、灾害天气……互相作用、互为因果。环境的公共性导致所有人的行为都会影响气候,但并不是所有人都为此买单。在权利和义务不对等的情况下,每个人对气候变化与自身责任承担问题都有不同的感受和理解,小岛国家的政客和居民感觉前途命运岌岌可危,俄罗斯、加拿大等寒冷地区的人们欢迎温暖冬天的到来……参与方不能在现状和问题性质上达成共识,要想在问题解决方案上达成一致,显然是不可能完成的任务。

进一步说,如果在别人参与减排,自己不参与减排的情况下,本人仍然可以

享受减排的成果,这就产生了"搭便车效应"。如果两个国家参与减排,最好的结果是都减排,双方受益。如果一个减排,另一个不减排,不减排的国家搭便车,会导致减排的国家放弃行动,最后大家都损失。放到多边体制里,这种博弈更复杂,但基本道理是一样的。这就是为什么《京都议定书》的生效需要两个55%的门槛,即批准国的数目和其所占温室气体排放量都达到55%。只有减排国和减排量到了一定数量,才能够吸引剩余的国家加入协议,如果只是少部分国家参与就生效,这个协议很快就会死亡。①"搭便车"会沉重打击履行义务者的积极性,使其退出主动行为,最终的结果就是一切都恢复原状。虽然气候变化国际机制并没有到如此令人悲观的程度,但是将来谈判的困难的确来自于上述原因。由于各国国情差异性太大,在一段时期内这种情况仍然会继续存在。我们只能说,前途是光明的,道路是曲折的。只要我们做好充分的心理准备,对这些因素考虑周全,气候变化国际法的发展还是光明的。

二、气候变化国际法的四个关键议题

气候变化国际法的发展,不仅要充分考虑问题的客观背景和障碍,同时需要在实际工作中进行优先程度的判别,确认重要的议题,集中精力和资源重点突破。

(一)完善制度的经济导向设计

无论是 CDM,还是排放交易体制,都是经营者在一定运作规则和价格引导下自主决策和行为的总和。这种市场化机制的引入,是现代商业社会对国际环境法领域的成功渗透。强制义务和规范向来是法律制度的重要标签,而在经济人的游戏规则中,市场和价格同样可以成为主体的行为规范。经济导向的制度设计可以将有限的资源用在最需要的部门,即所谓资源优化配置。经济导向机制可以达到成本效益的最优值,用有限的资源创造出尽量多的价值。因此市场制度的引入可以提高效率,降低成本,促进技术研发,推动社会物质文明的进步。在气候变化国际法的最初发展阶段,对市场手段的引入最强烈的反对者是欧盟,而在实行阶段,态度最积极的也是欧盟(欧盟的排放交易体系已经进入2008—2012 年的第二阶段)。在国际公约的履约问题上,市场机制可以吸引更多的缔约国加入,增加他们履约的积极性。因此,经济导向的市场手段的引入是值得肯定的事情。

就现阶段而言,由于市场机制本身固有的逐利驱动特点,无论是 CDM 还是

---

① Felix R. FitzRoy and Elissaios Papyrakis. An Introduction to Climate Change Economics and Policy. Earthscan Publishing,2010:107.

国际排放交易体系都存在一些问题。CDM 机制的"先捡低果子"规律导致的项目分布极度不均衡,国际排放交易目前还未形成有效的市场信息传播和稳定价格体制,信息的缺乏使得市场经营者无法作出准确的预测和判断,从而影响整个市场机制的运行。更重要的问题是,如何才能将国际排放机制与欧盟、美国等已经在国内实施的排放交易制度进行对接。只有将市场全球一体化,才能反映出碳排放的真正市场价值。碳排放影响的是整个地球,不存在人为的国家边界,要形成市场价格的正常波动,统一的全球排放交易市场必须建立。而 2012 年后的排放交易会如何进行,又给这个问题带来了很大的变数和不确定性。

(二)温室气体排放移转和热气问题

如前所述,温室气体排放是全球性的环境问题,需要所有国家的共同努力。目前以《框架公约》和《京都议定书》为主体的气候变化国际法制,严格遵循"共同但有区别责任"原则,要求发达国家承担强制减排义务,发展中国家自主减排,这是符合公平原则的安排,无可置疑。但出现的客观问题是,减排义务并未覆盖到所有缔约国,会导致污染行为的自利转移。也就是说,有较高温室气体排放量的产业会被经营者从需要承担义务的发达国家转移到不需要承担强制义务的发展中国家。经营者利用不同国家的不同义务情况进行碳产业转移,寻求对自己最有利的环境,减少成本,是正常的经济行为。但从宏观上说,遏制和消减这种现象,维护气候变化国际机制的公平,也是必须完善的工作。当然,目前大多数发展中国家也采取了积极的减排政策和措施,但是由于没有强制性的国际义务,其政策措施的严厉程度和覆盖面都会有所保留。对那些经济快速发展的国家,其取得经济效益的欲望更为强烈,这就为碳转移的实现提供了环境。漠视碳转移问题会给气候变化国际法制造成损害,也会影响承担强制减排义务国家的履约积极性,需要国际社会通过法律、政策、外交和经济手段予以解决。

另外,一个需要关注的是"热气"(hot air)问题。俄罗斯、乌克兰在 20 世纪 90 年代初期的经济衰退,使得其温室气体排放明显下降。而目前的气候变化国际减排义务以 1990 年的排放量为基准,这就导致俄罗斯等国不仅不需要采取措施进行减排,反而会有富余的排放额,这就是所谓的"热气"。"热气"可以在国际排放交易市场上出售,可以让没有完成减排义务的国家通过金钱购买热气完成减排义务,这对整个国际减排机制的环境整体效益来说是失败的,也是另外一种形式的"碳转移"。当然,"热气"的产生有很多谈判过程中的利益交换因素,不能全盘否定。但是在将来的制度谈判中,应尽量避免类似问题的再次出现。

(三)资金和技术问题

资金和技术是发达国家和发展中国家的永恒议题。目前谈判的焦点不在于是否提供资金和技术，而在于如何更有针对性地提供足量资金和有效技术。发达国家出于政治利益考虑，承诺进行资金捐助和技术转移，但是在数量和程度上总是无法让人满意。气候变化是一个全球问题，如果发达国家不积极履行自己的援助义务，极端气候、生态系统的破坏等种种后果同样波及他们的领土。现实的问题是，一方面，气候变化的恶劣后果并不会马上出现，特别是发达国家的地理位置，受到直接灾害（如海平面上升淹没土地）的危机感并不严重；另一方面，受到极大生存威胁的发展中国家极度缺乏资金和技术，即使是发展较快的发展中国家（如基础四国），由于本国正处于经济发展的关键期，没有足够的资源来应对气候变化，这种矛盾的现象导致了在气候变化领域的资金和技术的转移没有足够的动力和压力。虽然《框架公约》和《京都议定书》一再强调发达国家的援助义务，一系列的决定也在努力督促其履行义务，但是发达国家根本的态度没有扭转，问题就不会有大的改观。相比较而言，技术转移涉及商业收益和知识产权问题，难度很大。发达国家的资金援助难度较小，如何让他们积极足额地捐资，需要在将来的工作中寻求突破。哥本哈根会议建立的"绿色气候基金"是一个良好的开端，相关的工作应长期持续。

（四）碳汇问题（LULUCF 和 REDD）

碳汇是可以吸收二氧化碳的森林、植被等自然生态系统，之所以成为气候变化国际协调的问题，是因为部分发达国家，特别是拥有大量森林的发达国家，如俄罗斯、日本、澳大利亚等，希望能够用碳汇管理活动，也就是土地利用、土地利用变化和林业活动（Land Use, Land Use Change and Forestry, LULUCF）来抵消其在《京都议定书》下的减排义务。这种想法一方面，自然遭到很多国家的反对，因为碳汇并不需要东道国做出太多的努力就可以计入减排数量，这并不符合《框架公约》和《京都议定书》积极减排的宗旨和目标；另一方面，如何确定这些自然碳汇的储碳量，也是一个棘手的技术问题。但是为了让《京都议定书》能够尽快生效，碳汇作为利益输送的方式成为俄罗斯、日本等国批准议定书的条件，碳汇最终被《京都议定书》所认可。

《京都议定书》第三条第 3 款规定："自 1990 年以来直接由人引起的土地利用变化和林业活动——限于造林、重新造林和砍伐森林产生的温室气体源的排放和汇的清除方面的净变化，作为每个承诺期碳贮存方面可核查的变化来衡量，应用以实现附件一所列每一缔约方依本条规定的承诺。……"第三条第 4 款规定："作为本议定书缔约方会议的《公约》缔约方会议，应在第一届会议或在其后一旦实际可行时，就涉及与农业土壤和土地利用变化和林业类各种温室气体源的排放和各种汇的清除方面变化有关的哪些因人引起的其他活动，应如何加到附件一所列缔约方的分配数量中或从中减去的方式、规则和指南作出决定,……此项决定应适用于第二个和以后的承诺期。一缔约方可为其第一个承诺期这些额外的因人引起的活动选择适用此项决定,但这些活动须自 1990 年以来已经进行。"上述规定明确了森林、土地管理等碳汇作为减排义务履行的方式已经得到议定书的承认,虽然议定书规定具体的规则方式适用于第二阶段承诺期及以后,但是也可以作为第一阶段的义务抵消,条件是只限于 1990 年以后的活动。

林业和土地碳汇作为技术要求低、环境效果好、成本较低的吸收二氧化碳的方式,在第二阶段的国际谈判中受到越来越多的关注,无论是发达国家还是发展中国家都倾向于将碳汇作为减排方式的重要形式之一。发达国家的 LU-LUCF 活动和发展中国家的 REDD+(减少森林砍伐和森林退化)活动都已经得到了国际社会的承认。需要解决和克服的问题是:① 如何计算碳汇的固碳量;② 如何解决自然碳汇容易受到自然因素影响的不稳定性问题;③ 如何确定各缔约国使用碳汇的数额上限,即在保证碳汇发展的同时,也要督促义务国积极制定和实施其他积极减排的政策和措施,而不能单纯依靠碳汇,形成大量热气,影响温室气体减排的真正效果;④ 发展中国家开展 REDD+项目,需要发达国家的资金和技术支持。

第二节　气候变化普遍性国际法制度的建构与完善

应对气候变化面临的一个挑战是,温室气体排放是一个全球环境问题,需要一个覆盖全球的整体策略,但是气候变化对人类的影响却是一个地方或区域问题,需要一个特定的针对性区域方案。问题的双重性质将气候变化问题分裂成两个方面:从上往下的国际法的建构和完善,以及从下往上区域国际法的发展和促进。

一、国际谈判促进格局的建立

谈判是一系列的观点妥协和利益交换,在气候变化问题上,国际谈判更是带有浓重政治色彩的力量博弈。气候变化谈判可能是人类历史上最为复杂的环境外交,原因如下:① 关于气候变化的幅度和潜在风险在科学结论上仍然存在不确定性;② 人类文明发展至今,普遍、大量且根深蒂固的依赖碳的生产和生活方式;③ 温室气体排放行为与气候变化后果在特定主体上的极端不对称性;④ 短期内减缓和适应气候变化的庞大成本和环境微弱效果的极端不对称性;

⑤各国关于最佳制度和行动选择上的不同观点。[①] 如果在2012年后继续进行有效的气候变化国际谈判,首先需要国际社会形成一个平衡的谈判秩序和格局。

(一)利益多元化下的求同存异

21世纪人类社会政治全球化和经济一体化的深入发展,使得世界政治格局发生越来越复杂的深层次变化。反映在气候变化谈判上,就是发达国家和发展中国家的南北矛盾突出,在南北矛盾下又存在次级的集团裂变。欧盟和美国在环境问题上的态度区别、伞形七国的联盟;发展中国家集团中的基础四国、小岛国联盟、石油输出国组织(OPEC)等。在气候变化舞台上,各方的政治角力已经不能用简单的南北矛盾来概括,或者说,气候变化这个全球性的环境问题,把各国的利益立场差异表现得更加突出,导致国际谈判障碍重重。在这种复杂情形下,区分各自的不同立场,寻求气候变化减缓和适应的共同目标,是推动谈判发展的关键途径。积极的一面是,尽管各个成员国存在各自的特别利益诉求,但全体成员都期望气候变化能够得到减缓,减少气候变化对人类的影响。在这个共同愿望的基础上,鼓励成员方诚意谈判,避免出现以对方的义务为自身的履行前提情况发生,是谈判突破僵局的关键。

(二)强调发达国家的带头作用

谈判需要领导者和领头者。发达国家不仅是温室气体的主要历史排放国,也应该在将来的气候变化应对中起到领导作用,从资金到技术,发达国家拥有足够的实力。美国和欧盟是其中最为重要的两个带头者。虽然美国不是《京都议定书》义务国,但令人鼓舞的是,目前欧盟和美国应对气候变化的态度都十分积极。美国现在虽然仍在《京都议定书》框架外进行活动,但是其已表现出积极的合作态度。而欧盟在气候变化框架公约体制内,可以继续发挥领导作用,并且在各类制度建设上身先士卒,欧盟排放交易体系的成功运作是典型例子。但令人遗憾的是,发达国家仍然将发展中国家承担义务作为谈判的中心问题。

(三)发展中国家的积极参与

发展中国家作为气候变化的受害国,急需发展经济、改善人民物质生活条件。在强调发达国家的带头减排前提下,发展中国家应积极实行温室气体减排行动,自觉自愿履行《气候变化框架公约》的义务。一方面,减少温室气体排放,减缓气候变化,可以减缓气候变暖对一国在地理环境和经济发展上的影响;另一方面,发展中国家积极参与减缓行动,发达国家无法从发展中国家身上找到

---

① Chukwumerije Okereke. The Politics of Interstate Climate Negotiations, Maxwell T. Boykoff ed.. The Politics of Climate Change. Routledge Press, 2010:45.

推脱的理由。发展中国家没有加入强制减排承诺,是美国退出《京都议定书》的原因之一,也是现在国际谈判的焦点问题之一。我们不能回避这个问题,应该思考如何打破这个僵局。发展中国家对自身的底线和地位必须清晰明了。坚持发展中国家的发展需要,不承诺量化减排,这是发展中国家的底牌,不能让步。以中国为例,大量的制造品出口事实上是为进口国的消费在排放温室气体,这是发展中国家在国际谈判坚持立场的另一个理由。同时,发展中国家可以通过国内积极的减排政策和低碳行动,促使发达国家采取措施带头减排。

(四)谈判形式和途径的多样化

在联合国框架下,传统的国际谈判需要遵循严格的形式要求,如使用 6 种官方语言、全体成员参加的大型会议、正式的程序要求等。[①]而且国际条约的生效以成员国国内立法机构同意为前提。但是气候变化问题利益关系错综复杂,除正式的大型会议以外,大量非正式的会议、工作组会议、友谊团体和非政府组织的活动对气候变化谈判的促进起着重要的推动作用。这些会议使用单种语言,参与的国家数目较少,在达成共识方面效率较高,可以帮助和促进全体大型会议的谈判。应当重视和鼓励这些非正式的活动平台,简化会议形式,鼓励非主权政府的活动者积极参与。

(五)替代方案的透明性和可操作性

对于大量发展中国家来说,参与国际谈判本身就不是一个轻松的任务,他们需要配备资金、专家、翻译和技术支持。有些问题可以用物质解决,有些东西却无法在短时间内获得,如专业知识、谈判技巧和专业人员。发达国家拥有雄厚的资金、技术和专门人才,同时在其国内有各类研究所、非政府组织来专门研究气候变化的法律和政策问题。学者、研究人员、决策者,在数学、经济、法律、财务等相关知识背景基础上提出了一个个解决方案,向国际社会游说和推广。过于理论和复杂的方案本身就是发展中国家参与国际谈判的障碍。他们缺乏专业的知识背景和经验,无法正确理解该方案对本国的影响和意义,也无法做出准确的预测并确定自己的立场。因此,替代方案必须透明而简单,不会引致理解上的困难和误导。这不仅是发展中国家的需要,同时也是一个政策能够得到正确实施、具备可操作性的需要。越复杂的制度设计,越容易出现纰漏和矛盾。气候变化和全球变暖不可能给我们留足充分的时间去验证和完善,替代方案必须是简单的、透明的和可操作的。

---

① Joyeeta Gupta. Good Governance and Climate Change:Recommendations from a North-South Perspective,Marjan Peeters,Kurt Deketelaere ed.. EU Climate Change Policy. Edward Elgar,2006:302.

（六）法律约束性与政策自愿性的结合

减排协议为什么必须要有约束力,正是为了保证能够对减排行为做出稳定的预期,使得后面的人能够看到效果,也使已经加入协议的人不会变卦,导致协议无效。从这个角度分析,一个有约束力的协议相当关键。任何没有法律约束力的宣言、策略、政策,都无法达到群体行为的共赢。《京都议定书》并不成功,但却是一个重要的起点。京都后的制度,需要采取法律约束性与政策自愿性结合的方式,双管齐下。一方面,气候变化国际法制需要一个有约束力的法律文件,这是解决气候变化问题的基本出路,它提供了一个可以确定的前景,引导所有参与者合力往一个方向努力;另一方面,我们应该引入多样化的履约方式和减排途径,来吸引更多国家融入到共同减排机制当中,主要是通过市场化机制,如投资、自愿行动、技术创新等行为获得减排效果。简单地说,就是通过无悔政策（no regrets policy）[1]达到主动减排的目的。

二、需要确立和完善的制度内容

（一）短期目标的讨价还价

《京都议定书》5.2%的减排目标,以及附件一各国的具体减排承诺,是气候变化国际法的一个巨大成功,但是这个成果并没有给第二阶段的谈判带来积极影响。一方面,部分国家无法完成第一阶段的减排义务,自然更加不愿意参与第二阶段的减排承诺;另一方面,全球变暖的累积性和滞后性,使得第一阶段的努力客观上无法显现出明显的环境效果,也就是说,人们看不到 5.2% 减排之后对气候和人类的作用和效果,这也给参与者们一个心理上的松懈理由——"我做与不做,似乎结果都是一样的",这无疑是哥本哈根会议失败的原因之一。

从《京都议定书》的谈判过程考察,可以发现议定书里设置的减排数字,既不是来自科学数据的指导,也不是因为国际公约和国际法原则的适用,而是来自缔约国之间的讨价还价,即所谓的"horse trading"[2]。澳大利亚、挪威、冰岛等国家甚至获得了增加温室气体排放的权利,这实在是一个莫大的讽刺。在欧盟内部分配减排额时,有 5 个国家获得了增加排放的权利,其中葡萄牙居然达到了 27% 的增排数量。这些现象会给气候变化谈判者带来一个误导,即如果你有足够的筹码,你不仅可以减少承诺的减排数量,甚至可以获得增排的权利。

---

① 采纳和实施某环境管理政策,无论其是否达到环境效果,该政策都能够产生一定的经济效益或其他利益。即该政策对于行为人来说,不存在后悔或遗憾的因素。

② Joyeeta Gupta. Good Governance and Climate Change: Recommendations from a North-South Perspective, Marjan Peeters, Kurt Deketelaere ed.. EU Climate Change Policy, Edward Elgar, 2006: 303.

第二阶段的减排目标谈判将是一个更加困难的工作,科学合理地确定第二承诺期的减排比例是所有缔约国必须处理的一个挑战。

(二)中远期的阶段目标设置

IPCC 的报告认为,全球变暖对人类产生大规模影响的阈值为 2 摄氏度。也就是说,如果全球升温超过 2 摄氏度,气候变化对地球的影响将达到相当的规模和程度,并对人类的生存和发展带来无法承受的负面后果。对于科学家给出的预测结论,气候变化国际法没有作出积极的应对,其中最主要的原因就是没有设置明确的中远期目标。《气候变化框架公约》第二条规定:"本公约以及缔约方会议可能通过的任何相关法律文书的最终目标是:根据本公约的各项有关规定,将大气中温室气体的浓度稳定在防止气候系统受到危险的人为干扰的水平上。这一水平应当在足以使生态系统能够自然地适应气候变化、确保粮食生产免受威胁并使经济发展能够可持续地进行的时间范围内实现。"该条规定并没有提及时间框架。《京都议定书》提出了 2008—2012 年附件一国家减排5.2% 的短期目标,但是对 2012 年以后的安排,国际谈判前景仍然迷雾重重。

国际谈判无法设定中远期的阶段目标,背后的原因有很多,例如气候变化对人类的影响分布不均衡——有些地区可能遭遇灭顶之灾,有些地方只是小规模的生态影响,同时还存在着气候变暖的得益区域。对于设定量化的减排目标,各国意见无法达成一致。但是对一个需要付出长期努力的国际环境问题而言,设定阶段目标的意义在于,可以根据阶段目标不断地进行比较和审视,来衡量过去的工作是否有效果,是否有效率,并对当前的工作方向做出调整,以达到最终目标。欧盟提出在 2020 年前达到 3 个 20%,即到 2020 年减少 CO_2 排放20%,能源效率提高 20%,可再生能源使用占能源使用总量的 20%。[①]气候变化的国际谈判也可以在欧盟目标基础上进行调整。

(三)市场机制的完善与监督

《京都议定书》引入的现代市场机制,如排放交易、CDM 机制,是降低履约成本、鼓励参与国履行义务的好制度。但是目前存在的问题是交易成本过高,对于会计、技术方面的专业人才要求也较高。这对于创造和实施市场机制的发达国家来说并不是大问题,但是发展中国家缺乏资金、技术和专业知识,市场机制的复杂性不利于发展中国家的融入和参与,发达国家创设的市场机制和相关制度落实到发展中国家,有可能产生水土不服、无力运作的结果。如何增加市场机制的透明度和操作简易性,是完善市场机制的一个目标和方向。

---

① 魏一鸣,张跃军,邹乐乐等.欧盟排放交易体系对我国的启示,科学时报,2009 年 8 月 20 日。

(四)"共同但有区别原则"的坚持和发展

气候变化是涉及科学、政治、经济、文化等多方面的综合性环境问题。对此类全球环境问题的制度设计,需要具备长期性和广泛性的要求。因此,制度理念必须要满足公正性的要求,没有公平正义理念的坚持和贯穿,该制度就无法长期存续并获得参与主体的认同。对于从 20 世纪 90 年代起端的气候变化国际法制度来说,公平理念集中体现在"共同但有区别原则"当中。全球人类共同应对气候变化,是对后代人的公平;有区别地设定国际义务,是对不同国别、不同地区当代人的公平。在 2012 年后的气候谈判中,发达国家一直试图将发展中国家拉入到强制减排国家集团中,这是不符合公平原则的观点。发展中国家目前仍然需要将经济发展列入主要优先目标,没有经济实力的积累,所有减排努力都是无源之水、无本之木。因此,气候变化的后期谈判必须坚持共同但有区别责任原则,并在不同经济社会背景下丰富其基本含义和适用方式。

三、对若干 2012 年后建议方案的评析

一个有生命力的国际气候法制度,必须具备以下三个条件:科学上正确、经济上合理、政治上实用。科学上正确,就是国际协定能够达到稳定温室气体浓度、避免危险的人类活动影响自然变化的目的;经济上合理,就是国际义务的履行成本最低、效率最高;政治上实用,就是要将美国等主要经济体国家拉入减排机制,建立一个更有效的约束机制。[①]对于 2012 年后的温室气体减排,学者们提出了众多方案,根据美国佐治亚大学法学教授 Daniel Bodansky 的研究,目前大概有 40 多种关于气候变化国际框架的建议。[②]以下对主要的几种方案作一评述。

(一)"压缩和集中"模式

"压缩和集中"模式(contraction and convergence approach)是 1990 年由英国全球公共资源研究所(Global Common Institute)首先提出的公平应对气候变化的方案。[③]在"压缩和集中"模式下,根据以往的世界总排放量,按照时间阶段逐年缩减确定全球排放总量,然后将排放量许可额度公平分配至各国。世界上所有国家都参与该机制,各国额度依据该国人口数量进行分配,即以人均排放为基础。通过一段时间的过渡安排,将目前的气候变化减排机制落实到人均排

---

①　Joseph E Alby、Robert N Stavins. Post-Kyoto International Climate Policy. Cambridge University Press,2009:2.

②　Daniel Bodansky, International Climate Efforts Beyond 2012:A Survey of Approaches (2004).

③　http://www.gci.org.uk.(2010 年 10 月 5 日访问)。

放量平等模式。人均排放高的国家可以通过碳交易从人均排放低的国家买得所需份额,发展中国家可以从中获得资金。该方案的核心理念认为,气候变化作为全球公共环境问题,应摒弃国界的概念,每个人类都拥有平等的排放权,以人均排放量乘以该国人口数量,从而确定该国的允许排放额度。

"压缩和集中"模式,从公平公正角度分析,是十分合理的。从最基本的人权角度分析,人人生而平等,其所享有的发展权自然也是平等的。反映到气候变化问题上,每个人就应该拥有相同的温室气体排放权。毫无疑问,"压缩和集中"方案符合公平正义的基本价值目标和判断标准,也符合减排责任、减排需求和减排能力等客观因素的要求。它不仅赋予每个人类成员同等权利,同时亦能顾及全球温室气体排放的逐年削减,因此该方案在学术上备受推崇。同时,"压缩和集中"方案符合简单可预测的标准。然而,现实中的操作难度来自于现实的人均排放的巨大差距。表 5-1 所示的是 1990—2008 年世界主要国家二氧化碳人均排放量。

表 5-1　1990—2008 年世界主要国家二氧化碳人均排放量 （单位:吨/人）

国家/年份	1990	1995	2000	2005	2006	2007	2008
美　国	19.46	19.28	20.18	19.50	19.02	19.10	18.38
澳大利亚	15.15	15.69	17.58	18.95	18.90	18.30	18.48
加拿大	15.61	15.88	17.36	17.33	16.69	17.33	16.53
俄罗斯	14.72[①]	10.61	10.27	10.59	11.09	11.11	11.24
荷　兰	10.43	11.06	10.81	11.19	10.91	10.84	10.82
韩　国	5.35	7.95	8.96	9.72	9.87	10.12	10.31
日　本	8.61	9.14	9.33	9.55	9.43	9.72	9.02
德　国	11.98	10.65	10.06	9.84	10.00	9.74	9.79
英　国	9.60	8.90	8.89	8.84	8.80	8.54	8.32
中国(内地)	1.95	2.48	2.41	3.89	4.28	4.58	4.91
墨西哥	3.26	3.19	3.52	3.75	3.79	3.95	3.83
巴　西	1.30	1.49	1.73	1.75	1.76	1.81	1.90
印　度	0.70	0.84	0.97	1.06	1.13	1.19	1.25
世界平均	3.98	3.84	3.87	4.20	4.29	4.38	4.39

①苏联时期数据。

数据来源:国际能源组织(IEA)于 2010 年 10 月 6 日发布的报告:CO$_2$ Emission From Fuel Combustion Highlights (2010 Edition),http://www.iea.org/co2highlights/(2010 年 10 月 8 日访问)。

从表 5-1 可以看出，目前世界各国的二氧化碳人均排放量可以大致划分为三个方阵。第一方阵为美国、澳大利亚和加拿大，人均排放量达到 16 以上；第二方阵为大多数的欧洲发达国家和新兴发达国家，人均排放量为 8～10；第三阶段为大量的发展中国家，人均排放量在 5 以下。在"压缩和集中"方案下，由于地球上所有个人被赋予同等数量的排放量，与第一方阵和第二方阵国家目前现实的排放量差距较大。如果实现绝对的排放量平均，这些国家必然要承担极大的减排压力，实践操作难度较大。因此，即使该方案符合公平原则和环境效果原则，仍然会遭到第一方阵和第二方阵国家的强烈反对。虽然发达国家可以通过交换获得自身所需要的排放份额，但必然导致大量资金的付出，这是阻却相关国家参与的负面因素。批评者认为该方案过于理想化，既然在其他类似的公共财产上没有实施人均配额计算，为何在气候问题上就可以破例？"压缩和集中"方案在短期内无法获得发达国家的同意，其政治阻力是可以预见的。

总的来说，"压缩和集中"方案获得了非官方的普遍支持，但是在官方谈判中饱受争议。在 1997 年的京都 COP-3 上，有关"压缩和集中"的讨论无果而终；在 2004 年米兰 COP-4 上，UNFCCC 的执行秘书公开表示"稳定（温室气体浓度）问题毫无疑问需要压缩和集中"；在 2009 年哥本哈根大会上，"压缩和集中"方案受到了讨论和质疑。[①]

（二）温室发展权模式

温室发展权（greenhouse development right）是斯德哥尔摩环境研究所（Stockholm Environment Institute，SEI）和生态公平组织（EcoEquity）于 2007 年 11 月提出，并于 2008 年 11 月提出修正版的一个气候发展模式。[②]该模式认为，一国是否承担减排义务，取决于两个因素：一是该国的温室气体历史排放累积量以及由此引申出的历史责任大小，即"谁污染、谁承担"理念；二是该国的减排能力，主要是指该国的经济实力是否可以承担相应的减排任务，如果该国经济落后，就应免除该国的减排义务，经济实力的衡量以该国人均收入或者该国 GDP 为衡量指标。为了实现这两种因素的评估，该模式提出了责任能力指数（responsibility and capacity indicators，RCI）的概念。如果一国历史上排放了大量的温室气体，同时该国的人均收入和 GDP 指数较高，该国的 RCI 指数就被列入高水平，因此必然要承担相应的减排义务。如果该国历史上并未排放大量

① http://en. wikipedia. org/wiki/Contraction_and_Convergence(2010 年 10 月 5 日访问)。

② Paul Baer, Tom Athanasiou, Sivan Kartha, and Eric Kemp-Benedict. The Greenhouse Development Rights Framework：The right to development in a climate constrained world(Revised second edition),Berlin, November 2008,Published by the Heinrich Boll Foundation, Christian Aid, EcoEquity and the Stockholm Environment Institute.

温室气体,而本身国力又较弱,国家当前的主要任务在于脱贫致富,就应该保证这些国家的温室发展权。

温室发展权模式认为,基于公平和责任理论,在国际社会里,应当区分富国和穷国。富国往往是历史排放的主要责任者,而且具有足够的经济和技术实力采取减排措施,因此他们有责任也有能力减排;穷国不是当前温室效应的主要作用者,发展经济又是他们当前更为紧迫的任务,因此应当免除其减排义务,保障他们的发展需求。用环境法的概念来说,温室发展权模式为气候减排义务设置了一个阈值或者门槛(threshold),高于阈值需要减排,低于阈值减免义务。阈值的设置则取决于责任和实力两个指标。

模式提出者经过研究认为,在衡量一国是否有足够经济实力进行减排时,该国的人均年收入是一个合适的指标,而人均年收入达到 7500 美元(即人均日收入 20 美元左右)则是一个合适的门槛。根据他们的研究,印度有 94% 的人处于该水平线以下,中国的数字则是 75%,而绝大多数的美国公民年收入则都超过了这个数字。因此该指数可以较为客观地反映该国的经济实力。这种指数抛弃了机械性的南方国家和北方国家的划分,而是根据该国具体情况进行针对性评估,从而对发展中国家之间的差别情况有所反映,以达到相对客观性的标准。

温室发展权模式兼顾责任和能力,但是对其的批评声音认为,虽然该模式注重了个体公平,但一国的减排政策实施仍然依靠该国政府,两者在实力反映上并不完全一致。同时 7500 美元在各国的实际购买力差异很大,需要经过其他指数进行调整,如经购买力平价调整的 GDP 等。不管怎样,温室发展权模式是一个符合公平和责任原则,并考虑现实因素的方案,即使短时间内在国际框架中得不到实现,也能够作为国际谈判和政策制定与实施的衡量和参考标准。

(三)多阶段渐进模式

多阶段渐进模式(multistage, graduation and deepening approach),事实上是由"多阶段模式"和"渐进模式"两个建议组合而成。多阶段建议分为"原始多阶段建议"和"新多阶段建议",原始多阶段建议由荷兰公共健康和环境国家研究所(RLVM)提出，新多阶段建议于 2003 年由德国学者提出。[①]虽然原始多阶段建议和新多阶段建议在内容上有所差异，但都针对所有国家的减排义务大致分为以下几个阶段：①无减排义务阶段；②稳定排放量/减少碳密度阶段；③温和减排目标阶段；④强制性的绝对减排阶段。对于发展中国家来说，目前都处于第一阶段。当某发展中国家的经济发展或者人均排放量达到一定标准，就应该进入第二阶段和第三阶段。而所有的发达国家都自动使用第四阶段的要求。

"渐进模式"是由德国汉堡国际经济研究所学者于 2003 年 9 月针对《京都议定书》第二阶段承诺提出的建议。[②]该模式引入基于人均排放量和人均 GDP 计算的"渐进指数"(graduation index, GI)，以《京都议定书》附件 B 国家的 GI 系数作为门槛，为发展中国家设定不同的减排义务和目标。该模式首先将附件 B 国家的减排目标设为三个档次：−12%、−6% 和 −3%。然后对发展中国家的排放额进行考察，分为以下四种类型：①GI 系数超过附件 B 国家平均数值的发展中国家，需要接受附件 B 国家的平均减排额，即 −6%，以 2012 年的排放额为基准；②GI 系数低于附件 B 国家平均数，但仍高于《气候变化框架公约》附件二中 OECD 国家[③]的最低值，则需接受 −3% 的减排目标；③GI 系数低于 OECD 国家最低值，但仍高于附件 B 国家最低值的发展中国家，应当接受稳定当前排放量的义务；④低于附件 B 国家最低值的发展中国家，不需要承担减排义务。

多阶段模式与渐进模式虽然采取了不同的标准和门槛，但其核心理念殊途同归，即在维持发达国家强制减排的框架下，对发展中国家以责任和能力为标准进行分类，经济实力较强的发展中国家逐步进入减排承诺框架中，实力较弱

①　Daniel Bodansky. International Climate Efforts Beyond 2012: A Survey of Approaches (2004), p. 47; "Methodology—Increasing participation," RIVM website. See http://arch. rivm. nl/fair/methodology/increasing_participation. html. ; Höhne, Niklas, Carolina Galleguillos, Kornelis Blok, Jochen Harnisch, and Dian Phylipsen. "Evolution of commitments under the UNFCCC: Involving newly industrialized economies and developing countries," ECOFYS GmbH on behalf of the Federal Ministry of the Environment, Nature Conservation and Nuclear Safety, Germany, Research Report 201 41 255, UBA-FB 000412, February 2003.

②　Michaelowa, Axel, Sonja Butzengeiger, and Martina Jung. "Graduation and Deepening: An ambitious post-2012 climate policy scenario," Hamburg Institute of International Economics, paper published under the FNI/CRIEPI/HWWA/CASS Post-2012 Policy Scenarios Project (draft), September 2003.

③　OECD 即经济合作发展组织，成立于 1961 年，总部设在法国巴黎。其前身是欧洲经济合作组织(OEEC)，是在第二次世界大战后美国与加拿大协助欧洲实施重建经济的马歇尔计划的基础上逐步发展起来的。OECD 目前共有 33 个成员国：澳大利亚、奥地利、比利时、加拿大、智利、捷克、丹麦、芬兰、法国、德国、希腊、匈牙利、冰岛、爱尔兰、以色列、意大利、日本、韩国、卢森堡、墨西哥、荷兰、新西兰、挪威、波兰、葡萄牙、斯洛伐克、斯洛文尼亚、西班牙、瑞典、瑞士、土耳其、英国、美国。OECD 包括了几乎所有的发达国家，国民生产总值占全世界 2/3。

的发展中国家仍然维持自愿减排、无国际义务的地位。

(四)全球三联产业模式

"全球三联模式"(global tryptich approach)由荷兰乌特勒支哥白尼研究所学者提出[1]，其雏形来自于欧盟在成员国内部分配《京都议定书》减排额时所使用的方法，是一个从下往上、按照产业分类、由技术引导的分别承诺方案。该模式将全球相关产业分为：能源制造产业、能源密集产业（如水泥、钢铁）以及国内产业（如交通、建筑）。为了将非二氧化碳的温室气体，如甲烷列入覆盖范围，废弃物产业和农林业也可列入控制范围。三联模式针对不同产业的不同特点，考虑每个产业的技术起点和减排要求、产业发展能力和减排需要的各自区别，针对不同产业分别制定不同的减排目标，然后分配至各成员国实施。该方案的优点在于针对不同的经济部门，能够制订出有针对性的、相关客观的技术方案。批评者则认为，此方案设计和实施过于复杂，在客观实践上有较大难度。

(五)条约交响乐模式

· "条约交响乐模式"(orchestra of treaties approach)由日本学者于 2003 年提出[2]，主要由四类支柱条约组成：①排放交易市场联合(GEM)，包括各国国内的排放交易市场；②支撑长期技术变化的零排放技术条约(ZETT)；③气候明智发展条约(CDT)，目的是促进发展、技术转移和适应；④联合国气候变化框架公约(UNFCCC)，作为所有国家合作的政治论坛和信息交流平台。建议者认为，由于技术先进国家比较集中，ZETT 可以在 G8 的框架下进行谈判；CDT 涉及资金和技术的转移的问题，可以由 G8 或者 G20 的财政部长会议发起谈判。GEM、ZETT 和 CDT 最终都可以综合到 UNFCCC 下进行协同工作。相比较而言，"条约交响乐模式"更注重的是市场效益和低成本排放原则，而非公平理念。该模式可以避开当前《京都议定书》第二阶段承诺期国际谈判的困难局面，在 UNFCCC 框架以外另起炉灶，采用分散的、自下而上的方式多角度解决问题。其缺点是需要有效的机制链接和协同，而这又是一个新的研究课题，目前尚无理论和经验可以借鉴。

---

① Daniel Bodansky. International Climate Efforts Beyond 2012：A Survey of Approaches (2004)，p. 35；Groenenberg，Heleen，Kornelis Blok，and Jeroen van der Sluijs. Global Triptych：a bottom-up approach for the differentiation of commitments under the Climate Convention，Copernicus Institute，Utrecht，The Netherlands.

② Daniel Bodansky. International Climate Efforts Beyond 2012：A Survey of Approaches (2004)，p. 48；Sugiyama，Taishi and Jonathan Sinton with Osamu Kimura and Takahiro Ueno. "Orchestra of Treaties，" CRIEPI，paper published under the FNI/CRIEPI/HWWA/CASS Post-2012 Policy Scenarios Project (draft)，2003.

（六）对各建议方案的评价

政府、学术界、研究所、非政府组织等所有关切气候变化问题的组织和个人都在思考如何建立 2012 年后气候变化国际法的内容。这是一个难题，也是一个挑战。上述 5 个模式从不同角度提出了方案建议。压缩与集中模式遵循严格的公平理念，依据人均排放平等方式确定国别排放总量并逐步压缩；温室发展权模式和多阶段渐进模式的核心理念殊途同归——根据一国经济发展水平和减排能力，来确定其是否应当承担减排义务；全球三联产业模式，从经济部门角度进行针对性减排；条约交响乐模式，则跳出了《气候变化框架公约》的平台，试图建立一个更广泛的国际谈判的舞台。所有模式要在今后谈判中成为主流，可能性并不大。每一个方案都必定存在理论和实践上的缺陷，这些缺陷需要国际谈判进行修正和解决。因此，它们会成为谈判的内容和主题，并为将来的制度发展提供新的可能性和理念框架，为 2012 年后的国际谈判提供新的血液和创意。所有理论上的方案都需要进一步的成熟和完善，来适应复杂多变的国际利益博弈。接受、修改和融入这些方案是一个漫长而痛苦的过程，而我们对前景保持乐观的原因是，我们有着解决问题的愿望和决心，也具备了解决问题的智慧和能力。

四、全球化背景下气候变化国际协定的发展趋势

（一）全球化与气候变化问题

气候变化是一个复杂多角度的国际性问题，结合了科学、法律、政策、技术、资金以及国家安全等方方面面的问题。而科学和政策之间并非是一个单纯的线性关系。讨论与审视气候变化国际法的问题与发展，需要将问题放到全球化背景下进行思考。考察全球化与气候变化问题的联系，可以从经济、政治和文化三个角度进行分析。①经济上，全球化进程能够促进全球市场一体化和资源优化配置，在提高经济效率的同时促进全球经济发展，从而为承担温室气体减排的巨大成本提供物质基础；同时，全球经济的发展能够带动落后地区的经济发展，使得其提高适应气候变化的能力，应对气候变化带来的负面影响。②政治上，全球化使得各国有更多的共同利益以及共同问题，并且通过多种形式、各个层次、全方位的沟通交流获得共识，为应对气候变化共同努力；对于相对弱小落后的国家，也能够通过国际舞台获得自身的发言权，获得相对公平的待遇和国际地位。③文化上，全球化使得各国在精神成果、价值理念、文化科学方面获得深层次的频繁交流，在互相理解、互相促进、互相尊重的基础上进行经济、社会、文化方面的全面合作。气候变化涉及环境、经济、政治、科学、文化等各个问题，因此也需要综合性的方式进行应对和努力。跨国界环境问题是人类面临的

共同问题,全球化为总体性处理气候变化问题提供了背景和基础。将国际谈判放入这个大背景中进行思考,有利于利益相关者更加认清自己在气候变化这个全球问题中的地位和角色,促进谈判的深入和国际法制的发展。

(二)确立气候变化国际协定应注意的问题

2012 年后的气候变化国际法制是否成功建立,首先需要审查其是否符合公平、环境有效性、成本效益等原则,同时这个制度必须具有动态灵活性,能够对新的科学观点和深化的成本效益分析作出回应,并保证资源能够得到充分利用,不至于浪费前期建设的成本高昂的基础设施。制度的建设同时能够促进一系列长期性的谈判和决策过程,《京都议定书》设定为期 5 年的第一阶段,也是为了应对将来的变化和完善。①

如何使得一个国际协定得到通过、生效和实施,需要四个因素的支持:足够的利益和激励措施、个人和群体行为的博弈平衡、政治压力以及国际体制保障。②所谓足够的利益,是指各成员方能够通过协定中的激励机制获得利益和好处;个人和群体的博弈平衡,是指制度能够避免搭便车行为,同时如果不积极履行义务,就会失去今后参与市场和经济发展的机会;政治压力,是指国内选民对决策者和政客的履约压力,澳大利亚霍华德总理下台和美国加州施瓦辛格总督的连任成功就是典型例子;国际体制保障,是指在国际协定之外需要建立相对完善的国际组织和治理架构,来支撑协定的履行和制度的运作。

(三)气候变化国际协定的发展趋势

由于因果关系无法建立联系,在公共环境问题上,个人不会产生动力去实质减排。这时候就需要国际协定来发挥这个作用。一个良好的气候变化国际协定可能需要具备太多因素:公平、成本效益、技术革新、用多种方式减缓风险、与国际贸易相协调、实用且可验证、注重短期和中长期成效、具有现实意义……但现实环境不可能存在完美的体制和制度。目前我们只能用有限的精力和资源来应对主要问题。对于气候变化国际法来说,明确以下问题是当务之急:①减排数量和时间表;②成员国的国内措施(制定统一的国际标准,针对经济各部门进行分类约束);③发展中国家如何在付出减缓和适应成本时获得补偿和经济发展的机会。其中,对于经济部门分类约束的方法,其优点在于:①扩大了法律和政策的覆盖控制范围;②可以解决国际竞争和碳泄露的问题;③可以促

---

① Friedrich Soltau. Fairness in International Climate Change Law and Policy. Cambridge University Press,2009:232-236.

② Nicholas Stern. A Blueprint for a Safer Planet: How to Manage Climate Change and Create a New Era of Progress and Prosperity. The Bodley Head Press,2009:197.

进科技创新。其缺点在于国际层面谈判难度较大,并且没有直接的减缓行为。①

　　《气候变化框架公约》与《京都议定书》的成员国已经为气候变化国际法制度与政策的建立和发展花费了大量的时间和精力,所有人都希望能够将制度延续和发展下去。但是各国国情不同、利益不同、观点不一,对于气候变化脆弱性国家来说,适应问题最为紧急;对于发展中国家来说,自愿减排比减排目标更容易接受;对于发达国家来说,以发展中国家不参与减排承诺为借口尽量减轻自身的减排义务是其气候外交的主要态度。所有的困难都在呼唤一个包容万象的框架制度,但是仅仅一个国际条约或文件并无能力满足这个要求。在这种情况下,谈判者们最终会选择一个次优的结果,而非最优的复杂框架。我们只能尽力实现一个简单而可预测的国际协定,尽量达到最广泛的参与和最长期的合作。一个能够覆盖绝大多数国家的国际协定可以提高效率、降低成本,也防止了碳泄漏的风险;一个长期性的国际约定,有助于减少对未来的不确定性,给予私营主体市场决策的空间和依据,也有利于技术的创新和成本效益的提高。因此,一个国际协定是必需的,但其不一定是完美的。

第三节　气候变化区域性国际法的发展与促进

　　国际法从地理上考察,有普遍性国际法和区域性国际法之分。普遍性国际法对全世界各国都有拘束力,区域性国际法仅对某一地区和国家集团有拘束力,如欧盟的法律制度、美洲和非洲的法律制度等。在气候变化国际法上,除了以《联合国气候变化框架公约》为主体的普遍性国际法之外,也存在大量的气候变化区域国际法,而且近些年来区域性国际法呈现出越来越蓬勃的发展态势。

一、国家和区域立法的发展

(一)欧　盟

　　与气候变化国际法一样,欧盟关于气候变化的政策立法同样开始于 20 世纪 80 年代末。在 1990 年欧盟关于能源与环境的部长级会议上,各国一致同意将欧洲共同体视作一个整体把二氧化碳浓度稳定在 1990 年的水平。在 1992 年里约会议前夕,欧共体委员会甚至已经向欧洲理事会提交了征收碳税的提案。1992 年,欧盟及其成员国在里约会议上签署了《气候变化框架公约》。欧盟控制温室气体的强大决心和明确目标使得其在气候变化国际法形成初始就担

---

① 　Joseph E Alby, Robert N Stavins. Post-Kyoto International Climate Policy. Cambridge University Press,2009:27-35.

当了领导者和重要的参与者角色,且这个角色和作用持续至今。[①] 1994 年《气候变化框架公约》生效后,欧盟开始思考和安排气候变化国际法机制的履约问题。在《京都议定书》的谈判过程中,欧盟首先提出了在 2010 年前减排 15% 的目标,在与成员国进行协商后,调整为以 1990 年排放量为基数的 8% 的减排目标,并最终写入了 1997 年生效的《京都议定书》的减排承诺表。通过其后一系列的指令,欧盟当前确定的目标是 3 个 20% 和 1 个 10%,即温室气体排放减少20%、能源效率提高 20%、可再生能源比例达到 20%,以及在交通燃料中生物能占到 10%。[②]

1. 欧盟的立法与政策

1993 年 6 月,欧盟理事会通过 93/389/EEC 决定,决定建立一个共同体内的二氧化碳和其他温室气体排放的监测机制。成员国必须建立"限制人为二氧化碳排放的国家计划"并向委员会通报该国的排放水平,目的是在 2000 年前将共同体二氧化碳排放稳定在 1990 年水平。1993 年 9 月,共同体理事会通过关于提高能源效率、限制二氧化碳排放的 93/76/EEC 指令。指令虽然没有规定具体量化目标,但是要求各成员国制定具体内容,通过能源认证、建筑物的热绝缘、锅炉的常规检查以及高能源消耗企业的能源审计等制度减少温室气体排放。2001 年 9 月,在马拉喀什会议开幕前夕,欧盟议会和理事会发布了 2001/77/EC 号指令,要求成员国促进内部电力市场利用可再生能源进行发电。

从 20 世纪 90 年代到 2001 年,欧盟所颁发的指令以鼓励性、协调性政策为主,没有实质的约束效果。《波恩协定》和《马拉喀什协定》的通过,以及 2002 年欧盟正式签署《京都议定书》之后,欧盟内部的立法措施才开始进入快车道。2002 年的 2002/91/EC 指令要求提高建筑物能效;2003 年的 2003/87/EC 指令要求在欧盟内部建立温室气体排放交易机制;2004 年的 280/2004/EC 决定在93/389/EEC 决定基础上,要求监测机制的对象从对成员国的温室气体排放扩大至对其履行《京都议定书》的情况进行监测;2005 年的 2005/32/EC 指令要求在能源产品中增加生态设计环节;2006 年通过的 2006/32/EC 号指令(同时废止指令 93/76/EEC)要求成员国在 2008 年 5 月前完成相关国内立法及行政规定,提高能源利用效率和能源服务水平。该指令提出的目标是:在指令生效的 9 年内,所有成员国通过能效提高措施达到节能 9% 的目标。

综上可以看出,欧盟为减少温室气体排放,履行国际义务,主要通过能源战

---

① Marc Pallemaerts, Rhiannon Williams. Climate Change: The international and European policy framework, Marjan Peeters, Kurt Deketelaere ed. ,EU Climate Change Policy. Edward Elgar,2006:43.

② Jonatan Pinkse, Ans Kolk. International Business and Global Climate Change. Routledge Press,2009:33.

略、政策以及节能指令的方式来促进整个欧盟地区的减排工作。提高能源利用效率、实现减排目标、发展可再生能源和确保能源安全供应是欧盟能源政策的四大目标。欧盟出台的一系列节能措施包括：新建房屋采用新节能标准、以补贴等方式鼓励企业开发节能技术、促进热电联产、适用能效标识、制定最低能效要求以及耗能产品生态设计等。①在机构建设方面，欧盟 2003 年 12 月欧盟委员会旨在为管理共同体能源领域实施欧盟理事会第 58/2003/EC 号条例的行为而设立执行机构处。欧盟还颁布了一系列产品、建筑等提高能效、适用能耗标签的指令。②

2. 欧盟排放交易制度

根据欧盟 2003/87/EC 指令，2005 年 1 月，欧盟温室气体排放交易系统（EU emission trading system，EU ETS）正式启动，这是世界上第一个跨国境、跨产业的温室气体排放交易体系。ETS 期望通过总量交易模式，降低各成员国减少温室气体排放的成本，达到环境保护的目的。系统的运作模式是首先由各成员国为本国设置一个排放量的上限，然后指定部门内大型产业排放源的有限二氧化碳排放量，即所谓的欧洲排放单位（EUAs）数额。如果相关企业能够使其实际排放量小于分配排放配额，那么它就可以将剩余的排放额度放到排放交易市场上转让出售，获取利润；反之，它就必须到市场上购买排放权，否则将会受到重罚。③ 2005—2007 年作为系统的试运行阶段，主要目的是为将来的运作积累经验。第二阶段从 2008 年 1 月至 2012 年 12 月，时间跨度与《京都议定书》首次承诺时间保持一致，以此来履行对《京都议定书》的承诺。第三阶段是从 2013 至 2020 年，欧盟期望其排放总量能够以每年 1.74% 的速度下降，确保 2020 年温室气体排放要比 1990 年至少低 20%。④目前 ETS 运作平稳，第一阶段由于预先分配配额较高，并没有达到实质减排的目的；第二阶段碳价格运行平稳。ETS 的意义在于，无论《京都议定书》在 2012 年后的命运如何，欧盟内部

① 技术壁垒资源网：http://www.tbtmap.cn/portal/Contents/Channel_2125/2008/0927/39446/content_39446.jsf? ztid=2149&assetid=1514264(2010 年 9 月 25 日访问)。

② 1982 年 12 月欧盟理事会对关于新建或现有非工业建筑内取暖器性能和热水产品及新建非工业建筑中热能和家用热水分布隔热性能的 78/170/EEC 指令进行修订的 82/885/EEC 号指令。1992 年 9 月欧盟理事会关于对消耗能源和其他资源的家用电器采用标签标注和规范产品信息表示的 92/7/EEC 号指令。1994 年 1 月欧盟委员会关于实施 92/75/EEC 关于家用电冰箱、冷藏箱及其组合设备的能源标识的 94/2/EC 指令。1997 年 4 月欧盟委员会关于实施理事会 97/75/EEC 指令有关家用洗碗机能源标识的 97/17/EC 指令。1999 年 2 月欧盟委员会关于对实施理事会 99/75/EEC 指令中家用洗碗机能源标识的 97/17/EC 指令进行修订的 1999/9/EC 指令。

③ 曹华磊.欧盟排放交易体系回顾与启示.金融纵横,2010(6).

④ 李布.借鉴欧盟碳排放交易经验构建中国碳排放交易体系.中国发展观察,2010(1).

的碳排放交易将持续运行下去。这对气候变化国际法机制的发展是一个外围的稳定因素。

3.欧盟能源税制度

能源税方面,在欧盟 2003 年税收指令出台之前,部分成员国(如德国、荷兰、瑞典、英国、挪威等)已经单方面在已有的矿物石油税上征收能源税或者二氧化碳税。德国在 1999 年开始了范围广泛的环境税改革,在 1999 年和 2003 年这段时间内提高了能源产品税的税率并引进了电力税。英国在 2001 年开始对非国内用途的能源进行征税,即所谓的"气候变化税"。斯洛文尼亚在 1996 年最早把二氧化碳税引入了中东欧国家。爱沙尼亚也启动了一项针对大型火力电厂排放二氧化碳的税收计划。2003 年,能源税已经占到欧盟 25 个成员国征收生态税额的 76%,交通税占到 21%。[①]

2003 年,欧盟发布了关于能源产品和电力的统一的税收框架指令(2003/96/EC),分别针对动力燃料、工业和商业用燃料、加热燃料和电力设置了最低税率,针对能源产品和电力建立了统一的税收框架系统,大致统一了成员国原先不同的税率,避免了税收竞争,也为减少温室气体排放、应对气候变化、减少空气污染贡献了相应的作用。该系统激励了能源的有效使用和新能源的开发,使得经济发展与环境保护之间达到平衡。为达到节能减排的目的,欧盟另外还增收了汽车燃油税,欧盟各国的燃油税税率普遍在 200% 以上,即占整个油价的 70%~80%。[②]

(二)部分发达国家

1.美国

美国历任总统对于气候变化问题态度不一。老布什和克林顿政府都表示了对该问题的积极态度,但一直无法获得国会支持。小布什上台后,明确表示了对气候变化强制减排义务的拒绝态度,并于 2001 年决定退出《京都议定书》。2009 年后的奥巴马政府则又恢复了积极应对气候变化的立场。奥巴马在上任后的经济刺激法案中包含了能源和环境条款,并在政策中将扩大可替代能源使用作为主要内容,目标在 2012 年前全国可再生能源发电将占据 10% 的比例,2025 年前达到 25%。政府还要求国会出台碳控制方案法案。[③]同时国务卿希拉

---

① 王文文.欧盟的能源税概况、瓶颈及展望.产业与科技论坛,2008(8).

② 技术壁垒资源网:http://www.tbtmap.cn/portal/Contents/Channel_2125/2008/1006/40239/content_40239.jsf? ztid=2149(2010 年 9 月 25 日访问).

③ Dianne Rahm. Climate Change Policy in the United States-The Science, The politics, and the Prospects for Change, McFarland & Company,Inc.. Publishers,2009:41.

里·克林顿任命托德·斯特恩(Todd Stern)担任气候变化外交特使,代表美国政府参与气候变化的国际谈判。

美国作为《气候变化框架公约》的发达国家成员国,由于其国内的反对声音而退出了《京都议定书》的强制减排义务框架。美国一直坚持在气候变化方面实施自愿的减排计划,而非强制减排。美国国内气候变化政策的基石是 2002 年 2 月开始启动的"气候变化全球计划",方案设立了一个自愿减排的目标,即在 2002—2012 年每单位经济产出碳密度减少 18％。[①]当然,减少碳密度意味着碳排放的绝对总量可以继续上升,因此设定此类目标对气候变化减缓的效果十分微弱。

1975 年至 2010 年 10 月,美国政府和各州政府共颁布了 118 项与气候变化相关的法令与政策。[②]包括:1992 年的《能源之星计划》,1996 年《国家能源计划》,2000 年的《公私伙伴计划——气候拯救者》,2001 年《关于燃烧产生的二氧化碳捕获资助法令》,2001 年为气候变化建立基金[③],2001 年建立专门研究气候变化的机构[④],2001 年的《提供清洁能源方案》,2002 年的《减少排放密度的国家目标》,2002 年的《气候变化技术方案》,2003 年的《国际技术转让》文件[⑤],2005 年《能源政策法案》,2007 年《能源独立和安全法案》和《能源储存技术提升法案》,2008 年《能源改善和扩展法案》,2009 年《能源效率实施规则》,2009 年《美国改善和再投资法案:对清洁能源的拨款》,2010 年的《温室气体强制报告规则》等。在州层面,主要的立法和政策文件有:1999 年新墨西哥州的《能源效率法案》,2001 年加利福尼亚州的气候行动登记项目,2006 年弗吉尼亚州的《能源规划》,2007 年伊利诺伊州的《可再生和能源效率组合标准》等。

2009 年 6 月 27 日,美国众议院以微弱多数(219 票对 212 票)通过了《美国清洁能源安全法案》,规定美国到 2020 年时温室气体排放量在 2005 年的基础上减少 17％,到 2050 年时减少 80％以上。该法案的宗旨有四条:发展可再生能源、提高能源效率、建立一个能够覆盖全国 85％的温室气体排放的更广泛的碳交易系统、促进向清洁能源经济的转化,并协助发展中国家。但这项法案在参议院处于搁置状态。美国参议院多数派领袖里德(Harry Reid)于 2010 年 7

---

① Jonatan Pinkse, Ans Kolk. International Business and Global Climate Change. Routledge Press, 2009:37.

② 国际能源署"政策与措施数据库":http://www.iea.org/textbase/pm,(2010 年 9 月 28 日访问)。

③ 政府拨付 45 亿美元来支持今后 10 年用于完成国际减排义务的费用支出。

④ 即"联合全球气候研究机构"(The Joint Global Change Research Institute),由西北太平洋国家实验室与马里兰大学合作组成。

⑤ 美国政府愿意拨付 1.8 亿美元用来促进国际技术转让,包括对发展中国家的技术转让。

月 23 日宣布,由于无法凑够必要票数,参议院将暂停运作了近一年的气候立法。这意味着美国短期内不会有全国性减排法律,美国向清洁能源经济的转型也将大大延缓。[1]

2. 英 国

在《京都议定书》义务下,根据欧盟的内部分配,英国需要承担 12.5% 的减排义务。而英国国内给自己设定的目标是在 2010 年相对 1990 年水平的排放量减少 20%。英国政府一直坚信采取国内行动减排温室气体的重要性。在气候变化应对和治理方面,英国是气候变化立法走在最前端的国家,即使在环保立场坚定的欧盟内部,英国的政策和措施也起到了带头作用。自 1992 至 2010 年,英国政府共颁布了 79 项与气候变化相关的法令与政策。[2]

2006 年 11 月,英国颁布了"气候变化计划"(climate change programme),详细介绍了英国准备如何适应气候变化的影响,阐述了政府减少温室气体排放的政策和措施。2007 年 5 月,英国政府推出了"碳减量承诺"(carbon reduction commitment,CRC)法案,针对欧盟排放交易管制范围以外的温室气体排放(源)进行管理,推动低碳经济的发展。2008 年《气候变化法》的正式实施,标志着英国成为世界上第一个拥有气候变化法的国家。该法案引入了所谓的碳预算案,并提出了全球第一个具有法律约束力的中长期减排目标,承诺在 2020 年二氧化碳排放较 1990 年排放基准减量至少 26%,以及 2050 年前减少至少 60%。2009 年,英国又制定了《碳计算法规》(carbon accounting regulations),规定了英国每年的净碳排放计算方法。2009 年 7 月,英国政府正式发布了名为《英国低碳转换计划》的国家战略文件,进一步提出到 2020 年将碳排放量在 1990 年基础上减少 34%,到 2050 年减少 80% 的目标和规划。英国能源、商业和交通等部门同时公布了一系列配套方案,包括《英国可再生能源战略》、《英国低碳工业战略》和《低碳交通战略》等。[3] 2010 年 4 月,英国正式实施"回购电价"(feed-in tariff)政策[4],即企业和业主安装太阳能电池板,将产生的电能以非常优惠的

---

① 熊敏. 美参议院搁置气候立法 清洁能源竞赛中进美退. 21 世纪网:http://www. 21cbh. com/HTML/2010-7-27/1MMDAwMDE4ODg1MQ. html(2010 年 10 月 4 日访问)。

② 国际能源署"政策与措施数据库":http://www. iea. org/textbase/pm(2010 年 9 月 28 日访问)。

③ 王如君. 英国——多管齐下应对气候变化. 人民日报,2009 年 7 月 23 日。

④ 回购电价(Feed-in Tariff)政策由德国在 20 世纪 90 年代首先实施,针对风能、太阳能等清洁能源所产生的电能实施长期优惠的固定价格,以提高清洁能源发电比例。该政策在欧洲运行普遍,在美国部分州、巴西、印尼、挪威、以色列、韩国、尼加拉瓜、斯里兰卡、瑞士、土耳其也施行了类似政策。德国、西班牙、丹麦等国借助该政策,使得三国在 1990—2005 年风能总量占据了世界 53% 的风能能源。(Dianne Rahm. Climate Change Policy in the United States-The Science,The politics,and the Prospects for Change,McFarland & Company,Inc.. Publishers,2009:142.)

价格回售给电网,政府必须以高于市场价的价格从电力公司购买利用太阳能发电等方式获得的可再生电力,以此政策鼓励太阳能等清洁能源发电的比例。2010 年 4 月,《碳减排能源效率方案》(carbon reduction commitment energy efficiency scheme)也在英国生效,引入了总量和排放配额交易系统。[①]

3. 澳大利亚

在《京都议定书》框架下,澳大利亚作为发达国家之一,不仅没有承担减少温室气体的义务,反而被允许增加 8% 的排放。主要原因在于澳大利亚的经济高度依赖化石能源,并且其是世界最大煤炭出口国之一[②]。尽管如此,澳大利亚政府仍然制定了一系列能源和环境法令与措施,来减缓气候变化。澳大利亚在气候变化立法和政策方面借鉴了由世界资源研究所与世界可持续发展委员会共同拟制的温室气体协定,将碳排放分为四大类:①通过发电、燃料燃烧以及空气污染等方式直接产生温室气体;②在生产链过程中,通过诸如生活生产用电等间接方式产生的温室气体;③在生产链过程中比较隐藏地通过诸如原料采购、物流配送和垃圾处理等过程产生的无形温室气体排放。[③]

从 1992 年至今,澳大利亚政府和各省政府共出台了 86 项与气候变化和能源相关的法令和政策。[④]其中比较重要的法令有:1992 年《电力和石油电器能源标签制度》,1997 年《绿色能源方案》,1998 年《国家温室战略》[⑤],1999 年《电器能源表现最低标准(MEPS)》,2000 年《减少交通排放战略》,2001 年《可再生能源(电力)法案》[⑥],2002 年《备用能源战略 2002—2012》,2004 年的《国家能源效率框架》、《国际气候变化政策》和《气候变化科学政策》,2006 年《能效机会计划》,2008 年《低排放煤炭国家计划》和《全国温室气体与能源报告法》,2009 年的《国家能源效率战略》和《清洁能源计划》等。其中,澳大利亚政府于 2002 年发布的《双边气候行动伙伴》政策框架,意图通过与中国、南非、新西兰、欧盟、英国、日本和美国进行双边合作,以建立更强有力的政治联系并对参与方国家的

---

① 英国早在 2002 年 4 月已经开始实施自愿的、向所有组织开放的、计划持续 5 年的排放交易系统。33 个直接参与者承诺将近 2 千万吨二氧化碳当量的减排额。(Howard Dalton. Climate Policy in the U. K. , Ernesto Zedillo ed. , Global Warming-Looking Beyond Kyoto, Center for the Study of Globalization. Brookings Institution Press,2008:188.)

② 澳大利亚是世界主要的煤炭生产国,其煤炭出口量排世界第一位,约占世界总量的1/3。(何金祥:《近十年澳大利亚煤炭工业的发展状况》,载《国土资源情报》2007 年第 11 期)

③ 魏维琪,肖平辉.澳大利亚葡萄酒业走低碳之路.华夏酒报,2010 年 4 月 19 日。

④ 国际能源署"政策与措施数据库":http://www.iea.org/textbase/pm(2010 年 10 月 1 日访问)。

⑤ Jonatan Pinkse and Ans Kolk. International Business and Global Climate Change. Routledge Press,2009:39.

⑥ Jonatan Pinkse, Ans Kolk. International Business and Global Climate Change. Routledge Press,2009:40.

气候变化政策施加影响。地方立法主要有:2002 年《维多利亚州温室战略》、《新南威尔士州电力零售温室基准》,2005 年《昆士兰州零售业最低要求》,2006 年《维多利亚州工业排放自愿披露制度》,2009 年《维多利亚州能源效率目标计划》等。2007 年 11 月,澳大利亚新一届联邦政府组建后,政府宣布建立一个国家排放交易体系。

4. 日本

由于著名的《京都议定书》取名自日本的城市名,日本政府对于气候变化国际法发展的态度十分积极。1975 年至今,日本政府和各省政府共出台了 107 项与气候变化和能源相关的法令和政策。[①]主要有:1998 年《预防全球变暖措施指南》(2002 年修订)[②],1999 年《气候变化技术计划》,2000 年颁布并在 2003 年和 2004 年分别修订的《能效标签制度》,2001 年《促进低污染车辆行动计划》,2002 年《自愿排放交易计划》,2003 年《支持能源保护与循环法案》,2004 年《气候变化评估审查的中期报告》,2005 年《完成京都目标计划》和《温室气体报告标准》,2006 年《减少交通排放战略》,2008 年《排放交易试行计划》和《完成京都目标计划 2008》,2009 年分别颁布了《太阳能发电的新购买体系》、《产品碳足迹标签制度》等。[③]

根据《京都议定书》的安排,日本承担了 6% 的温室气体减排义务。但事实上,由于日本并没有大型的基于原油的能源产业,其减排成本是世界上较高的国家之一。从目前情况来看,日本无法独立完成减排承诺,必须依靠通过购买国际碳信用来满足其国际义务。2008 年日本工业排放温室气体为 4.19 亿吨,商业(包括大型建筑物和写字楼)排放达到 2.35 亿吨。日本已计划在 2013 年 4 月启动强制性碳排放交易机制,将大型二氧化碳排放企业和商业楼宇囊括其中。[④]

5. 加拿大

加拿大曾经主办了两次与气候变化相关的国际性会议,第一次是 1988 年在多伦多举行的"变化的大气"会议,第二次是 2005 年在蒙特利尔举行的《气候变化框架公约》的第 11 次缔约方大会。加拿大积极参与了《框架公约》和《京都议定书》的谈判并且成为它们的成员国。加拿大于 2002 年签署《京都议定书》,

① 国际能源署"政策与措施数据库":http://www.iea.org/textbase/pm(2010 年 10 月 1 日访问)。

② Jonatan Pinkse, Ans Kolk. International Business and Global Climate Change. Routledge Press, 2009:35.

③ 国际能源署"政策与措施数据库":http://www.iea.org/textbase/pm(2010 年 10 月 1 日访问)。

④ 陆振华:《日本 2013 年启动强制性碳交易 覆盖工商业排放源》,"21 世纪网":http://www.21cbh.com/HTML/2010-9-14/2OMDAwMDE5NzM2OA.html,(2010 年 10 月 3 日访问)。

在《京都议定书》下,加拿大需要承担 6% 的减排义务,而当时的政府并不清楚通过何种方式达到这个目标。

2000 年,加拿大政府出台了《气候变化国家战略》以及《气候变化行动计划2000》。2002 年加入了国际合作网络——"可再生能源与能源效率合作伙伴(REEEP)"。2005 年春季,加拿大政府颁布了《绿色计划》(green project),提出了应对气候变化的设想与方案框架,意图通过建立气候基金、联邦和各省合作、促进新能源运用等方式达到减排目标。① 2007 年,加拿大出台了《京都议定书履行法案》,要求环境部长在 2013 年之前,每年 5 月 31 日前出具一份计划文件,阐述加拿大政府为履行京都目标所采取的措施,同时为履行京都义务的法规制定方面提供机制。2007 年,加拿大政府出台了大量有关生态能源的法案和文件,分别针对产业、能源生产、建筑、农业、交通等领域进行生态能源的改革和促进。2007 年 4 月,加拿大政府公布了《转过弯角:减少温室气体和空气污染的行动计划》,制定了旨在要求各产业,包括交通部门和消费商业领域强制减少温室气体排放和空气污染的规定。该方案经过 2008 年 3 月修订后形成最终规范框架,计划在 2020 年前直接或间接减少 1.65 亿吨的排放,从而帮助实现在 2020年前完成以 2006 年排放额为依据的 20% 的国家减排目标。2009 年 4 月,加拿大政府颁布了《车辆温室气体排放规则》。2009 年 5 月,加拿大投入 10 亿加元注入"清洁能源基金",为可再生能源与清洁能源体系示范项目提供资金,实施时间为 5 年。

在各省表现中,哥伦比亚大不列颠省、阿尔伯塔省的态度较为积极。早在1999 年,哥伦比亚大不列颠省就已经发布了绿色经济计划的文件,阿尔伯塔省则在同年出台了《气候变化技术战略》、《清洁空气战略联盟》等文件。2000 年以后,安大略省出台了一系列的气候与能源法案,例如,2001 年颁布的《气体排放强制监测》法案、2002 年颁布的 2 个有关新能源使用的免税法案②等。2004 年,哥伦比亚大不列颠省又颁布了《气候变化计划》。截至 2010 年 10 月,加拿大联邦政府和各省政府共出台了 116 个与气候变化和能源相关的法令和政策。③

(三) 部分发展中国家

1. 印度

2001 年,印度政府出台了《能源保护法案》。2002 年、2003 年和 2004 年分

---

① John M. R. Stone. Climate Policy in Canada, Ernesto Zedillo ed., Global Warming-Looking Beyond Kyoto, Center for the Study of Globalization. Brookings Institution Press, 2008:195-197.

② 分别针对使用替代能源的汽车和生物能的使用。

③ 国际能源署"政策与措施数据库":http://www.iea.org/textbase/pm(2010 年 10 月 1 日访问)。

别颁布法令为风能、小型水电站和生物能使用提供政府支持。2003 年印度政府
又颁布了《电力法案》,2005 年又颁布了《国家电力政策》。2007 年颁布了《能源
保护建筑法令》。2008 年,印度政府正式发布《气候变化国家行动计划》。最新
的立法是关于太阳能使用的《太阳能国家任务计划》。截至 2010 年 10 月,印度
政府共出台了 18 项与气候变化和能源相关的法令和政策。[1]同时印度也设立了
若干机构来处理能源问题。石油保护研究组织(PCRA)致力于勘探石油储藏
地,减少石油进口;印度能源效率局(BEE)的设立宗旨是对可替代能源促进进
行培训和研究。印度还在以下几个方面制定了相应的政策:可再生能源的促进、
空气污染治理、回收、恢复植林、能源结构改变等。[2]

2. 巴西

巴西是拉美面积最大、人口最多、经济最发达的国家,农业相对发达,但石
油、煤炭资源贫乏,石油对外依存度超过 48%。巴西比较注重可替代石油的新
能源开发和普及,生物质能是其发展的重点之一。例如,巴西从 20 世纪 70 年
代起就利用甘蔗生产燃料乙醇以替代石油。[3] 而生物质能也符合减少温室气体
排放、减缓气候变化的国际环境保护理念。截至 2010 年 10 月,巴西政府共出
台了 8 项与气候变化和能源相关的法令和政策。[4] 包括:1998 年的《公用事业
能源效率义务》法令、1999 年气候变化部门间委员会(CIMGC)成立法令、2000
年建立巴西气候变化论坛文件、2002 年可替代发电刺激计划、2008 年的《电力
拍卖——生物能》以及《生物柴油强制要求》(2009 年和 2010 年分别修订)。
2008 年,巴西政府颁布了《巴西气候变化国家计划》,2009 年颁布了《电力拍
卖——风能》法令。

3. 南非

2003 至 2010 年 10 月,南非政府共出台了 10 项与气候变化和能源相关的
法令和政策。[5]主要包括:2003 年《可再生能源白皮书》、2005 年《可再生能源补
助法案》、2005 年《南非共和国能源效率战略》、2007 年《能效电动机计划》、2008
年《气候政策的前景、战略方向和框架》,2009 年《可再生能源回购价格体系》等。

4. 墨西哥

2003 至 2010 年 10 月,墨西哥政府共出台了 12 项与气候变化和能源相关

---

① 国际能源署"政策与措施数据库":http://www.iea.org/textbase/pm(2010 年 10 月 1 日访问)。
② Jyoti Parikh. India, Climate Change, Ernesto Zedillo ed. , Global Warming-Looking Beyond
Kyoto, Center for the Study of Globalization. Brookings Institution Press,2008:206-207.
③ 刘学敏. 巴西使用生物质能源的启示. 中国经济时报,2007 年 8 月 3 日。
④ 国际能源署"政策与措施数据库":http://www.iea.org/textbase/pm(2010 年 10 月 1 日访问)。
⑤ 国际能源署"政策与措施数据库":http://www.iea.org/textbase/pm(2010 年 10 月 1 日访问)。

的法令和政策。① 主要包括：1993 年《FIDE 能效标签体系》、2002 年《节省电能融资方案》、2006 年《针对墨西哥乡村小区域的能源服务综合计划》、2007 年《绿色抵押计划》、2008 年《针对能源转换的可再生能源发展和融资法》等。

二、双边及多边的国家间合作

扩大气候变化国际法制的参与度是制度产生效益和持续发展的核心内容之一。气候变化作为国际性的环境问题，搭便车行为是一个必然发生的副产品。只有扩大机制的覆盖面，鼓励尽可能多的国家参与，才能够遏制搭便车行为的发生。部分国家可以参考 WTO 和欧盟模式进行区域合作。对于一部分有相似共同利益的国家，可以考虑建立一个多边机构，确立一个集体行动规则，即类似俱乐部的合作模式。如果该俱乐部运作成功，内部成员可以通过集体行动在达到目的的同时减少成本，而未参加该机构的国家由于被排除在该集体行动之外，其履行国际义务成本潜在上升，这就促使其他国家也积极寻求加入该俱乐部以获得好处。②

(一)双边合作：以中美为例

作为世界上能源生产消费与温室气体排放的大国，美国和中国在一系列相关问题上进行频繁的双边交流，并产生了丰富的成果。在 2007 年 12 月召开的第三次中美战略经济对话(SED)上，中美两国政府"同意在未来十年开展广泛合作，以应对能源和环境问题，这项十年合作将推动技术创新和高效清洁能源及应对气候变化的技术的应用，并推进自然资源的可持续性。双方将尽快设立工作组开始规划工作"。2008 年 6 月 18 日，中美两国在马里兰州安纳波利斯举行的第四次中美战略经济对话(SED)签署了《中美能源和环境十年合作框架文件》，正式启动了中美两国在能源和环境领域的双边机制，共同应对来自环境可持续发展、气候变化和能源安全方面的挑战。十年合作的中方牵头部门是国家发展与改革委员会，美方的牵头部门是美国国务院与能源部(奥巴马政府上台前为美国财政部)。中美双方在十年合作框架下确定了五大合作目标(优先合作领域)，即"清洁、高效和有保障的电力生产和运输"、"清洁的水"、"清洁的大气"、"清洁和高效的交通"和"森林和湿地生态系统保护"，并相应成立了五个行

---

① 国际能源署"政策与措施数据库"：http：//www.iea.org/textbase/pm(2010 年 10 月 1 日访问)。

② Thomas Heller. Climate Change：Designing an Effective Response，Ernesto Zedillo ed. ，Global Warming-Looking Beyond Kyoto，Center for the Study of Globalization. Brookings Institution Press，2008：130.

动小组,启动了每个目标下开展实质性合作的行动计划。①

2009 年 7 月 15 日,科技部部长万钢、国家能源局局长张国宝和美国能源部长朱棣文在北京人民大会堂举行新闻发布会,共同宣布成立"中美清洁能源联合研究中心"。联合研究中心旨在促进中美两国的科学家和工程师在清洁能源技术领域开展联合研究。②根据《中国科技部、国家能源局与美国能源部关于中美清洁能源联合研究中心合作议定书》的内容,中美两国将在未来 5 年至少投入 1.5 亿美元作为该中心的启动资金,两国各出资一半;中心在两国各设一总部。中心首批优先研究领域包括节能建筑、清洁煤(包括碳捕集与封存)、清洁能源汽车等。

2009 年 11 月,在奥巴马总统访华期间,中美双方正式签署了《中国两国政府关于加强气候变化、能源和环境合作谅解备忘录》。中美双方在节能减排、低碳经济和应对气候变化方面确立了合作框架。双方认识到:"气候变化、清洁高效能源和环境保护是中美两国面临的最大挑战之一;中美之间的合作对于增强能源安全、应对气候变化,以及通过污染控制和其他措施保护环境和自然资源至关重要。""两国均承诺通过采取积极的国内行动和开展国际合作,努力应对能源安全、气候变化和环境保护方面的挑战。……两国都有意向低碳经济转型,并就此进行政策对话,开展能力建设、气候友好技术的研发和应用方面的合作。"双方拟定期举行部长级磋商,推动和指导在"能源和环境十年合作框架"以及"气候变化政策对话与合作"等一系列机制下开展的气候变化、清洁高效能源和环境保护领域的双边合作。两国合作的领域包括以下几个方面:①能源节约与能效;②可再生能源;③清洁煤,以及碳捕集和封存;④可持续交通,包括电动汽车;⑤电网现代化;⑥清洁能源技术联合研发;⑦清洁的大气;⑧清洁的水;⑨自然资源保护,如湿地和自然保护区的保护;⑩应对气候变化、促进低碳经济增长。③

2010 年 5 月 24 日到 25 日,中美第二轮战略与经济对话(S&ED)④在北京举行。中美双方签署了《中国国家核安全局和美国核管制委员会关于进一步加

---

① 中国发改委"中美能源和环境十年合作框架"网站:http://tyf. ndrc. gov. cn/index. aspx(2010 年 10 月 2 日访问)。

② 中美联合成立清洁能源研究中心."中国环境与发展国际合作委员会"网站:http://yuqing. info-mix. com. cn/guohui1/show. aspx? id=1046(2010 年 10 月 2 日访问)。

③ 《中华人民共和国政府与美利坚合众国政府关于加强气候变化、能源和环境合作的谅解备忘录》草签文本,华盛顿,2009 年 7 月 28 日。

④ S&ED 是奥巴马政府上台后对布什政府在任期间的 SED 机制进行整合后形成的新的中美对话机制,主要的变化在于由部长级对话升级至内阁级对话,并且议题的范围更为广泛,不仅涉及双边问题,也涉及国际问题。

强西屋 AP1000 核反应堆核安全合作备忘录》、《中国国家能源局与美国国务院中美页岩气资源工作组工作计划》、《中国国家发展改革委员会与美国国务院关于绿色合作伙伴计划框架实施的谅解备忘录》,宣布成立绿色合作伙伴计划联合秘书处,并启动新一轮的绿色合作伙伴结对工作。双方同意加强在气候变化、能源、环境等领域的务实合作。双方还发表了《中美能源安全合作联合声明》,宣布中国国家发改委和美国环保局将履行 2009 年 11 月《关于加强应对气候变化能力建设合作备忘录》中的承诺。[①]

(二)亚太清洁发展和气候合作伙伴

亚太清洁发展和气候合作伙伴(Asia-Pacific Partnership on Clean Development & Climate,APP)是为了促进清洁能源技术的研发、使用和传播,应对气候变化而成立的公共和私营行业结合的地区性合作伙伴组织。APP 采用自愿和非法律约束的框架性质进行国际合作,恪守联合国《气候变化框架公约》原则,作为《京都议定书》的有益补充,联手积极谋求解决下列各项的相关问题:减轻气候变化、能源安全、空气污染、经济发展和减少贫困。目前包括澳大利亚、加拿大、印度、日本、中国、韩国和美国七个合作国。这七个国家的能源使用、国内生产总值、人口和温室气体排放量等各项总和占全球总量的一半左右。合作计划于 2005 年 7 月 28 日在老挝万象举行的第 38 届东南亚国家联盟(ASEAN)部长会议上被宣布成立,2006 年 1 月 12 日在悉尼宣布正式启动。

伙伴计划创立八个包括公私企业的工作组,分别针对五个能源密集的行业(铝业、建筑与电器业、水泥业、煤矿业和钢铁业)和三个提供能源的行业(更清洁化石能源业、可再生能源与分散式发电业、发电与输电业)。[②]截至目前,成员国之间已开展了包括 22 个旗舰项目在内的 175 个合作项目,这些项目涉及帮助电厂提高运行效率,培训水泥厂运行节能,推进太阳能光伏发电商业化,改善建筑和家电设计、装置与运行等各领域,有效提高了成员国应对气候变化的能力。

截至目前,亚太地区清洁伙伴计划共召开了 3 次部长级会议。2006 年 1 月于悉尼召开的第一次部长级会议确定了章程、工作计划和部长联合公报。2007 年 10 月于新德里举行的第二次部长级会议上,加拿大加入了伙伴计划,会议同时确认了 8 个行动计划和超过 100 个项目,其中包括 18 个"旗舰"项目,并且公布将建立亚太能源技术合作中心。2009 年 10 月于上海召开的第三次部长级会

---

① 第二轮中美战略与经济对话闭幕 成果丰硕. 财经网:http://www.caijing.com.cn/2010-05-25/110446419.html(2010 年 10 月 1 日访问)。

② 机构介绍(Fact Sheet):《亚太清洁发展与气候伙伴计划》,http://www.asiapacificpartnership.org/pdf/translated_versions/FactSheet_Chinese_Feb2010.pdf(2010 年 10 月 1 日访问)。

议,通过了亚太清洁发展和气候伙伴计划第三次部长会议公报,强调了技术的研发、转让和传播在应对气候变化问题方面的关键作用,重申了伙伴国在技术促进方面进行合作的决心。会议公报同时再次强调伙伴计划与《气候变化框架公约》以及其他气候变化国际文件的原则保持一致,并考虑通过一系列的行动来促进合作,如能源和气候主要经济体论坛等;并要求下属的政策和执行委员会继续讨论和探索如何进一步加强合作伙伴关系的途径和方式,如扩大工作的覆盖范围到交通部门等。①

合作伙伴计划同时下设"政策与执行委员会(PIC)",负责管理整个伙伴计划,指导并定期检查 8 个工作组的工作。该委员会由美国作为主席国,目前已经召开了 8 次会议。另外,还设置了由美国主持的行政支持小组对委员会和伙伴计划提供行政帮助。伙伴计划下的 8 个工作组分别由各伙伴国分别担任主席和联合主席(在总共 16 个席位中,美国拥有 4 席,其他国家分别拥有 1～3 席)。从组织架构可明显看出,美国作为伙伴计划的提倡国,也是伙伴计划的主要领导国和中心国。

(三)主要经济体能源与气候论坛

主要经济体能源与气候论坛(Major Economies Forum on Energy and Climate)是联合国气候变化谈判框架外的一个多边磋商平台,目前共有 17 个论坛成员:澳大利亚、巴西、英国、加拿大、中国、法国、德国、印度、印度尼西亚、意大利、日本、韩国、墨西哥、俄罗斯、南非、美国及欧盟。奥巴马政府于 2009 年 3 月 28 日正式宣布启动论坛。论坛的目的是为主要发达国家和主要发展中国家提供交流平台,帮助主要经济体国家在联合国气候变化会议上发挥必要的政治领导作用,以及帮助探索具体的行动计划和联合行动以提高清洁能源的供应,减少全球温室气体排放。② 在前总统布什任内,美国曾举行了 4 次主要经济体气候变化会议,但均未取得实质性成果。

2009 年 4 月,主要经济体能源与气候论坛在美国华盛顿召开了第一次领导人代表预备会议,由各国领导人代表参加。与会方一致同意论坛并非是联合国《气候变化框架公约》的替代机制,而是帮助实现巴厘岛路线以及哥本哈根会议目标的补充平台。2009 年 5 月,第二次领导人代表预备会议在巴黎召开,重申气候变化需要各主要经济体的立即行动。与会方肯定了主要经济体在气候变

---

① Asia-Pacific Partnership on Clean Development and Climate, Third Ministerial Meeting, Communiqué, Shanghai, China, 27 October 2009. http://www. asiapacificpartnership. org(2010 年 10 月 1 日访问)。

② "主要经济体能源与气候论坛"网站:http://www. majoreconomiesforum. org(2010 年 10 月 2 日访问)。

化问题上的领导地位的重要性,并且各成员国充满活力的国内行动对长期可信赖的减排具有重要贡献。低碳经济的培育和发展是实现可持续发展的机遇。2009 年 6 月第三次代表预备会议在墨西哥 Jiutepec 市召开。会议继续讨论了关于减缓、资金、技术和适应等问题。

2009 年 7 月,在意大利拉奎拉举行了首次主要经济体能源和气候变化领导人论坛。会议讨论了未来气候变化合作的愿景,宣布尽力应对气候变化,呼吁尽快减少排放,保证全球气候上升不超过 2 摄氏度,并发表了论坛领导人声明。会议启动了"低碳和气候友好技术全球伙伴计划",作为初始项目,论坛要求建立一整套技术行动计划方案,方案针对 10 项与气候变化相关的技术,这些技术覆盖了 80％的能源部门减排额。论坛成员国同意在行动方案下采取带头行动。[①]

在哥本哈根会议召开之前,论坛分别于 2009 年 9 月在美国华盛顿以及 10 月在英国伦敦召开了第四次和第五次领导人代表会议,代表们针对哥本哈根会议进行了事先的交流和讨论,期望对大会的谈判有所助益。

哥本哈根会议之后,截至目前召开了 3 次会议。2010 年 4 月,美国在首都华盛顿主办了第六次领导人代表会议,会议同意小规模且非正式的多边讨论有助于《气候变化框架公约》下的谈判进展,与会方也同意讨论必须具有代表性和普遍性。第七次领导人代表会议于 2010 年 6 月在罗马召开,会议强调尽快实施哥本哈根协定快速启动资金条款,并且强调尽可能的明晰和透明有助于坎昆会议国际谈判的信心建立。论坛第八次领导人代表会议于 2010 年 9 月在纽约召开,会议表示了在坎昆会议上达成平衡的一揽子决议的支持,包括适应、减缓、MRV(测量、报告和验证)、资金和技术。关于一揽子决议的深度和广度,会议建议应达到"综合但非穷尽"的程度。会议认为,基于谈判的困难程度,坎昆会议需要将问题分开,一事一议,但同时又必须保持相同步速,以达到政治上的平衡。

2010 年 7 月,论坛框架下首次清洁能源部长级会议在华盛顿举行。超过 20 个国家的部长以及相关利益者参加会议,促进世界清洁能源转换。第二次清洁能源部长级会议于 2011 年 4 月在阿联酋首都阿布扎布举行。

(四)"国际能效合作伙伴计划"

"国际能效合作伙伴计划"(International Partnership for Energy Efficiency

---

①　10 项技术和领头国家为:先进车辆(加拿大)、生物能(巴西和意大利)、碳捕获和储存(澳大利亚和英国)、建筑能效(美国)、产业能效(美国)、高效低排煤炭(印度和日本)、海洋能源(法国)、智能电网(意大利和韩国)、太阳能(德国和西班牙)、风能(丹麦、德国和西班牙)。

Cooperation, IPEEC)由欧盟提出,是欧盟 2006 年 10 月通过的《欧盟能源效率行动计划》确定的一项具体行动。2008 年 6 月 8 日,G8 能源部长与中、韩、印三国在日本青森举行的 G8 能源部长级会议上达成协议,设立"国际能效合作伙伴计划"。2010 年 1 月,欧盟正式加入该伙伴计划。G8 国家以及欧盟、中、印、韩的能源消耗和二氧化碳排放占到全球的 65% 以上,对全球能源市场具有重大影响。[1]该伙伴计划的设立目的是通过建立一个用于讨论、咨询和信息交换的高层次论坛,使得可以获得高能效收益的行动便利化,各伙伴国以自愿基础进行合作,以应对能源安全、气候变化和经济增长问题。

"国际能效合作伙伴计划"在以下领域开展工作:①支持成员国在促进能效领域的持续工作,包括发展国家决定的能效指标、汇集最佳实践以及加强信息搜集的国家力量等;②针对产业部门内或跨部门内采取能够显著提高能效的措施,进行相关信息交流,包括标准、法令、标准和标签体系、能源测量、审计、认证程序的方法学、相关融资等;③发展公共部门与私营部门在能源消费领域或跨领域的提高能效的合作;④促进关键能效技术的研发,特别针对发展中国家;⑤便利能够提高能效的能源相关产品和服务的推广等。[2]

(五)国际氢能和燃料电池经济合作伙伴计划

氢作为可从多种途径获取的理想能源载体,具有清洁、灵活特征的燃料电池动力和分布式供能系统,将为能源发展带来新的变革。近年来,氢能技术的研发得到了世界许多国家的重视。[3]国际氢能和燃料电池经济合作伙伴计划(The International Partnership for Hydrogen and Fuel Cells in the Economy, IPHE)即在该背景下产生。2003 年 11 月,16 个国家(组织)成立了"国际氢能经济合作伙伴计划",现有成员 18 个。成员国包括美国、加拿大、巴西、中国、日本、韩国、印度、澳大利亚、德国、英国、法国、意大利、俄罗斯、挪威、冰岛、欧盟这16 个创始国,以及后加入的新西兰和南非。这些国家总人口超过 35 亿人、能源消费总量占全球总量的 2/3,国民生产总值占全球总量 85% 以上。IPHE 的目标是提供一种组织、评估和协调国际间氢能研究、开发和推广的合作机制,组织有影响、有效的合作研究,增强国际间与氢利用有关的制氢、储氢、燃料电池等

---

① 中国科技部网站:http://www. most. gov. cn/gnwkjdt/200806/t20080624_62646. htm(2010 年9 月 30 日访问)。

② International Partnership For Energy Efficiency Cooperation [IPEEC], Declaration in Aomori, http://vibe1. nrel. gov/ipeec-login? p_p_id=56_INSTANCE_lO6t&p_p_lifecycle=1&p_p_state=exclusive&p_p_col_id=column-1&p_p_col_count=1(2010 年 10 月 1 日访问)。

③ 国际氢能与燃料电池技术发展论坛在上海举行. http://www. most. gov. cn/kjbgz/201009/t20100928_82398. htm(2010 年 10 月 2 日访问)。

技术,以及相关法规和标准方面的协作,以促进全球向氢能经济的转变。[1]

三、区域国际法对气候变化国际法的促进

尽管各方对二氧化碳排放量的控制前景看法各不相同,但是对于全球气温增长应当限制在 2 摄氏度以下的观点已经初步获得承认。要想在全球平均气温上升超过 2 摄氏度的概率限制在 50% 以内,大气层中温室气体的浓度要稳定在 450ppm 二氧化碳当量左右,在 2020 年前达到 309 亿吨的峰值,在 2030 年下降到 264 亿吨。这种下降需要所有地区都实行有力而协调的政策行动,尤其是根据特定行业和国家集团的具体情况制定的碳市场规划、行业协议、国家政策和措施。只有有效地利用各行业、各地区的减排潜力,才能获得必要的减排。[2]

全球现存的温室气体含量是一个巨大的存量,要减缓增加、稳定浓度已经是一个很艰巨的任务。如果我们现在仍然怠于行动,继续增加大气中的温室气体存量,对于将来的工作而言,难度将更大。但是,经济活动中的经营和消费活动,始终存在"齿轮效应"(ratchet effect),在经历过高能耗、高消费的经济模式后,很难要求主体自动自愿回降到初始的低水平。因此对于这些真正在生产能源、消耗能源的主体来说,最有效的约束并不是来自于国际条约和义务,而是其身边的市场变化和政策措施,而这些变化、激励或者限制措施正是来自于地方治理的力量。一国的立法政策、一个区域的双边和多边合作、一个国家集团的集体行动和标准统一,都会产生更为直接的效果。

在当前气候变化国际法发展遭遇到困难和僵局的同时,我们欣喜地发现,国家和地区层面的活动却呈现蓬勃发展的态势。区域性国际法在各国国内的立法政策和双边多边伙伴关系基础上初步形成。当前的区域性国际法具有政治合作性、自愿行动性、经济导向性以及范围广泛性等特点。区域性国际法对于气候变化国际法的意义十分重大,可概括为以下几点:①提供了国际协定后续方案的内容与框架的多样性选择;②给予各国履行国际义务提供了先期准备和物质基础;③给予所有国家和政府以足够的信心,来继续发展和深入气候变化国际法的建构和发展;④与国际协定有机结合,相互促进,构成良性循环,最终达到减缓气候变化、实现可持续发展的宗旨和目标。

---

① 蔡嘉宁:《国际氢能伙伴计划》,中国国际科技合作网:http://www. cistc. gov. cn/introduction/info_4. asp? column=331&id=5026,(2010 年 9 月 30 日访问)。

② 国际能源组织. 世界能源展望 2009. 执行摘要. (http://www. worldenergyoutlook. org,2010 年 9 月 30 日访问)。

本章小结

　　哥本哈根大会的失败,标志着气候变化国际法发展到今天,已进入了一个令人失望的瓶颈期。虽然通过前人几十年的努力,气候变化国际法制度初具规模,也形成了相对独立的价值体系和运作机制,但是这些成果能否继续发挥作用,受制于太多的主客观因素。在国际政治格局和利益博弈如此复杂的今天,单纯依靠人类的良知、道德和对后代的责任感,并不能有效地解决问题。我们需要做的,或者说能够做的,就是如何在这条铺满荆棘的道路上,寻找可以落脚的空地稍做休息,并进行思考:下一步我们该走向哪里? 迈出多大的步伐? 用出多大的力气? 其中的关键问题是,我们的同行者在想什么? 怎样在各自利益的考量下,指挥大家走向同一个方向,共同抵达阶段性终点。当然现状中也有令人欣喜的一面。各国、各区域的气候变化立法、政策和措施正在如火如荼的发展中。既然在从上往下的制度设计中遇到了障碍,那么就从通道的另一个方向进行努力。从目前的状况来看,这种努力进行得十分顺畅,而且潜力很大。国际社会应竭尽所能,让两个方向的力量同时作用,双管齐下。气候变化国际法必定要发展和延续下去,这是全人类的共同利益所在。

第七章　我国应对气候变化的法律政策和制度完善

第一节　我国应对气候变化的法律、政策和行动

一、我国气候变化和温室气体排放现状

(一)我国气候变化现状及对我国的影响

在全球变暖的大背景下,我国的气候在近百年内也发生了明显的变化,主要表现为:①近百年来,我国平均气温升高了 1 摄氏度,近 50 年气温升高尤其明显。从地域分布看,北方地区较长江以南地区升温明显;从季节分布看,冬季升温最为明显。②我国年均降水量变化不大,但区域降水量波动较大,主要表现为北方地区降水减少,西南、华南地区降水增加。③近半个世纪以来,我国极端天气与气候事件发生频率和强度明显提高,北方地区干旱、南方地区洪涝趋势加重。2008 年我国遭遇了历史罕见的低温雨雪冰冻灾害,2009 年遭受夏季高温和冬季多年不遇低温的袭击,西南地区遭遇特大干旱,华南江南地区遭遇暴雨袭击,多地高温突破历史极值。④近 50 年来,我国沿海海平面年平均上升速率为 2.5mm,西北高原和山地的冰川快速退缩,春季物候期提前。[①]根据我国科学家的预测,我国未来的气候变暖趋势将进一步加剧。预测的结果包括:到2050 年,我国气温可能升高 2.3～3.3 摄氏度,年降水量可能增加 5％～7％,极端气候事件频率增大,干旱区扩大,荒漠化可能性加重,海平面继续上升,冰川加速退缩,小型冰川消失。[②]

全球变暖导致的气候变化将对我国未来的经济发展、人们的生产生活带来较大影响。农牧业方面,气候变化将会增加我国农牧业生产的不稳定性,主要

---

① 国家发展和改革委员会组织编制.中国应对气候变化国家方案.2007 年 6 月。

② 综合以下文献整理:国家发展和改革委员会组织编制.中国应对气候变化国家方案.2007 年 6月.国家发展与改革委员会.中国应对气候变化的政策与行动——2009 年度报告.2009 年 11 月。

体现在产量减少、作物结构变动、生产条件变化、家畜疾病率提高;自然生态系统方面,森林类型北移,森林火灾和病虫害可能性增加,内陆湖泊湿地加速萎缩,冻土面积减少,对生物多样性造成威胁;水资源方面,气候变化导致水资源分布变化,西北地区水资源短缺矛盾加剧,北旱南涝局面突出;海岸带区域,海平面上升造成海岸侵蚀、海水入侵,珊瑚礁生态系统退化,发生台风和风暴潮等自然灾害几率增大;对居民生活而言,气候变化可能导致疾病的增加,增大大中型工程建设项目的难度,对旅游安全、能源需求等带来较大的压力。[①]

(二)我国温室气体排放现状与趋势

我国温室气体的历史排放量很低,人均排放也长期低于世界平均水平。20世纪 80 年代后期,我国进入经济快速发展轨道,温室气体排放量开始逐年递升。具体数据见表 6-1。

表 6-1　我国[①]与世界二氧化碳排放相关数据

年份 当年数据	1985	1990	1995	2000	2005	2006	2007	2008	1990—2008 年变化率
我国 CO_2 排放总量(百万吨)	1794.7	2371.1	2957.8	3054.6	5130.0	5682.5	6043.7	6558.2	176.6%
世界 CO_2 排放总量(百万吨)	19310.9	21523.4	22107.7	23744.1	27614.7	28479.8	29327.7	29938.6	39.1%
我国人均 CO_2 排放量(吨)	1.62	1.95	2.48	2.41	3.89	4.28	4.58	4.91	152.0%
世界人均 CO_2 排放量(吨)	3.86	3.98	3.84	3.87	4.20	4.29	4.38	4.39	10.3%

①表格中我国数据仅指中国大陆地区。

数据来源:国际能源组织(IEA)于 2010 年 10 月 6 日发布的报告:CO_2 Emission From Fuel Combustion Highlights (2010 Edition),http://www.iea.org/co2highlights/(2010 年 10 月 8 日访问)。

从表 6-1 中数据可以看出,我国二氧化碳排放增长从 1990 年开始起步,2000—2005 年显著增长,2008 年占到全世界二氧化碳排放总量的 21.9%。原来二氧化碳排放量居世界第一的美国,在 2008 年的二氧化碳排放量为 5684.1 百万吨,占世界总量 19%左右,我国已成为二氧化碳排放量最大的国家。从人均二氧化碳排放量来看,虽然我国的数据仍然远低于发达国家的水平,但是从 2007 年开始已经超过了世界人均二氧化碳排放水平,单位能源的二氧化碳排放强度也高于世界平均水平。

---

① 国家发展和改革委员会组织编制.中国应对气候变化国家方案.2007 年 6 月。

我国温室气体排放量快速增长的客观原因有：①经济快速增长，各行业各层面经济活动活跃；②基础设施、交通运输、房地产等温室气体高排放产业及相关上下游产业发展迅猛；③人口基数大，2009 年年底，全国人口达到 13.35 亿人；④产业结构仍以制造业等第二产业为主，而第二产业正是制造温室气体的主要行业；⑤我国大量制造出口到外国的产品，为世界各国消费的二氧化碳买单；⑥我国经济发展水平较低，能源结构仍以煤炭为主要能源，2008 年煤炭在一次能源消费中所占比例为 68.7％[①]。而在接下来的一段时期可预见的情况是，我国经济仍将处于快速发展阶段，产业结构和能源结构在短期内难有大的改变，人口每年有 500 万～600 万人的净增长。结合我国现阶段的国情和发展特点可以得出的结论是，我国温室气体排放量在一段时间内仍然保持增长态势。我国发改委在其编写的《中国应对气候变化的政策与行动——2009 年度报告》中明确表示："（我国）控制二氧化碳排放面临极大困难。"

二、我国应对气候变化的相关立法

气候变化给我国的经济发展和人民生活带来了较大的影响和挑战，我国政府高度重视应对气候变化问题，通过制定和实施法律法规、相关政策等工作，努力减缓温室气体排放，加强应对气候变化能力建设，取得了显著成效。

（一）《节约能源法》

1986 年，国务院通过了《节约能源管理暂行条例》。1997 年 11 月，第八届全国人民代表大会常务委员会第二十八次会议通过了《中华人民共和国节约能源法》，于 1998 年 1 月 1 日起实施。《节约能源法》共有 50 条，分为总则、节能管理、合理使用能源、节能技术进步、法律责任、附则第六章。该法首先明确能源是指煤炭、原油、天然气、电力、焦炭、煤气、热力、成品油、液化石油气、生物质能和其他直接或者通过加工、转换而取得有用能的各种资源。该法确立节能是国家发展经济的一项长远战略方针，要求国务院和省、自治区、直辖市人民政府加强节能工作，合理调整产业结构、企业结构、产品结构和能源消费结构，推进节能技术进步，降低单位产值能耗和单位产品能耗，改善能源的开发、加工转换、输送和供应，逐步提高能源利用效率，促进国民经济向节能型发展。要求国家制定节能政策，编制节能计划，并纳入国民经济和社会发展计划，保障能源的合理利用，并与经济发展、环境保护相协调。该法同时在节能产品认证、产品能耗标识、重点单位节能管理等方面作了具体规定。

由于 1997 年的《节约能源法》沿袭了计划经济的指导思想，没有形成符合

---

① 国家发展与改革委员会.中国应对气候变化的政策与行动——2009 年度报告.2009 年 11 月。

市场经济要求的强制与激励相结合的机制,没有充分发挥市场机制在配置能源、引导消费方面的作用,在实际运作中存在一定的局限性。另外,随着我国经济快速增长,能源消费量剧增,能源利用率低的问题比较严重,导致经济发展与能源资源及环境的矛盾日趋尖锐,为协调经济发展与环境保护、节约能源的要求的矛盾,立法机构对《节约能源法》进行了修订。

2007 年 10 月 28 日第十届全国人民代表大会常务委员会第三十次会议通过了对该法的修订案,于 2008 年 4 月 1 日开始施行。修订后的《节约能源法》与原《节约能源法》相比,最主要的进步是完善了促进节能的经济政策。其主要特点有:①扩大了法律调整的范围,增加了建筑节能、交通运输节能、公共机构节能等内容;②健全了节能管理制度和标准体系,如节能目标责任评价考核制度、能效标识管理制度、节能奖励制度等;③完善了促进节能的经济政策,规定中央财政和省级地方财政要安排节能专项资金支持节能工作,对相关节能技术和产品实行税收优惠,对节能产品的推广和使用给予财政补贴,引导金融机构增加对节能项目的信贷支持等;④明确了节能管理和监督主体,规定了统一管理、分工协作、相互协调的节能管理体制;⑤强化了法律责任,规定了 19 项法律责任,明确了相应的处罚措施,加大了处罚范围和力度;⑥实行节能目标责任制和节能考核评价制度,将节能目标完成情况作为对地方人民政府及其负责人考核评价的内容,省、自治区、直辖市人民政府每年向国务院报告节能目标责任的履行情况。

目前已经实施的与节约能源法配套的法规包括:《重点用能单位管理办法》、《节约用电管理办法》、《中国节能产品认证管理办法》、《民用建筑节能管理规定》、《公共机构节能条例》、《铁路实施〈节约能源法〉细则》、《交通行业实施〈节约能源法〉细则》,以及省一级地方政府为实施节约能源法而制定的一系列地方性法规等。

(二)《可再生能源法》

2005 年 2 月,第十届全国人大常务委员会第十四次会议审议通过了《中华人民共和国可再生能源法》,明确了可再生能源包括风能、太阳能、水能、生物质能、地热能、海洋能等非化石能源。要求国务院能源主管部门负责组织和协调全国可再生能源资源的调查,会同国务院有关部门组织制定资源调查的技术规范,并制定、公布可再生能源产业发展指导目录。鼓励单位和个人安装和使用太阳能热水系统、太阳能供热采暖和制冷系统、太阳能光伏发电系统等太阳能利用系统。该法明确了政府、企业和用户在可再生能源开发利用中的责任和义务,提出了一系列包括总量目标制度、并网发电、税收优惠制度等政策和措施。2009 年 12 月,十一届全国人大常委会第十二次会议表决通过了《中华人民共和国可再生能源法修正案》,修正案规定了两项新的内容:一是建立国家实行可再生能源发电全额保障性收购制度;二是国家财政设立可再生能源发展基金,资金来源包括国家财政年度安排的专项资金和依法征收的可再生能源电价附加收入等。修正案自 2010 年 4 月 1 日起施行。与修改后的可再生能源法配套的细则,包括《可再生能源配额制管理办法》和《可再生能源发展基金管理办法》等,近期也有望出台。

(三)《循环经济促进法》

2008 年 8 月 29 日,第十一届全国人民代表大会常务委员会第四次会议通过《循环经济促进法》,2009 年 1 月 1 日起施行。该法共七章 58 条,就基本管理制度、减量化、再利用和资源化、激励措施、法律责任等几方面对循环经济的建立进行了引导、促进和规范。《循环经济促进法》明确了循环经济是国家经济社会发展的一项重大战略,应当遵循统筹规划、合理布局、因地制宜、注重实效,政府推动、市场引导,企业实施、公众参与的方针。该法确立了六项制度,分别是:①循环经济的规划制度;②抑制资源浪费和污染物排放总量控制制度;③循环经济的评价和考核制度;④以生产者为主的责任延伸制度,即将生产者的责任从单纯的生产和使用阶段,逐步延伸到产品废弃后的回收、利用和处置阶段;⑤对高耗能、高耗水企业设立重点监管制度;⑥强化经济措施,建立激励机制,鼓励走循环经济的发展道路。该法在延长建筑物使用期限、工业废弃物综合利用、限制一次性消费品、限制过度包装等方面也作出了相应规定。

(四)《清洁生产促进法》

2002 年 6 月 29 日,第九届全国人民代表大会常务委员会第二十八次会议通过了《中华人民共和国清洁生产促进法》,2003 年 1 月 1 日起开始实施。该法的立法目的是为了促进清洁生产,提高资源利用效率,减少和避免污染物的产生,保护和改善环境,保障人体健康,促进经济与社会可持续发展。所谓清洁生产,是指不断采取改进设计,使用清洁的能源和原料,采用先进的工艺技术与设备,改善管理,综合利用等措施,从源头削减污染,提高资源利用效率,减少或者避免生产、服务和产品使用过程中污染物的产生和排放。这是我国第一部以污染预防为主要内容的专门法律,标志着我国推行和实施清洁生产走上了规范化和法制化管理的轨道。《清洁生产促进法》规定了政府及有关部门支持、促进清洁生产的具体要求,同时强调了企业实施清洁生产促进法的主体责任。该法对工业领域推行和实施清洁生产作了具体规定,对农业、建筑业、服务业等领域实施清洁生产提出了原则性要求。

(五)《大气污染防治法》

我国的《大气污染法》于 1987 年实施,分别于 1995 年和 2000 年进行了两次修改。目前实施的《大气污染防治法》共七章 66 条,对大气污染防治的监督管理体制、大气污染物排放总量控制和许可证制度、污染物排放超标违法制度、排污收费制度、防治燃烧污染、防治机动车船排放污染以及防治废气、尘和恶臭污染的主要措施、法律责任等作了较为明确的规定。

虽然大气污染防治法已经实施了 20 多年,但目前我国大气污染防治形势仍然十分严峻。由于我国经济仍然以煤为主要能源,大气污染主要属于煤烟型的污染。同时我国汽车保有量迅猛增加,汽车尾气污染逐步加重,年增长率为15.2%。[①]臭氧、光化学烟雾、灰霾天气等新问题也越来越突出。我国大气新老污染交错,相当比例的重点城市达不到环境空气质量二级标准,大城市的空气污染尤为严重。在此种情势下,2009 年,《大气污染防治法》的第三次修订被纳入全国人大常委会立法规划。关于《大气污染防治法》的最新修订,重点关注问题包括:健全地方政府的负责机制;实行重点区域联防制度;完善污染物总量的控制制度;改革大气排放许可证制度;强化机动车船污染防治;加强有毒有害物质的监控;加大违法排污行为的处罚力度。[②]修改后的《大气污染防治法》已上交到国务院法制办,征求各级行政部门的意见,可提交全国人大讨论。

(六)《气候可行性论证管理办法》

《气候可行性论证管理办法》于 2008 年 11 月 25 日经我国气象局局务会审议通过,2009 年 1 月 1 日起施行。气候可行性论证是指对与气候条件密切相关的规划和建设项目进行气候适宜性、风险性及可能对局地气候产生影响的分析、评估。管理办法明确了气候可行性论证的范围、实施机构、报告内容、技术方法、论证与评审程序、论证结论在规划和建设项目审批中的作用。今后重点领域或者区域发展建设规划、重大区域性经济开发、城乡规划、大型太阳能、风能等气候资源开发利用等与气候条件密切相关的规划和建设项目,都应当按照管理办法的规定进行气候可行性论证。

(七)《促进产业结构调整暂行规定》

2005 年 11 月,国务院第 112 次常务会议审议通过了《促进产业结构调整暂行规定》,其中有大量条款与节能减排目标相关。例如,规定产业结构调整的目标是:"……逐步形成农业为基础、高新技术产业为先导、基础产业和制造业为支撑、服务业全面发展的产业格局,坚持节约发展、清洁发展、安全发展,实现可持续发展。"《促进产业结构调整暂行规定》第七条规定:"按照产业聚集、规模化发展和扩大国际合作的要求,大力发展信息、生物、新材料、新能源、航空航天等

---

① 纪虹宇.环保部政策法规司长解读大气污染防治法修订重点.第一财经日报,2009 年 11 月 5 日。
② 纪虹宇.环保部政策法规司长解读大气污染防治法修订重点.第一财经日报,2009 年 11 月 5 日。

产业,培育更多新的经济增长点。……充分发挥我国特有的资源优势和技术优势,重点发展生物农业、生物医药、生物能源和生物化工等生物产业。"《促进产业结构调整暂行规定》第九条特别强调:"大力发展循环经济,建设资源节约和环境友好型社会,实现经济增长与人口资源环境相协调。……大力推进节能节水节地节材,加强资源综合利用,全面推行清洁生产,完善再生资源回收利用体系,形成低投入、低消耗、低排放和高效率的节约型增长方式。积极开发推广资源节约、替代和循环利用技术和产品,重点推进钢铁、有色、电力、石化、建筑、煤炭、建材、造纸等行业节能降耗技术改造,……调整高耗能、高污染产业规模,降低高耗能、高污染产业比重。鼓励生产和使用节约性能好的各类消费品,形成节约资源的消费模式。……"国务院在实施暂行规定的决定中要求各省、自治区、直辖市人民政府按照暂行规定的要求制定和实施相关政策和具体措施,推进产业结构优化升级。

(八)《清洁发展机制项目运行管理办法》

为加强我国政府对清洁发展机制项目活动的有效管理,保证清洁发展机制项目有序进行,2004 年 5 月,我国发展和改革委员会、科技部、外交部联合颁布《清洁发展机制项目运行管理暂行办法》。2005 年 10 月,发改委、科技部、外交部和财政部四部委联合颁布了修订后的《清洁发展机制项目运行管理办法》,于2005 年 10 月 12 日正式实施。该办法共 26 条,分为总则、许可条件、管理和实施机构、实施程序、其他等五个部分,对我国清洁发展机制项目的活动进行了详细的规定。

(九)《废弃电器电子产品回收处理管理条例》

2008 年 8 月 20 日,国务院第 23 次常务会议通过《废弃电器电子产品回收处理管理条例》,2011 年 1 月 1 日起施行。该条例的目的是规范废弃电器电子产品的回收处理活动,促进资源综合利用和循环经济发展,保护环境,保障人体健康。条例规范地列入《废弃电器电子产品回收处理目录》的废弃电器电子产品的回收处理及相关活动。2010 年 9 月,作为配套政策,国家发展改革委、环境保护部、工业和信息化部联合发布了《废弃电器电子产品处理目录(第一批)》,将冰箱、空调、洗衣机、电视机、微型计算机等电子产品列入目录。作为另一个配套政策,由财政部组织起草的《废弃电器电子产品处理基金征收使用管理办法》征求意见稿已向有关部门征求意见,拟近期上报。[1]

---

[1]　《四协会就废弃电器电子产品处理基金管理办法(征求意见稿)提交建议》http://www.cheaa. org/show.php? id=363&fatherId=10&typeId=47(2011 年 3 月 6 日)。

三、我国应对气候变化的政策和行动[①]

(一)出台一系列的综合政策文件和报告

1992 年以后,我国率先组织制定了《中国 21 世纪议程——中国 21 世纪人口、环境与发展白皮书》。2005 年,出于制定政策和措施的需要,也为了完成《气候变化框架公约》的缔约国义务,发展和改革委员会组织编写了《气候变化国家方案》。2008 年,我国政府发布了《中国应对气候变化的政策与行动》,其后在 2009 年和 2010 年又分别发布了年度报告,宣示了中国在应对气候变化方面采取的政策、行动与取得的进展。

(二)调整产业结构,促进优化升级

2008 年我国政府出台的 4 万亿元经济刺激计划中,有 2100 亿元投资于节能、减少污染和改善生态,另有 3700 亿元用于技术改造和能源密集的工业结构。2009 年 2 月开始,政府出台了十大产业调整和振兴规划,各规划都把淘汰落后产能,提高技术水平,节能减排作为重点。我国制定发布了高耗能行业市场进入标准,提高节能环保准入门槛。通过调整关税出口、退税等措施,抑制"两高一资"(高耗能、高排放、资源型)产品出口。2009 年 7 月,国务院向有关部门转发了《关于抑制部分行业产能过剩和重复建设引导产业健康发展若干意见》,对抑制产能过剩工作提出了相关政策要求,初步遏制了产能过剩行业重复建设的势头。2010 年 2 月,国务院印发了《关于进一步加强淘汰落后产能工作的通知》,以钢铁、水泥、平板玻璃、有色金属、焦炭、造纸、制革、印染等行业为重点,进一步加快淘汰落后产能。2010 年 10 月,国务院发布了《关于加快培育和发展战略性新兴产业的决定》,提出根据战略性新兴产业的特征,立足国情和科技、产业基础,现阶段重点培育和发展节能环保、新一代信息技术、生物、高端装备制造、新能源、新材料、新能源汽车等新兴产业,明确了今后一个时期的发展目标和政策导向。同时,我国积极发展绿色循环经济,推进资源综合利用。2005 年,国务院下发了《关于加快发展循环经济的若干意见》。2008 年 8 月《循环经济促进法》实施后,我国已有 26 个省市开展了循环经济试点工作。国务院办公厅还下发了《关于加快推进农作物秸秆综合利用的意见》。

(三)节约能源,提高能源利用效率

2004 年,国家发展和改革委员会通过了我国第一个《节能中长期专项规

---

① 综合以下文献相关内容整理:国家发展和改革委员会组织编制. 中国应对气候变化国家方案,2007 年 6 月;国家发展与改革委员会. 中国应对气候变化的政策与行动——2009 年度报告. 2009 年 11 月,国家发展和改革委员会. 中国应对气候变化的政策与行动——2010 年度报告. 2010 年 11 月。

划》。2005 年 8 月,国务院下发了《关于做好建设节约型社会近期重点工作的通知》。2006 年 8 月,国务院发布了《关于加强节能工作的决定》。根据国务院办公厅《关于印发 2008 年节能减排工作安排的通知》,各部门、各地区强化了节能降耗问责制,加强了节能统计体系、监测体系、考核体系建设。2008 年修订后的《节约能源法》全面实施后,国家标准化管理委员会批准了 22 项高耗能产品能耗限额强制性国家标准和 11 种终端用能产品强制性能效标准,发布了能效标识第三批、第四批产品目录及实施细则,实施效能标识的产品增加到 15 种。2010 年 4 月,国务院办公厅转发了国家发改委等部门《关于加快推进合同能源管理促进节能服务产业发展的意见》,从投资、财政、税收、金融等方面加大了对合同能源管理项目和节能服务公司的支持力度。

(四)发展低碳和可再生能源,优化能源结构

自 2008 年以来,我国公布了《金太阳示范工程财政补助资金管理暂行办法》、《太阳能光电建筑应用财政补助资金管理暂行办法》、《风力发电设备产业化专项资金管理暂行办法》、《可再生能源建筑应用城市示范实施方案》、《秸秆能源化利用补助资金管理办法》、《关于完善风力发电上网电价政策的通知》以及《加快推进农村地区可再生能源建筑应用的实施方案》等财税激励政策,大大推动了我国可再生能源的迅速发展。2010 年 4 月,修改后的《可再生能源法》正式实施,设立了可再生能源发展基金,完善了风电、太阳能等可再生能源全额收购制度和优先调度办法,为可再生能源的发展提供了有力的法律支持。

(五)适应气候变化的政策和行动

在农业领域,自 2008 年以来,我国制定《中华人民共和国抗旱条例》和《水生生物增殖放流管理规定》、修订《草原防火条例》、实施《保护性耕作工程建设规划(2009—2015 年)》,不断完善农业领域适应气候变化的政策法规体系。我国利用气候变化特别基金提供的 500 万美元赠款,开展适应气候变化的农业开发示范和试点项目。

在森林生态维护领域,2009 年 11 月,国家林业局发布《应对气候变化林业行动计划》。该计划规定了 3 个阶段性目标,分别是:到 2010 年,年均造林育林面积达 400 万公顷以上,全国森林覆盖率达到 20%,森林蓄积量达到 132 亿立方米,全国森林碳汇能力得到较大增长;到 2020 年,年均造林育林面积达 500 万公顷以上,全国森林覆盖率增加到 23%,森林蓄积量达到 140 亿立方米,森林碳汇能力得到进一步提高;到 2050 年,比 2020 年净增森林面积 4700 万公顷,森林覆盖率达到并稳定在 26% 以上,森林碳汇能力保持相对稳定。行动计划规定实施 22 项主要行动,包括林业减缓气候变化的 15 项行动和林业适应气候变化的 7 项行动。

自 2008 年以来,我国建立了海洋领域应对气候变化业务工作体制,有关部门编制了《海岸保护与利用规划》、《海平面变化影响调查评估工作方案》和《海洋领域应对气候变化观测(监测)能力建设项目建议书》,正在组织编制《海洋领域应对气候变化年度报告》等,海洋领域应对气候变化规划体系得到进一步完善。在海岸带区域维护领域,2008 年,我国设置了 18 处海洋生态监控区,监控区总面积达 5.2 万平方公里。积极开展典型珍稀海洋生态区、外来物种入侵区、生态敏感区和特殊海岛的海洋生态修复工作,逐步提高海洋生态系统适应和减缓气候变化的能力。加强海洋灾害应急管理工作,积极开展海平面上升、海岸侵蚀、海水入侵和土壤盐渍化监测、调查、评估工作,及时发布风暴潮、海浪、海水灾害预警,有效降低了各类海洋灾害所造成的人员伤亡和财产损失。

在维护国民健康领域,继续推进《国家环境与健康行动计划(2007—2015年)》的实施,通过改善环境与健康管理,提高适应气候变化能力。2009 年,相关部门组建了自然灾害卫生应急工作领导小组,全面提升极端气候事件引发的公共卫生问题的应对能力。组织开展了一系列气候变化与健康影响相关研究,进一步加强了对不明原因肺炎、人感染高致病性禽流感等气候因素相关传染病的监测和防控。卫生部印发了《全国自然灾害卫生应急预案(试行)》,明确了水旱灾害、气象灾害、生物灾害等自然灾害卫生应急工作的目标和原则,确立了自然灾害卫生应急工作机制、响应级别和响应措施。国家自然科学基金资助开展了《气候变化对我国人体健康的影响分析》项目,参加全球环境基金(GEF)"应对气候变化,保护人类健康"全球项目,承担联合国千年发展目标基金气候变化与健康项目,为有效保护人类健康作出了积极努力。

(六)促进低碳技术的研发和推广

在技术推动方面,我国政府发布了《鼓励进口技术和产品目录(2009 年版)》,鼓励进口新能源汽车专用关键零部件设计制造技术、核电设备设计制造技术、太阳能热发电设备的设计制造技术、可再生能源、氢能等新能源领域关键设备的设计制造技术、煤层气(瓦斯)勘探及开发利用关键设备的设计制造技术、高炉煤气和燃气联合循环发电关键设备等气候友好技术与设备。

2008 年,我国加快气象部门科技创新体系建设,加强气候变化研究,大力提升气象灾害风险评估和应急响应等科技支撑能力。初步建立功能完备的公共气象服务业务平台,完善气候系统观测网,提高气象预警服务信息发布时效,增强全社会应对极端天气气候灾害的预警预报能力和应急保障能力。

在专门的气候变化科学研究方面,我国政府组织了一系列以气候变化为主题的国家级研究项目,例如,国家重大科技项目——"全球气候变化预测、影响和对策研究"、"全球气候变化与环境政策研究",国家重点基础研究发展计划项目——"中国重大气候和天气灾害形成机理与预测理论研究","中国气候与海平面变化及其趋势和影响的研究"等。相关部门组织编写了《气候变化国家评估报告》,为国家制定相关政策和参加气候谈判提供了理论指导和科学依据。

(七)推动应对气候变化的教育和宣传

在教育、宣传和培训方面,我国重视环境与气候变化领域的教育、宣传和公共意识的提高。开展了多种形式的有关气候变化的知识讲座和报告会,举办了多期中央及省级决策者气候变化培训班,召开了大型研讨会,开通了中英文的"中国气候变化信息网",向各界全方位提供气候变化信息。2008年8月,国务院办公厅印发了《关于深入开展全民节能行动的通知》,要求广泛动员全民节能,把节能变成全体公民的自觉行动。我国政府通过多种途径提高公众的环境意识。组织了气候变化进社区、进公交、进学校、进农村等宣传活动,开展了"社区千家家庭碳排放调查及公众教育项目"、"植树造林、参与碳补偿、消除碳足迹"、专项宣传、"气候变化与人类健康科普展览"等一系列大型宣传活动,引导居民应对气候变化、实践低碳生活;进行了公众气候变化意识调查。自2009年以来,我国各级政府通过举办节能宣传周、环境主题日科普活动、论坛、展览等内容丰富、形式多样的活动,普及和传播气候变化的科学知识,不断提高公众的气候变化意识,取得了明显效果。

(八)相关体制和机构建设

1998年,我国成立了由17个部门组成的国家气候变化对策协调机构,该机构是我国政府关于应对气候变化问题的跨部门议事协调机构,其主要职责是讨论涉及气候变化领域的重大问题,协调各部门关于气候变化的政策和活动,组织对外谈判,对涉及气候变化的一般性跨部门问题进行决策。从2001年起,该机构负责组织《中华人民共和国气候变化初始国家信息通报》的编写工作,于2004年年底向《联合国气候变化框架公约》第十次缔约方大会提交了该报告。2003年10月,经国务院批准,新一届国家气候变化对策协调小组正式成立。2007年6月,在现有国家气候变化对策协调小组办公室的基础上,国务院决定成立国家应对气候变化领导小组,作为国家应对气候变化工作的议事协调机构,国家发展和改革委员会具体承担领导小组的日常工作。领导小组的主要任务是:研究制定国家应对气候变化的重大战略、方针和对策,统一部署应对气候变化工作,研究审议国际合作和谈判对案,协调解决应对气候变化工作中的重大问题;组织贯彻落实国务院有关节能减排工作的方针政策,统一部署节能减排工作,研究审议重大政策建议,协调解决工作中的重大问题。

2009年,全国人民代表大会常务委员会专门听取和审议了国务院关于应对气候变化工作情况的报告,通过了《全国人民代表大会常务委员会关于积极应对气候变化的决议》。我国已经形成了由国家应对气候变化领导小组统一领导、国家发展和改革委员会归口管理、各有关部门分工负责、各地方各行业广泛参与的国家应对气候变化工作机制。国家发展和改革委员会在 2008 年机构改革中设立了应对气候变化司,其主要职责是:综合分析气候变化对经济社会发展的影响,组织拟定应对气候变化重大战略、规划和重大政策;牵头承担国家履行《联合国气候变化框架公约》相关工作,会同有关方面牵头组织参加气候变化国际谈判工作;协调开展应对气候变化国际合作和能力建设;组织实施清洁发展机制工作;承担国家应对气候变化领导小组有关的具体工作。

(九)地方政府的政策与行动

我国各地方政府在中央政府的领导下,积极开展应对气候变化行动,使应对气候变化成为推动各地经济转型和实现可持续发展的重要动力,主要行动包括:建立多部门参与的决策协调机制;制定和颁布地方应对气候变化方案;积极开展清洁发展机制项目合作;研究制定促进低碳经济发展的政策与措施等。

在机制建设方面,自 2009 年以来,有贵州、吉林、云南、重庆、广东等省市成立了由政府主要领导任组长、有关部门参加的应对气候变化工作领导小组,负责领导各省应对气候变化工作,目前全国各省(区、市)均已建立应对气候变化领导机构。部分省市开展了应对气候变化的立法和调研工作,因地制宜完善了本地应对气候变化法律体系。例如,河南、广东、黑龙江等省人大常委会颁布了节约能源条例,湖南省、上海市人大制定了建筑节能条例,重庆市人大常委会组织了《重庆市循环经济促进条例》的调研起草工作,青海省人民政府颁布了《青海省应对气候变化办法》。为贯彻落实应对气候变化国家方案,各省(区、市)启动了本区域应对气候变化方案编制工作,统筹规划本地应对气候变化政策和行动。目前,我国 31 个省(区、市)均已完成了应对气候变化方案的编制,进入了组织实施阶段。同时,地方政府围绕提高应对气候变化能力的目的,在节能、发展清洁能源和循环经济等领域制订了专项规划,并结合实际研究制定了一系列指导性文件,出台了许多有利于应对气候变化的重大政策举措。

第二节 我国应对气候变化法律制度的建设与完善

一、气候变化国际合作背景下国内法制建设的基本理念

(一)我国气候外交面临的困难局面和基本立场

气候变化国际法在过去 20 年经历了从无到有,从框架制度到具体义务的发展历程。在这 20 年中,我国也从一个经济相对落后的人口大国快速发展为

世界第二大经济体。①经济的高速发展、社会物质文明的飞跃式进步,带来的副作用是资源的过度利用、环境的污染和温室气体的大量排放。与气候变化国际法发端同时,我国也进入了温室气体排放的快速发展时期。尽管我们有经济发展、人口基数、生产模式、能源结构等多种客观原因,但不可否认的事实是,我国已经成为世界上排放二氧化碳量最多的国家。我国现在承受着越来越大的来自国际社会的压力,特别是以美国为首的发达国家以发展中国家承担减排义务作为气候谈判妥协的前提,使我国政府在气候外交上面临的局面愈加困难和复杂。

在国内经济发展需求和国际社会减排压力形成尖锐冲突的情况下,我们必须站稳脚跟、明确立场,在承诺发展中大国应尽的国际责任基础上,最大限度地维护我国经济和社会总体利益。气候外交方面,积极参与多边和双边的对话和交流,推动各个层面应对气候变化的国际合作。气候问题国际谈判方面,坚持"共同但有区别责任"原则,坚持可持续发展原则,强调发展是第一要务,发展中国家应在可持续发展框架下采取应对气候变化的积极措施。气候变化国际法制建设方面,坚持《联合国气候变化框架公约》和《京都议定书》确立的基本框架和制度,努力推动后京都时代减排机制的建立,促进公约及议定书全面、有效和持续地实施。

(二)国内应对气候变化法制建设应坚持的理念和原则

气候变化是全球性的环境问题。应对气候变化,需要各国积极参与气候变化国际谈判和国际法的制定过程。就我国而言,参加国际谈判、进行国际交流和合作,一方面是为了在气候变化国际法制定之初就参与决策,维护本国的利益和立场;另一方面,也是为了表达我国对保护全球气候的诚恳态度和积极立场。在我国未承担也反对承担具体减排承诺的情况下,我国国内相关法制的建设成为有效化解国际社会压力、积极促进我国可持续发展进程的重要途径。通过国内立法,能够向国际社会表明我国应对气候变化、减少温室气体排放的决心,同时向国内产业界、社会组织和普通民众表明政府对应对气候变化的坚决态度。从对外和对内角度来说,国内相关法制的建设都具有十分重要的意义。在国际气候变化制度发展和合作背景下,我国国内法制建设需要坚持的理念和原则包括以下几点。

---

① 根据 2010 年第二季度的国民生产总值计算,中国已经超越日本,成为紧随美国的第二大经济体。甚至有专家预言,按照目前的发展速度,到 2030 年,中国将超越美国成为世界第一大经济体。当然,由于巨大的人口基数,中国的人均 GDP 仍然较低,仅居全球第 105 位。(胡笑红:《中国贸易顺差将持续减少》,《京华时报》2010 年 8 月 18 日第 042 版)

1.坚持共同但有区别责任和自主减排原则

按照共同但有区别责任原则,我国作为发展中国家,不需要承诺强制性的量化减排义务,但是作为一个负责任的大国,仍然需要积极主动地进行减排。通过产业结构调整、能源结构转变、市场机制的引导、生态资源维护等措施,加强节能,提高能效,增加碳汇,减少排放,为全球减缓气候变化作出应有的贡献。我国虽然不承担具体减排义务,但应该在应对气候变化国内法制建设中确立积极减排原则,利用法律的权威性和强制性,采取和落实各种减缓和适应气候变化的机制和措施。

2.树立可持续发展理念和可持续发展观

可持续发展原则糅合了环境资源保护和经济发展的双重价值追求,力图在两者之间达到合理的平衡。在发展中追求当代人的经济公平,在环境保护中追求后代人的环境公平。我国有关气候变化的法制建设,应当秉持可持续发展理念,通过法律制度的创新和完善达到环境与发展的和谐状态,在经济快速发展进程中综合考虑环境的承受能力、资源的合理使用;在环境保护进程中考虑国家和国民发展经济的迫切需要,增强经济实力和综合国力。环境保护和经济发展齐头并进,相互促进。落实科学发展观,即以人为本,树立全面、协调、可持续的发展观,促进经济社会和人的全面发展。从外在表述来看,科学发展观包含了可持续发展理念;从内在含义和适用理念分析,可以将科学发展观视作是可持续发展理念的更新和深化,是根据我国国情作出的一次深刻阐述。

3.坚持技术创新原则

应对气候变化,要将科学研究和技术研发放到战略意义上的重要位置。在我国当前经济快速发展的大背景下,通过强制硬性减少排放难度很大。但是,技术创新和研发能够起到有效的减排效果,这些技术包括:节能技术、能效提升技术、新能源技术、碳捕捉和碳封存技术等。在适应气候变化方面,开展环境和气候变化趋势情景监测、极端天气与气候灾害预测和应对也需要相应的技术支撑。因此,需要大力推动气候变化相关的技术研发和传播,需要法律制度给予相应的制度保障和资金支持。

4.鼓励经济手段的使用

应对气候变化中的经济手段,是与行政命令控制式的管理机制相对而言的一种管理方式,是指通过市场和经济刺激手段,如碳排放交易、碳税(能源税)、信贷等,引导、调节和激励相关产业界、从业者、社会组织及社会各个层面从自身利益出发主动参与减缓气候变化的行动。我国在"十一五"期间的减排目标主要是通过行政手段完成的,国内"碳交易"市场有望在"十二五"期间启动。碳排放交易体系的建立,需要目标体系、核证体系、监管体系等一系列法律和政策框架相配合,需要对交易所进行能力和资质规范,并设立一套完整的市场运作机制。这些问题都需要相关法律制度的确立和保障。另外,应该在各相关法律中提倡使用税率分级、信贷优惠等经济手段,引导经济活动主体主动采取节能减排的生产和销售模式。

5. 公众参与原则

应对气候变化不仅仅是政府、产业界的重要工作内容,同时也是社会各个层面所有国民的责任和义务。减缓和适应气候变化工作的成效,直接影响到每个人类自身的生存和发展。因此,需要利用多种手段对社会民众开展宣传教育,增进社会各界对气候变化的了解和认识,增强消费者和普通民众的节能减排意识,鼓励和引导社会公众积极参与应对气候变化的活动,如低碳生活、减少浪费、节约能源,形成应对气候变化人人有责的社会氛围。而我国也应当在相应的法律制度中明确和加强公众宣传和公众参与的基本原则和做法。

二、推动应对气候变化的专门立法

虽然我国立法机构和行政机构为应对气候变化,制定实施了大量有关节约能源、提高能效、优化产业结构、防治环境污染的法律法规和政策性文件,但我国目前没有应对气候变化的专门立法。2009 年全国人大常委会通过的《关于积极应对气候变化的决议》可以看作是我国有关气候变化专门的立法的框架性文件。中国社科院法学所常纪文教授认为:"按照中国立法的传统,该决议具有临时性。等条件成熟后,后续应当有正式的立法,以对该决议的精神予以落实。"①

(一)全国人大常委会《关于积极应对气候变化的决议》

2009 年 8 月,全国人大常委会第十次会议听取了国务院有关气候变化应对工作的报告,会议充分肯定了国务院在应对气候变化方面做出的工作,审议通过了《全国人民代表大会常务委员会关于积极应对气候变化的决议》。该决议强调,应对气候变化是我国经济社会发展面临的重要机遇和挑战。决议对应对气候变化的原则、战略措施、法治建设、社会参与和国际合作等方面做出了全面的规范。这也是我国最高立法机构首次就应对气候变化问题作出决议。

1. 应对气候变化的原则和工作思路

《关于积极应对气候变化的决议》认为,应对气候变化必须:①深入贯彻落实科学发展观,坚持节约资源和保护环境的基本国策;②以增强可持续发展能

---

① 郄建荣.专家版的气候变化应对立法启动.法制日报,2010 年 11 月 11 日。

力为目标,以保障经济发展为核心,坚持通过结构调整和产业升级促进节能减排,加快转变发展方式,实现可持续发展;③坚持减缓与适应并重,强化节能、提高能效和优化能源结构,坚持依靠科技进步和技术创新,努力控制温室气体排放,增强适应气候变化能力;④将应对气候变化政策与其他相关政策相结合,协调推进各项建设。

2. 应对气候变化的战略措施

《关于积极应对气候变化的决议》从五个方面阐述了积极应对气候变化的切实措施:①强化节能减排,努力控制温室气体排放。推广节能技术和产品,改善能源结构,科学发展清洁能源和可再生能源,发展循环经济,不断提高资源综合利用效率;实施重点生态建设工程,增强碳汇能力。②增强适应气候变化能力。加强对极端天气与气候事件的监测、预警、预报,科学防范和应对极端天气与气候灾害;提高农业综合生产能力;强化水资源管理;加强海洋和海岸带生态系统监测和保护。③充分发挥科学技术的支撑和引领作用。加强应对气候变化基础研究,加快应对气候变化领域重大技术的研发和推广以及先进技术的引进、吸收和再创新。④立足国情发展绿色经济、低碳经济。加快发展低碳产业,建设低碳型工业、建筑和交通体系,创造以低碳排放为特征的新的经济增长点,促进经济发展模式向高能效、低能耗、低排放模式转型。⑤把积极应对气候变化作为实现可持续发展战略的长期任务纳入国民经济和社会发展规划。综合运用经济、科技、法律、行政等手段,不断完善产业政策、财税政策、信贷政策、投资政策,建立健全生态补偿机制,形成有利于积极应对气候变化的政策导向和体制机制。

3. 应对气候变化的法治建设

在气候变化法治建设方面,《关于积极应对气候变化的决议》要求:①适时修改完善与应对气候变化、环境保护相关的法律,及时出台配套法规,并根据实际情况制定新的法律法规,为应对气候变化提供更加有力的法制保障。②严格执行节约能源法、可再生能源法、循环经济促进法、清洁生产促进法、森林法、草原法等相关法律法规。③把应对气候变化方面的工作作为人大监督工作的重点之一,加强对有关法律实施情况的监督检查,保证法律法规的有效实施。

4. 应对气候变化的公众参与

应对气候变化需要公众的全面积极参与,《关于积极应对气候变化的决议》要求:①进一步宣传普及保护资源环境、应对气候变化的科学知识和法律法规,充分介绍和展示我国在应对气候变化方面的措施和成效。②加强对全社会应对气候变化的教育,增强企业、公众节约利用资源的自觉意识。坚持勤俭节约,倡导绿色低碳、健康文明的生活方式和消费方式。③动员全社会广泛参与到应对气候变化的行动中,营造积极应对气候变化的良好社会氛围,推动整个社会走上生产发展、生活富裕、生态良好的文明发展道路。

5.应对气候变化的国际合作

我国是气候变化国际法制建设的最初参与者和重要参与国。为协调人类环境利益和我国发展利益,我国在气候变化国际谈判和国际合作过程中应当做到:①坚持"共同但有区别的责任"原则,坚持可持续发展原则,发展中国家应在可持续发展框架下积极采取行动应对气候变化。②积极开展政府、议会等多个层面和多种形式的国际合作,加强多边交流与协商。③坚决维护我国的发展权益,反对借气候变化实施任何形式的贸易保护。④继续建设性地参加气候变化国际会议和国际谈判,促进公约及其议定书的全面、有效和持续实施。

(二)应对气候变化基本法的立法设想

在我国积极进行制定和修订与气候变化相关法律活动的同时,关于制定专门的应对气候变化基本法的提议喧嚣尘上。2008 年和 2009 年 3 月,在十一届全国人大会议期间,都有代表提出建议全国人大常委会制定"气候变化应对法"的议案。2010 年 3 月 6 日,全国政协委员、我国气象局局长郑国光提案建议国务院法制部门尽快研究制定《应对气候变化法》,将应对气候变化工作纳入法制化轨道。2010 年 11 月,由中国社科院法学所终身研究员王家福和中国社科院法学所教授常纪文共同主持的"气候变化应对立法研究项目"正式启动。该项目预计在 2012 年年底完成气候变化应对法的建议稿,提交全国人大、国务院法制办等相关部门。目前,关于应该制定应对气候变化专门法律的问题已经没有争议,需要研究和确定的问题主要有以下三个方面:①应对气候变化法应该是政策法还是实体法? ②该法需要确立的应对气候变化的基本原则、法律制度、法律机制、管理体制、法律责任等内容,应如何规定? ③该法与其他相关法律的关系如何协调?

1.《应对气候变化法》应定位为实体法

关于应对气候变化法究竟采用政策法还是实体法的形式,学界仍有争议。武汉大学环境法学教授蔡守秋主张目前这部法律应定位在政策促进层面,通过制定政策促进法建立能应对气候变化的行政管理机制。而中国社科院法学所刘洪岩副教授认为,如果此次立法只是理论上的纯粹立法,该法的实施和实践情况令人担忧,其认为,"气候变化应对立法要适当的刚硬一些"。①

---

① 郄建荣.专家版的气候变化应对立法启动.法制日报,2010 年 11 月 11 日。

气候变化是人类面临的一个巨大挑战,我国作为世界上人口最多、温室气体排放量最大的发展中国家,不管是来自国际社会的压力,还是我国自身的可持续发展的需求,都要求我们正视当前的现实。应对气候变化,一方面要减缓,一方面要适应。减缓气候变化,需要我们积极主动地采取节能减排、优化产业结构、保护生态环境的政策和措施;适应气候变化,需要我们加强自身的能力建设,提升经济实力,提高科研水平,在生态系统、气候灾害、居民生命和健康安全等领域采取应对和调整措施。除了减缓和适应问题,应对气候变化,还需要重视资金积累和技术促进等辅助问题。无论从哪个角度分析,任何一个问题都是涉及社会多层面、庞大的、系统的、跨领域的、利益关系复杂交错的综合性问题。要顺利开展工作,处理和解决从宏观到微观的大小问题,需要一个强制性的法律规范,从上而下地建立一个规范性框架。如果没有这个权威性的、由国家机器保障的原则框架,立法活动、政府行为、产业界和社会公众的行动在发生内部或外部的利益冲突时,相关工作的效率和实施效果就会受到影响,给全社会应对气候变化工作带来巨大障碍。

从法律的规范功能和最终价值而言,如果法律制定出来以后,无法实施或者得不到实施,有法不如无法。有法不依或者有法不能依的情况,会严重损害法律的权威性,削弱法律在其规范对象心中的形象,这不仅仅影响特定法律的存在价值,也会让政府部门、社会组织和普通民众失去对法律法规的尊重和信任,严重影响其他法律法规的实施效果。如果《应对气候变化法》只是定位为一个政策法,只规定抽象的、无法实施和操作的软法规定,仅仅只起到一个宣示效果,这与我国正面临的应对气候变化的严峻局面十分不适应,也是不应当的。只有确实地规定具体的法律规范、法律制度、管理机制、法律责任,才能引导、指导、控制、监管政府、产业界、社会公众各个层面的行为和活动,使得各项工作有序、顺畅、有效果地进行。而且,从目前的研究成果和外国立法情况来看,制定实体法意义上的《应对气候变化法》在技术上不存在太大的难度,部分内容也在《气候变化国家方案》、人大关于应对气候变化的决议等相关政策性文件中得到了确立。因此,从实际需要以及客观条件来说,制定应对气候变化的实体法是必要且可行的。

2.《应对气候变化法》的基本框架和主要内容

应对气候变化法应该是一部重要的实体基本法律,其所规定的内容应该是我国应对气候变化工作的宗旨、目标和总体框架。而这些内容已经在人大常委会有关应对气候变化的决议中得到了基本确立。根据《气候变化国家方案》和人大常委会的相关决议,《应对气候变化法》应当包含以下几方面内容:

(1)指导思想。我国应对气候变化的指导思想应当是:全面贯彻落实科学发展观,坚持节约资源和保护环境的基本国策,以控制温室气体排放、增强可持续发展能力为目标,以保障经济发展为核心,以节约能源、优化能源结构、加强生态保护和建设为重点,以科学技术进步为支撑,不断提高应对气候变化的能力,为实现我国经济可持续发展和保护全球气候环境提供保障。

(2)总体目标。我国应对气候变化工作的总体目标可确立为:控制温室气体排放取得明显成效,适应气候变化的能力不断增强,气候变化相关的科技与研究水平取得新的进展,公众的气候变化意识得到较大提高,气候变化领域的机构和体制建设得到进一步加强。

就具体指标而言,节能减排工作成效可以根据我国 5 年规划进行确定,《应对气候变化法》无需作出具体量化规定。例如,我国政府在《“十一五”国民经济和社会发展规划》中提出到 2010 年国民生产总值(GDP)能耗比 2005 年降低 20% 左右、主要污染物排放总量减少 10% 的约束性目标。2011—2015 年的节能减排具体目标,则要等待我国“十二五”国民经济和发展规划的出台。

(3)基本原则可包括:①“共同但有区别的责任”原则;②减缓与适应并重的原则;③将应对气候变化的政策与其他相关政策有机结合的原则;④依靠科技进步和科技创新的原则;⑤积极参与、广泛合作的原则。

(4)主要内容应包含:①充分发挥各级政府在应对气候变化当中的主导作用,明确各级部门在应对气候变化工作中的职责和分工;②将应对气候变化工作纳入各级政府国民经济和社会发展规划;③确立减缓气候变化的制度和措施,包括降低能源消耗和温室气体排放,发展低碳产业、建筑和交通,优化产业结构,引导低碳消费等;④确立适应气候变化的制度和措施,包括气候变化检测评估、极端天气和气候灾害的预警和防范、生态系统的维护、农牧业等经济产业的结构和运行调整、海岸带功能区的规划和建设等;⑤加强应对气候变化的科学研究,促进减缓和适应气候变化技术的创新、推广和传播;⑥加强应对气候变化的宣传、培训和教育,促进社会公众在应对气候变化工作中的全面参与。

三、完善应对气候变化相关的法律体系

我国目前并没有以气候变化为主题的专门立法,但是与气候变化相关的法律政策文件为数不少,包括前节介绍的《大气污染防治法》、《节约能源法》、《可再生能源法》、《循环经济促进法》、《清洁生产促进法》、《促进产业结构调整暂行规定》、《气候可行性论证管理办法》、《废弃电器电子产品回收处理管理条例》、《清洁发展机制项目运行管理办法》等。在制定专门的应对气候变化法情况下,仍然需要根据现实情况对与气候变化相关的法律进行进一步的修订和完善,同时也要专门制定一些特别的单行法规。

（一）尽快推出《能源法》

虽然我国已经制定实施了《电力法》、《煤炭法》、《可再生能源法》和《节约能源法》与能源相关的单行法规，但仍然需要制定专门的能源基础性法律。《能源法》的地位相当于能源行业的"小宪法"，涉及能源领域全局性、综合性、战略性的一些重大问题以及能源领域的基础性制度。就现实情况而言，《能源法》的出台能够重点解决其他单行能源法未涉及或难调整的问题，例如，我国能源管理目前存在的"重政策轻法律，重部门管理轻综合调控"的弊端。

2006 年 1 月，发改委、国务院法制办、财政部等 15 部委组成跨部门《能源法》起草工作组。2007 年 12 月，《能源法》征求意见稿公布。对该征求意见稿，业界的批评集中在能源管理部门的具体职责表述不够明了以及"政监合一"监管模式与市场化趋势不符。2007 年 10 月初，专家组完成了《能源法》的讨论稿和征求意见稿，随后国家能源局将修改后的《能源法》讨论稿递交国务院法制办，法制办随即将此稿送交各相关部委再度征求意见。[①]目前预计，《能源法》最快可以在 2011 年或 2012 年出台。

《能源法》立法面临的难题很多：能源体制的建立、能源结构的改革、能源法律与政策的边界、不同利益集团与公共需求的协调等。关于《能源法》的具体内容，十分重要也较有争议的是如何界定传统能源与可再生能源的关系和结构问题。对于可再生能源，究竟采用"鼓励发展"还是"优先发展"的措辞，是一个十分关键的问题。目前我国的能源结构仍然以化石能源为主，要优先发展可再生能源，存在很多技术和市场上的客观限制因素。如果采用"鼓励发展"可再生能源的方案，那么如何提高化石能源的清洁使用率事实上成了该部法律的重要目标。从技术角度来说，"优先发展"的配套政策制定比较容易，而"鼓励发展"比较抽象，很难界定"鼓励"的标准是什么。另外，一个需要注意的现象是，在风能和太阳能光伏行业，各地都在跑马圈地，地方政府也将新能源产业作为 GDP 拉升的突破点。相当业内人士认为"新能源产业"已经出现产能过剩或者结构性产能过剩现象，如单晶硅。如何引导新能源产业的健康良性发展，也是《能源法》需要规范和处理的问题之一。能源法同时也需要做好与其他法律制度的衔接和协调，如资源环境法、科技进步法、财税法、反垄断法和突发事件应对法等。

（二）制定和完善相关的能源单行法律

我国现行的能源单行法律主要指《节约能源法》、《可再生能源法》、《电力法》、《煤炭法》等。需要解决和完善的问题如下。

---

① 巢新蕊.《能源法》今年将上国务院常务会审议. 财经网，2010 年 2 月 9 日 http://www.caijing.com.cn/2010-02-09/110375049.html(2010 年 12 月 20 日访问)。

1. 应尽快制定出台《石油法》

我国的经济发展高度依赖化石能源，化石能源包括煤炭、石油和天然气。在已经制定实施的《煤炭法》之外，还需要制定《石油法》和《天然气法》。目前，石油占我国能源消费的比例超过 20%，并且对进口原油的依存度较高，2009 年首超 50% 的警戒线，达到 53%。[①] 综观我国的石油产业和消费市场，从石油的开采、生产到使用过程中普遍存在着浪费高、能耗高、污染高和利用率低的问题。目前我国石油行业适用的仍然是 1986 年的《矿产资源法》。《石油法》的制定不仅为石油的炼制、运输、使用、储备等环节进行针对性的法律规范和保护，同时也为了减少能源浪费，增加石油使用效率，稳定我国石油 20% 左右的能源结构比例，为我国石油能源安全、稳定、清洁地生产和循环经济的发展提供保障。

2. 应尽快制定出台《天然气法》

天然气作为无色无味无毒、热值高、燃烧稳定、洁净环保的优质能源，不含硫、粉尘和其他有害物质，燃烧时产生的二氧化碳少于煤炭和石油等化石燃料，如果能够用天然气替代煤炭和石油的使用，可以有效减缓温室气体的排放，因此天然气被视为清洁能源之一。当前相关的政策文件只有发改委 2007 年发布实施的《天然气利用政策》，目的是缓解天然气的供需矛盾，优化天然气使用结构。目前我国能源结构中，天然气的比例仍然较低，不到 4%，而发达国家天然气在本国能源机构中的比重在 25% 左右。我国需要制定专门的《天然气法》，为提高天然气的使用比例、调节天然气供应和需求的关系等提供法制保障。

3. 各单行法律实现与即将出台的《能源法》的有效对接

《能源法》的出台，将带动一系列能源单行法规的修订和完善。除了新修订的《可再生能源法》外，其他能源法律都面临修订的需要。单行法的制定和修改应当遵循《能源法》的基本精神和基本规定，将其作为基础性依据。依据《能源法》的统筹协调原则，注意各单行法之间的协调和衔接。

4. 对能源相关的法律义务和责任主体进行明确界定

2010 年 1 月成立的国家能源委员会只是国务院领导的一个议事协调机构，而非职能独立机构。目前发改委和国家能源局承担了较多的能源管理职能。但下属于发改委代管的国家能源局与发改委之间的权责和分工仍有许多交叉不明之处，到底谁是国务院能源主管部门，目前没有一部法律明确指明。

---

① 钟晶晶. 发改委：今年原油对外依存度预计将接近 55%. 凤凰网：http://finance. ifeng. com/news/20101223/3104165. shtml（2010 年 12 月 23 日）。

（三）完善环境保护和生态资源相关法律

1. 将二氧化碳列入《环境保护法》和《大气污染防治法》的治理范围

气候变化来源于温室效应，温室效应来自于以二氧化碳为主体的温室气体向大气层的大量排放。关于二氧化碳是否是大气污染物问题仍然存在争议，但是大气层中的二氧化碳的确是全球变暖的主要原因。从字面意义上看，二氧化碳并不像二氧化硫、粉尘等直接造成大气的污染，但其所引起的温室效应对人类的影响却更为严重。将二氧化碳列入环境保护法制规范的对象，是现实所需，是必要且紧迫的任务。澳大利亚、加拿大已经通过立法将二氧化碳等温室气体列为受控制的污染物质，美国也通过 2005 年的司法判例将二氧化碳划入《清洁空气法》的限制范围，判决认为美国联邦环保局应采取措施控制汽车尾气。[①] 我国现行的《大气污染防治法》主要对有毒有害废气、消耗臭氧层物质、粉尘、恶臭、油烟对大气的排放行为进行限制和规范。如果无法将二氧化碳列入"污染物"的范围，也可以通过《环境保护法》的修订将温室气体列入控制和限制范围。作为环境保护的基本法律，《环境保护法》有必要引入气候和气候变化的概念，突破"环境"的传统观念，将全球变暖导致的一系列生态变化和环境影响纳入环保的范畴。事实上，《环境保护法》第二条关于"环境"的定义已经包括了大气的概念，立法修订工作则需要着重强调大气中温室气体增加引致的全球变暖问题。

2. 完善与生态资源利用和保护相关的单行法

全球变暖和气候变化不仅对一国的气候产生直接影响，同时会引起一系列的生态变化。这种变化，一方面影响了自然生态和资源的平衡状态，另一方面则对人类的生产和生活造成了较大的影响，这种影响集中体现在农牧业、水资源等领域。与气候变化产生密切联系的现有法律有：《森林法》、《草原法》、《水法》、《农业法》、《渔业法》、《土地管理法》等。对以上法律进行修订与完善，主要基于两方面的目的和指导思想：①从碳汇角度考虑，需要减少森林砍伐，增加森林的覆盖面积，使森林吸收更多的二氧化碳，从而减少大气中的温室气体含量；②从气候变化的适应角度考虑，需要对农牧业的发展、水资源的保护和利用、土地使用等方面进行规划和调整，根据局部的气候变化情况改变传统的生产和生活习惯，更好地适应全球变暖所带来的气候与资源的变化。

---

① 常纪文.二氧化碳应列为污染物质.科学时报,2007 年 6 月 15 日。

本 章 小 结

作为温室气体排放量世界第一的发展中国家,我国政府在气候变化国际谈判中面临的是极其复杂的利益博弈和政治力量角逐,承担了巨大的压力。在这种国际背景下,要增强我国气候外交的实力和底气,就需要表现出我国政府减缓气候变化、积极应对气候问题的决心。这种表现是多方面工作的呈现,包括政府立场的阐述、国内的立法、政府已经采取的政策和措施等。由于法律本身所具有的权威性和强制性,一国的立法往往能够最为明确地反映出该国应对气候变化的决心和投入程度,也可以合理预见到在一段时间内该国应对气候变化工作的效果。无论从我国自身环境保护利益出发,还是从应对国际社会压力来说,加强和完善我国国内应对气候变化的法律制度是必要且紧迫的工作任务。

我国目前应对气候变化的法律制度已经具备了大致的框架,法律体系也相对完整,这为应对气候变化工作打下了良好的基础。当前完善应对气候变化法律制度的工作思路是:按照减少温室气体排放、适应气候变化、加强环境和资源保护的原则,一方面制定新的专门法律,另一方面修改现有法律,在完善我国应对气候变化法制进程中始终贯彻可持续发展原则,树立和落实科学发展观,积极减排,树立负责任大国的形象,为全人类应对气候变化作出积极的贡献。

附录 《气候变化框架公约》
历次缔约方大会(COP)列表[①]

时间/地点	事件	会议内容概述
1995.3—4/ 柏林	COP-1	通过《柏林指令》,启动谈判,目的是为《公约》附件一国家设立更有力的减排义务,包括采取减排措施和设定量化减排目标
1996.7/ 日内瓦	COP-2	通过《日内瓦宣言》,部分附件一国家声明愿意接受有法律约束力的减缓义务;义务可交易性问题提出
1997.12/ 京都	COP-3	通过《京都议定书》,不同国家确立不同的减排义务,在2008—2012年总体恢复到1990年排放水平
1998.11/ 布宜诺斯艾利斯	COP-4	《京都议定书》后的第一次缔约方大会。确认京都协议,并通过履行《京都议定书》的《布宜诺斯艾利斯行动计划》,为决定议定书的细节问题以及必要的技术工作列出时间表
1999.10—11/ 波恩	COP-5	体现不同观点的"过程会议"。讨论了发展中国家的减排目标(被中国和印度拒绝),以及欧盟和美国关于灵活机制使用限制的观点分歧。最后同意在2000年11月前完成减排最终谈判。关于技术转让和能力建设确定了技术工作的优先问题,并为COP-6起草了关于灵活机制的决定
2000.11/ 海牙	COP-6	欧盟和美国关于排放交易和CDM的谈判失败。焦点在于美国赞成将森林和农地作为碳汇,欧盟反对
2001.7/ 波恩	COP-6 (续)	通过《波恩协定》,允许将造林和土地使用作为碳汇折抵减排义务,同时决定对排放交易机制不做原则限制
2001.11/ 马拉喀什	COP-7	通过《马拉喀什协定》,俄罗斯和日本可以使用碳汇和出售硫排放信用完成义务,减轻了履约成本,得到好处

① 综合以下文献和其他资料整理:

Jonatan Pinkse, Ans Kolk. International Business and Global Climate Change. Routledge Press, 2009:24-28.

Paul Q Watchman. Climate Change: A Guide to Carbon Law and Practice. Globe Business Publishing Ltd. ,2008:29-30.

时间/地点	事件	会议内容概述
2002.10—11/ 新德里	COP-8	通过《德里宣言》,强调气候变化需在可持续发展框架内进行。会议焦点集中在发展中国家的立场和脆弱性问题。印度批评了要求发展中国家承担义务的观点,南北紧张关系愈发明显
2003.12/ 米兰	COP-9	谈判无成果,陷入僵局
2004.12/ 布宜诺斯艾利斯	COP-10	2012 年后的安排无法达成协议,同意 2005 论坛用来交换信息
2005.11/ 蒙特利尔	COP-11	《京都议定书》生效后第一次议定书缔约方大会。启动四轨道路讨论 2012 年后安排
2006.11/ 内罗毕	COP-12	由于美国和发展中国家的异议,后京都安排谈判未取得进展。由于会议在非洲亚撒哈拉地区举行,气候变化的适应问题得到更多关注
2007.12/ 巴厘岛	COP-13	通过巴厘行动计划(巴厘路线图),同意就后京都安排启动新的双轨制谈判,要求在 2009 年完成 2012 年后的安排
2008.12/ 波兹南	COP-14	决定启动"适应基金",总结"巴厘岛路线图"一年来的进程,正式启动 2009 年谈判进程
2009.12/ 哥本哈根	COP-15	谈判失败,达成没有法律约束力的《哥本哈根协定》
2010.11—12/ 坎昆	COP-16	通过《坎昆决议》,通过了 1000 亿美元的融资计划,决定建立绿色气候基金帮助发展中国家适应气候变化,在《京都议定书》第二承诺期问题上没有取得进展
2011.11—12/ 德班	COP-17	大会通过 4 份决议:发达国家在《京都议定书》第二承诺期进一步减排;进一步启动绿色气候基金(GCF),建立管理框架

参考文献

一、著作及译著类

1.迈克尔·阿拉贝.气候变化.马晶译.上海:上海科学技术文献出版社,2006.

2.吕忠梅.环境法学.(第二版).北京:法律出版社,2008.

3.林立.波斯纳与法律经济分析.上海:上海三联书店,2005.

4.亚历山大·基斯.国际环境法.张若思编译.北京:法律出版社,2000.

5.慕亚平.全球化背景下的国际法问题研究.北京:北京大学出版社,2008.

6.国家发展和改革委员会能源研究所.减缓气候变化:IPCC第三次评估报告的主要结论和中国的对策.北京:气象出版社,2004.

7.龚向前.气候变化背景下能源法的变革.北京:中国民主法制出版社,2008.

8.丁一汇.中国气候变化:科学、影响、适应及对策研究.北京:中国环境科学出版社,2009.

9.丁一汇.气候变化高端访谈.北京:气象出版社,2009.

10.张利军.中美关于应对气候变化的协商与合作.北京:世界知识出版社,2008.

11.张晓君,张辉.生态环境保护的国际法理论与实践.厦门:厦门大学出版社,2006.

12.刘志云.现代国际关系理论视野下的国际法.北京:法律出版社,2006.

二、编著类

1.许小峰,王守荣,任国玉等.气候变化应对战略研究.北京:气象出版社,2006.

2.杨洁勉.世界气候外交和中国的应对.北京:时事出版社,2009.

3.刘燕华.适应气候变化-东亚峰会成员国的战略.政策与行动.北京:科学

出版社,2009.

4.邵沙平.国际法.北京:中国人民大学出版社,2007.

5.王虎华.国际公法.杭州:浙江大学出版社,2007.

6.蔡守秋.环境法案例教程.上海:复旦大学出版社,2009.

7.曾文革,杨树明.国际法.北京:中国政法大学出版社,2010.

8.经济合作与发展组织.国际经济手段和气候变化.曹东,张天柱译.北京:中国环境科学出版社,1996.

9.中国科学技术协会学会学术部.未来几年气候变化研究向何处去.北京:中国科学技术出版社,2007.

10.全国政协人口资源环境委员会、中国气象局.气候变化与生态环境研讨会文集.北京:气象出版社,2004.

11.王伟光,郑国光.应对气候变化报告(2010).北京:社会科学文献出版社,2010.

三、杂志类

1.杜志华,杜群.气候变化的国际法发展——从温室效应理论到《联合国气候变化框架公约》.现代法学,2002(5).

2.王奉安.解读"巴厘岛路线图".环境保护与循环经济,2008(2).

3.顾华详.论哥本哈根协议的法律价值——兼论中国应对全球气候变化法律措施的完善.重庆大学学报(社会科学版),2010(1).

4.马书琴.论市场经济条件下新型政企关系.理论探讨,2001(1).

5.马爱龙.法律经济学综观与述评.经营管理者,2010(9).

6.杨舒文.法律经济学述评.内蒙古农业大学学报(社会科学版),2009(2).

7.梁媚.浅析波斯纳的法律经济分析.法律与经济,2008(8).

8.周卫.美国环境规制与成本—收益分析.西南政法大学学报,2009(1).

9.葛全胜,曲建升,曾静静等.国际气候变化适应战略与态势分析.气候变化研究进展,2009(6).

10.田春秀,李秀平,Nannan Lundin.CDM项目中的技术转让:问题与政策建议.环境保护,2008(11).

11.郑思海,王宪明.CDM国际合作中的技术交流障碍与对策研究.特区经济,2010(2).

12.韩燕煦."国际法不加禁止的行为所产生的损害性后果的国际责任"的最新发展及几个问题.内蒙古财经学院学报(综合版),2006(1).

13.汪习根.发展权法理探析.法学研究,1999(4).

14. 刘硕. 关注生态移民. 世界环境, 2009(4).

15. 曹华磊. 欧盟排放交易体系回顾与启示. 金融纵横, 2010(6).

16. 李布. 借鉴欧盟碳排放交易经验构建中国碳排放交易体系. 中国发展观察, 2010(1).

17. 王文文. 欧盟的能源税概况、瓶颈及展望. 产业与科技论坛, 2008(8).

四、文集类

1. 秦大河. 气候变化:科学、影响和对策//气候变化与生态环境文集. 北京:气象出版社, 2004.

2. 朱小静. 代际公平的理论依据及其法律化//环境法治与建设和谐社会——2007 年全国环境资源法学研讨会(年会)论文集(第二册)。

3. 张望英, 谷德近. 关于沙尘暴防治的国际环境法的发展//适应市场机制的环境法制建设问题研究——2002 年中国环境资源法学研讨会论文集(下册). 2002.

4. 吴琼. 国际法视角下气候变化争端的困境与出路——关注因纽特人的申诉//2008 年全国博士生学术论坛国际法论文集.

5. 气候变化与预测研究国家气候中心成立五周年纪念文集. 北京:气象出版社, 2000.

五、学位论文类

1. 杨兴.《气候变化框架公约》研究. 武汉大学博士学位论文, 2005.

2、郭冬梅. 应对气候变化法律制度研究. 西南政法大学博士学位论文, 2009.

六、官方文件与报告

1. 国家发展和改革委员会组织:《中国应对气候变化国家方案》, 2007-06.

2. 国家发展与改革委员会:《中国应对气候变化的政策与行动——2009 年度报告》, 2009-11.

3. 国家发展和改革委员会:《中国应对气候变化的政策与行动——2010 年度报告》, 2010-11.

4. 劳伦斯·布瓦松·德·查佐尔内斯:《联合国气候变化框架公约》, 联合国视听图书馆, 2009, http://untreaty. un. org/cod/avl/pdf/ha/ccc/ccc_c. pdf, (访问日期:2010-08-05).

5. 劳伦斯·布瓦松·德·查佐尔内斯:《联合国气候变化框架公约京都议

定书》，联合国视听图书馆，2009，http：//untreaty. un. org/cod/avl/pdf/ha/kpccc/kpccc_c. pdf,（访问日期：2010-08-06）。

6. 彼得·杰克逊：《从斯德哥尔摩到京都——气候变化简史》，《联合国纪事：绿化我们的世界！》第 44 卷，第 2 号（2007），http：//www. un. org/chinese/climatechange/unchronicle2. shtml,（2010 年 8 月 23 日访问）。

7. 国际能源组织：《世界能源展望 2009》，《执行摘要》。（http：//www. worldenergyoutlook. org,访问日期：2010-09-30）。

8. 联合国人权事务高级专员：《关于气候变化与人权的关系问题的报告》，2009-01-15，A/HRC/10/61.

9. WCED，Our Common Future，http：//www. un-documents. net/ocf-07. htm♯I,（访问日期：2010-10-20）。

10. Nicholas Stern， Stern Review： The Economics of Climate Change，2006.

七、报纸类

1. 周晓芳. 推进 CDM 项目不能短视应重点引进国外技术. 中国高新技术产业导报,2008-05-19.

2. 刘书艳. 湿地,正在消失的"地球之肾". 中华工商时报,2010-09-03.

3. 魏一鸣,张跃军,邹乐乐等欧盟排放交易体系对我国的启示. 科学时报,2009-08-30.

4. 熊敏. 美参议院搁置气候立法 清洁能源竞赛中进美退. 21 世纪网：http：//www. 21cbh. com/HTML/2010-7-27/1MMDAwMDE4ODg1MQ. html（访问日期：2010-10-04）.

5. 王如君. 英国-多管齐下应对气候变化. 人民日报,2009-07-23.

6. 魏维琪,肖平辉. 澳大利亚葡萄酒业走低碳之路. 华夏酒报,2010-04-19.

7. 陆振华. 日本 2013 年启动强制性碳交易 覆盖工商业排放源. "21 世纪网"：http：//www. 21cbh. com/HTML/2010-9-14/2OMDAwMDE5NzM2OA. html（访问日期：2010-10-03）.

8. 纪虹宇. 环保部政策法规司司长解读大气污染防治法修订重点. 第一财经日报,2009-11-05.

9. 郄建荣.专家版的气候变化应对立法启动. 法制日报,2010-11-11.

10. 常纪文. 二氧化碳应列为污染物质. 科学时报,2007-06-15.

八、中文网站类

1. 肖凡：以科学为基础应对气候变化——访世界气象组织副秘书长颜宏,

联合国电台,2008-01-02,http://www. unmultimedia. org/radio/chinese/detail/116686. html(访问日期:2010-08-11).

2.李虎军:UNDP:气候变化或使人类发展倒退,原载于《财经》,2007-11-28,http://www. caijing. com. cn/2007-11-28/100039527. html(访问日期:2010-08-11).

3.陆振华:WWF 报告:57％的 DOE 审核被要求重修,http://finance. ifeng. com/roll/20100706/2377486. shtml(访问日期:2010-08-14).

4.国家气候变化对策协调小组办公室:第八章-京都议定书的三机制及其方法学问题,《中英气候变化合作项目之"省级决策者能力建设培训"教材》,http://www. ccchina. gov. cn/file/source/ia/ia2003072109. htm(访问日期:2010-08-14).

5.王静,李彤:杨爱伦:"绿色气候基金"落实是坎昆峰会最重要成果,人民网:http://dt. people. com. cn/GB/13491702. html(访问日期:2011-02-16).

6.常旭旻:欺骗公民影响气候,埃克森美孚等公司成被告,人民网:http://env. people. com. cn/GB/6955616. html(访问日期:2010-09-24).

7.巢新蕊:《能源法》今年将上国务院常务会审议,财经网,2010 年-02-09,http://www. caijing. com. cn/2010-02-09/110375049. html(访问日期:2010-02-20)。

8.钟晶晶:发改委:今年原油对外依存度预计将接近 55％,凤凰网:http://finance. ifeng. com/news/20101223/3104165. shtml(2010-12-30).

9.唐伟珉:CDM 项目的审定,http://cdm. ccchina. gov. cn/WebSite/CDM/UpFile/File1109. pdf(2010-08-14).

九、中译论文类

Stefanlundgren. 损益分析与环境政策. 刘贵今,衰小英译. 世界环境,1986(1).

十、外文论著类

1. Dianne Rahm. Climate Change Policy in the United States. McFarland & Company,Inc. ,Publishers,2009.

2. Maxwell T Boykoff ed. The Politics of Climate Change. Routledge Press,2010.

3. Robert Henson. The Rough Guide to Climate Change. Rough Guides Ltd. ,2008.

4. Friedrich Soltau. Fairness in International Climate Change Law and

Policy. Cambridge University Press, 2009.

5. Frances Beinecke with Bob Deans. Clean Energy Common Sense. Rowman & Littlefield Publishers, Inc. , 2010.

6. Paul Q Watchman. Climate Change: A Guide to Carbon Law and Practice. Globe Business Publishing Ltd. , 2008.

7. Leigh Glover. Postmodern Climate Change. Routledge Press, 2006.

8. A Barrie Pittock. Climate Change-The Science, Impacts and Solutions, 2nd ed. CSIRO Publishing, Earthscan, 2009.

9. Joseph E Aldy, Robert N Stavins. Post-Kyoto International Climate Policy. Cambridge Press, 2009.

10. Kevin A Baumert, Timothy Herzog, Jonathan Pershing. Navigating the Numbers. World Resources Institute, 2005.

11. Tuula Honkonen. The Common but Differentiated Responsibility Principle in Multilateral Environmental Agreements. Wolters Kluwer, 2009.

12. Christina Voigt. Sustainable Development as a Principle of International Law. Leiden, 2009.

13. Duncan French. International law and Policy of Sustainable Development. Juris Publishing, 2005.

14. Anne Olhoff, Anil Markandya, Kirsten Halsnaes, Tim Taylor. CDM Sustainable Development Impacts. UNEP, 2004.

15. Farhana Yamin, Joanna Depledge. The International Climate Change Regime-A Guide to Rules, Institutions and Procedures. Cambridge University, 2004.

16. Roda Verheyen. Climate Change Damage and International Law-Prevention Duties and State Responsibility. Martinus Nijhoff Publishers, 2005.

17. Felix R. FitzRoy, Elissaios Papyrakis. An Introduction to Climate Change Economics and Policy. Earthscan Publishing, 2010.

18. Paul Baer, Tom Athanasiou, Sivan Kartha, Eric Kemp-Benedict. The Greenhouse Development Rights Framework: The right to development in a climate constrained world(Revised second edition), Berlin, November 2008, Published by the Heinrich Boll Foundation, Christian Aid, EcoEquity and the Stockholm Environment Institute.

19. Nicholas Stern. A Blueprint for a Safer Planet: How to Manage Climate Change and Create a New Era of Progress and Prosperity. The Bodley

Head Press,2009.

20. Jonatan Pinkse, Ans Kolk. International Business and Global Climate Change. Routledge Press,2009.

21. Steve Vanderheiden, Atmospheric Justice. Oxford University Press,2008.

22. Stellina Jolly, Amit Jain. Climate Change-Changing Dimensions of Law and Policy. MD Publications PVT LTD,2009.

23. Clifford Rechtschaffen, Eileen Gauna. Catherine A. O'Neill, Environmental Justice. Carolina Academic Press,2009.

24. Paul G. Harris. World Ethics and Climate Change. Edinburgh University Press,2010.

25. Richard G Hildreth, David R Hodas, Nicholas A Robinson. Climate Change Law - Mitigation and Adaption. Thomson Reuters, 2009.

26. Meinhard Doelle. From Hot Air to Action-Climate Change, Compliance and the Future of International Environmental Law. Thomson Carswell, 2005.

27. Malcolm Dowden. Climate Change and Sustainable Development-Law, Policy and Practice. EG Books, 2008.

十一、外文编著类

1. Ernesto Zedillo ed. Global Warming-Looking Beyond Kyoto,Center for the Study of Globalization. Brookings Institution Press,2008.

2. Michael B Gerrard ed. Global Climate Change and U. S. Law. American Bar Association,2007.

3. Maxwell T Boykoff ed. The politics of Climate Change- A Survey. Routledge Press,2010.

4. Velma I. Grover ed. Global Warming and Climate Change-Ten years after Kyoto and Still Counting. Science Publishers,2008.

5. Hans Christian Bugge, Christina Voigt ed. Sustainable Development in International Law and National Law. Europa Law Publishing, 2008.

6. William C G Burns, Hari M Osofsky ed. Adjudicating Climate Change. Cambridge University Press,2009.

7. Stephen Humphreys ed. Human Rights and Climate Change. Cambridge University Press,2010.

8. Nico Schrijver, Friedl Weiss ed. International Law and Sustainable Development-Principle and Practice. Martinus Nijhoff Publishers, 2004.

9. Marjan Peeters, Kurt Deketelaere ed. EU Climate Change Policy. Edward Elgar, 2006.

10. Ernesto Zedillo ed. Global Warming-Looking Beyond Kyoto, Center for the Study of Globalization. Brookings Institution Press, 2008.

11. Paul G Harris ed. Europe and Global Climate Change. Edward Elgar, 2007.

12. Olav Schram Stokke, Jon Hovi, Geir Ulfstein ed. Implementing the Climate Regime-International Compliance. Earthscan, 2005.

13. Carlo Carraro ed. Climate and Trade Policy-Bottom-up Approaches Towards Global Agreement. Edward Elgar, 2007.

14. Roger Guesnerie ed. Henry Tulkens, The Design of Climate Policy. The MIT Press, 2008.

15. Steve Vanderheiden ed. Polictical Theory and Global Climate Change. The MIT Press, 2008.

16. Elias D'Angelo ed. Global Climate Change. Nova Science Publishers, Inc., 2009.

17. Koh Kheng-Lian, Lye Lin-Heng, Jolene Lin ed. Crucial Issues in Climate Change and the Kyoto Protocol. World Scientific Publishing, 2010.

18. David Freestone, Charlotte Streck ed. Legal Aspects of Implementing the Kyoto Protocol Mechanisms: Making Kyoto Word. Oxford University Press, 2005.

19. Dieter Helm, Cameron Hepburn, ed. The Economics and Politics of Climate Change. Oxford University Press, 2009.

20. Benjamin J Richardson, Yves Le Bouthillier, Heather McLeod- Kilmurray, Stepan Wood ed. Climate law and Developing Countries. Edward Elgar, 2009.

21. M A Mohamed Salih. Climate Change and Sustainable Development. Edward Elgar, 2009.

十二、外文论文类

1. Brian C Murray, Heather Hosterman. Climate change, Cap-and-Trade and The Outlook for U. S. Policy. North Carolina Journal of International

Law and Commercial Regulation. Vol. 34,2008.

2. Jeffrey A McNeely. Applying the Diversity of International conventions to Address the Challenges of Climate Change. Michigan State University Journal of International Law，Vol. 17:1，2008.

3. Christina Voigt. State Responsibility for Climate Change Damages. Nordic Journal of International Law，Vol. 77，2008.

4 . Lambert Schneider. Is the CDM fulfilling its environmental and sustainable development objectives? -An evaluation of the CDM and options for improvement，Nov. 2007，http://www. oeko. de/oekodoc/622/2007-162-en. pdf,(访问日期:2010-08-14).

十三、常用网站

1.《联合国气候变化框架公约》网站:http://unfccc. int/

2. 政府间气候变化专门委员会(IPCC):http://www. ipcc. ch/

3. 世界气象组织网站:http://www. wmo. int/

4. 中国气象局:http://www. cma. gov. cn/

5. 中国气候变化网:http://www. ipcc. cma. gov. cn/cn/

6. 中国气候变化信息网:http:// www. ccchina. gov. cn/

7. 世界自然基金会(WWF)中国官方网站:http://www. wwfchina. org

后　记

　　2011 年 12 月,在南非德班市举行了联合国第十七次气候变化大会。会议达成了一项具有法律约束力的协议,对象包含所有国家,2015 年起进行筹备,预计 2020 年生效。会议同时进一步启动绿色气候基金(GCF),建立管理框架,每年提出 1000 亿美元协助贫穷国家适应气候变化。虽然人们热切期盼大会能够在应对气候变化问题上取得实质性的成果,但在各国坚持自身立场的情形下,气候变化减缓的国际机制发展前景不容乐观。

　　气候谈判的困难局面并非各国政府的意愿所在。气候变化涵盖了科技、经济、政治、民生等各方面问题,而一国的政策和社会发展需要考虑多种因素的均衡,各国不同的利益诉求在客观上可以被理解。国际社会应对气候变化的行动能够在国际法上获得《气候变化框架公约》和《京都议定书》等法律成果,是人类共同诚意的结果。各国应平和看待其他国家的不同主张和立场,积极协商、协调、沟通和谈判。作为目前温室气体排放量居世界首位的发展中国家,中国在应对气候变化问题上同样责无旁贷。

　　本书得以顺利完成,必须要感谢我的导师朱榄叶教授,在论文选题、确定大纲、写作进度控制、论文修改、措辞和格式调整、最终定稿等所有环节,她的认真、仔细、严谨、平和、理性的工作态度和工作方式给予我莫大的鼓励和鞭策,使我获益良多。

　　我要感谢华东政法大学的博士生交流项目,使得我有机会到加拿大蒙特利尔大学进行了三个月的访问交流,不仅获得大量有价值的文献资料,也实地感受和调研了发达国家在气候变化问题上的客观环境和民众态度。

　　我要感谢我的家人,特别是我的公公婆婆。我的四年博士生时期,正是我成为母亲的开始,他们帮我承担了绝大部分抚养孩子的责任,因此我深感愧疚和感激!

　　衷心希望人类及其子孙后代能够在安全、舒适的地球上幸福生活,生生不息!

韩　缨

2012 年 5 月 10 日